배당에 대한 연구
| 실증분석을 중심으로 |

일반적으로 특정 재물을 일정 기준(비율)에 따라서 분배하는 일을 '배당'이라고 한다.
법적인 의미에서 배당은 민사소송법, 파산법, 그리고 회사법 등 관련법의 테두리에 따라
다르게 해석될 수 있다. 민사소송법 상 배당은 금전 집행에 있어서 공동압류 또는 배당 요구의 결과,
다수의 채권자가 경합하게 되어 압류·환가(換價)에 의하여 얻어진 금액이 총채권자를 만족시키기에
부족한 경우에 각 채권자에게 그 채권의 우선 순위 및 채권액에 따라서 하는 배당을 의미한다.

☾ 재무제약 하에서 최대주주가 배당 정책에　　108
　　미치는 영향 – 중소기업을 대상으로

02 | 손실기업의 배당정책　　132
☾ 손실기업의 배당의사결정에 대한 연구　　132
☾ 배당지급 손실기업의 이익의 질에 대한 연구　　156

03 | 배당예측에 대한 논의　　188
☾ 재무분석가의 배당예측정확성에 대한 연구　　189
☾ 기업의 배당성향과 재무분석가의 낙관적 이익　　215
　　예측편의

CONTENTS

chapter 1 서론
- 01 | 배당   8
- 02 | 배당정책   14

chapter 2 배당제도 및 배당정책
- 01 | 배당의 역사   18
- 02 | 우리나라 배당제도의 변화   20
- 03 | 배당정책의 이론적 배경   23

chapter 3 국내 기업들의 배당정책에 대한 실증분석
- 01 | 배당정책에 영향을 미치는 요인들   32
- ☾ 세무위험이 배당의사결정에 미치는 영향   33
- ☾ 기업의 지리적 위치가 배당의사결정에 미치는 영향   56
- ☾ 기업의 ESG 활동과 배당의사결정   80

배당에 대한 연구

| 실증분석을 중심으로 |

남혜정 지음

동국대학교출판부

chapter **1**

서론

01 배당

 특정 재물을 일정 기준(비율)에 따라서 분배하는 일을 일컬어 '배당'이라고 한다. 법적인 의미에서 배당은 민사소송법, 파산법, 그리고 회사법 등 관련법의 테두리에 따라 다르게 해석될 수 있다. 민사소송법 상 배당은 금전 집행에 있어서 공동압류 또는 배당 요구의 결과, 다수의 채권자가 경합하게 되어 압류·환가(換價)에 의하여 얻어진 금액이 총채권자를 만족시키기에 부족한 경우에 각 채권자에게 그 채권의 우선 순위 및 채권액에 따라서 하는 배당을 의미한다. 또한 파산법에 따르면 배당은 파산관재인이 파산 재단을 환가하여 얻은 금전을 신고 채권자에게 그 순위 및 채권액에 따라서 분배함을 의미하며, 중간배당, 최후배당, 추가배당의 구별이 있을 수 있다. 마지막으로 우리가 얘기하려는 회사법에 따른 배당은 이익배당과 건설이자로 구분되는데, 이익배당은 영리법인(營利法人)으로서의 회사가 영업 활동에서 얻은 이익을 사원(출자자 또는 주주)에게 분배하는 일을 말한다.
 배당은 대가로 지급되는 것에 따라 현금배당과 주식배당으로 다시 구분된다. 특히 현금배당을 위해서는 배당가능이익이 존재해야 하는데, 여기서 배당가능이익이란 순자산액(자산총액에서 부채총액을 공제한 금액)에서 자본금, 그 결산기까지 적립된 법정 준비금 및 그 결산기에 적립해야 할 법정 준비금과 임의 준비금, 그리고 대통령령으로 정하는 미실현이익을 공제한 후 남은 금액을 말한다. 이러한 이익이 있으면 주주에게 분배하여야 하는데, 이때 분배하는 행위 또는 배당액을 가리킨다. 회사는 영리 활동으로 인한 이익을 주주에게 분배하는 것을 목적으로 하는 영리 법인이므로, 회사에서 주주의 이익배당 청구권은 대표적인 주주의 자익권이자 고유권으로 회사가 이를 박탈하거나 제한할 수 없다.

한편, 건설이자는 회사가 철도, 운하, 전력, 항만 건설 등과 같이 건설에 장기간을 요하는 사업을 목적으로 하는 주식회사에 있어서, 일정한 요건 하에 이익의 유무에 관계없이 주주에게 배당되는 이자이다. 이익이 있는 경우에만 하게 되는 배당에 대하여 예외적인 제도이다. 자본의 일부환급(一部還給)이라는 성격을 가지기 때문에 요건도 엄중히 정해지고 있다.

회사는 상법 제449조 제1항에 의한 주주총회 결의 또는 상법 제462조의 3제1항에 의한 이사회 결의에 의하여 성립하고, 이러한 결의가 없다면 아무리 배당 가능한 이익이 있더라도 주주가 이익배당을 적극적으로 청구하는 것은 허용되지 않는다. 즉 배당가능이익이 있더라도 배당 결의가 없는 한 주주는 회사에 대하여 적극적으로 배당금 지급 청구권을 행사할 수 없다. 하지만 주주총회의 배당결의 또는 이사회의 중간배당결의에 따라 주식으로부터 분리된 권리인 구체적인 배당금 지급 청구권을 가진 주주는 회사를 상대로 배당금 지급 청구 소송을 제기할 수 있다.

우리나라 기업들의 배당 현황

기업의 관점에서 배당(dividends)은 기업이 일정 기간 벌어들인 이익금 일부 또는 전부를 주주들에게 배분하는 것을 말한다. 우리나라는 1980년대 높은 경제성장률을 보이면서, 투자자들은 높은 수익률을 가져올 수 있는 다양한 투자 상품들을 이용했다. 그러나 2000년대 이후 경제성장률이 둔화되면서, 기업의 성장으로 인한 주가수익률보다는 배당수익률에 관심이 높아졌다. 특히 인터넷 환경이 우수한 우리나라는 다양한 증권사 앱을 이용하여 어디서든 실시간으로 주식거래가 가능하고 해외 주식거래도 활발해졌다. 주식시장에 대한 높은 관심은 안정적인 수익을 보장하는 배당주에 대한 관심으로 이어졌으며, 배당수익률이 높은 기업들의 주가는 상대적으로 낮은 변동성을 보이고 있다.

우리나라 상장기업들의 배당성향은 낮은 편으로 알려져 있다. 1990년대 중반 이후 20%대를 보이다가 2021년 유가증권시장 상장법인의 배당총액이 33.2조원을 기록하여 최근 5년 중 최대 규모를 나타냈다. 현금배당을 실시한 기업은 529개사로 전체 상장법인 중 약 69%이며, 5년 연속 현금배당을 실시한 기업도 전체 현금배당 기업의 78.4%에 해당한다 (한국거래소, 2021). 이처럼 배당을 지급하는 기업들이 늘어나고 있는 반면에 배당정책 및 배당실시 계획을 연 1회 이상 주주에게 통지한 2조원 이상 기업은 2021년 48%이다. 배당정책은 배당금뿐만 아니라 배당금 지급에 대한 실행 기준 및 방향을 포함하고 있으며, 공시, 주주 개별 통지뿐만 아니라 주주총회, IR, 홈페이지 게시 등 다양한 채널을 이용할 수 있다.

배당 관련 용어

배당을 받기 위해서는 어느 시점에 기업의 주식을 가지고 있어야 하며, 어떤 기업을 선택해야 하는지 살펴보아야 한다. 먼저, 투자한 기업이 배당지급을 발표하였다면, 배당 기준일에 주주 명부에 포함되어 있어야 한다. 배당 기준일과 배당 지급일은 다른데, 배당 기준일에 해당 기업의 주식을 보유하고 있다면, 배당 지급일에 배당금을 지급 받는다. 예를 들어, **전자의 배당 기준일이 12월 29일이라면, 그 시점에 **전자의 주식을 보유하고 있어야 하며, 배당 기준일의 주주 명부를 바탕으로 해당 주주들에게 배당 지급일(예를 들면, 4월 10일)에 배당금을 지급한다. 또한 실질적 기준일의 오후 6시까지 해당 기업의 주식을 보유해야 하는데, 증권사 예탁 업무 체결 기간이 2일임을 감안하면, 배당 기준일보다 2영업일 전에 해당 주식을 보유해야 한다. 배당락일은 실질적 기준일 다음날을 의미하며, 배당 기준일이 지나서 배당금을 받을 수 없게 되는 날을 말한다.

이제 해당 기업의 주식을 실질적 기준일에 보유하였다면, 앞으로 지급 받을 배당에 대하여 좀 더 구체적으로 알아보자. 배당은 얼마나 많이 지급하는지(배당규모)도 중요하지만, 배당 형태(현금배당, 주식배당)와 배당 시기(연간배당, 중간배당, 분기배당 등)도 파악해야 한다.

배당규모

배당 수익을 높이기 위하여 투자할 기업을 선택하려면, 어떤 정보를 살펴보아야 할까? 기업이 지급하는 배당금만으로는 기업들 간의 배당규모를 비교할 수 없기 때문에 배당성향, 배당수익률, 시가 배당수익률 등의 정보를 이용하고 있다. 배당 관련 실증 연구들은 배당성향 변수를 이용하여 기업들의 배당정책에 영향을 미치는 요인들을 분석하였으나, 기업의 당기순이익이 음인 경우 배당성향이 음으로 나타나기 때문에 표본의 왜곡이 나타날 수 있다. 따라서 배당가능이익을 파악하는 것이 필요하며, 손실기업임에도 배당을 지급하는 기업들이 있음을 인지해야 한다.

■ **배당수익률**(주당배당금/주식가격*100)

1주당 배당금의 비율로써 주주들이 해당 주식을 보유하고 있을 때 받을 수 있는 수익을 보여주는 지표이다.

■ **배당성향**(주당배당금/주당순이익)

한 해 동안 기업이 벌어들인 이익 대비 배당으로, 기업의 성과가 얼마만큼 주주들에게 분배되는지 보여주는 지표이다.

일반적으로 배당주에 대한 관심이 높은 투자자들이라면 배당금 자체의 크기도 중요하지만 배당수익률에 관심을 가지는 것이 바람직하다. 배당수익률은 투자자들이 보유한 주식 가격과 밀접한 관련을 가지고 있으며, 상대적으로 주식 가격이 낮은 상황에서 배당금을 많이 지급하는 기업들은 배당수익률이 높게 나타나기 때문이다.

배당형태

대부분의 우리나라 기업들은 현금배당을 하고 있으며, 이는 배당금을 현금으로 지급하는 것을 말한다.

주식배당이란 현금 대신 자사의 주식으로 배당을 지급하는 것이다. 1984년 개정 상법에 의해 주식배당제도가 처음 도입되었으며, 상법 제462조의 2 제1항은 주식배당 총액이 이익배당 총액의 1/2을 초과하지 못하도록 하고 있었다. 이후 1990년 증권거래법 제191조의 3 제1항에 따라 상장기업은 주식의 시가가 액면가액에 미달하는 경우가 아닌 한 이익배당 총액에 상당하는 금액까지 주식배당을 할 수 있도록 하고 있다.

주식배당을 하는 기업들은 꾸준히 증가하다가 1990년대 중반 이후 감소하는 추세이다.

배당시기

일반적으로 우리나라 기업들은 연간배당(1년에 한 번 배당지급)을 시행하고 있지만, 배당주에 대한 관심이 높아지면서 중간배당, 분기배당을 하는 기업들이 늘어나고 있다. 1년에 4번 분기배당을 시행하고 있는 기업은 삼성전자, 쌍용C&E, 포스코, 효성ITX가 있으며, 2021년부터 SK텔레콤, SK하이닉스, 씨젠, 신한지주, SK리츠도 분기배당을 시행하고 있다.

■ 중간배당

상법 제462조의3 제1항에 의하면, 연 1회의 결산기를 정한 회사는 영업연도 중 1회에 한하여 이사회 결의로 일정한 날을 지정해 그 날의 주주에 대하여 금전으로 이익을 배당할 수 있음을 정관으로 정할 수 있다.

■ 분기배당

증권거래법 제192조의 3 제1항에 의하면, 상장법인은 연 1회 결산기를 정한 회사는 영업연도 중 그 사업연도 개시일로부터 3월, 6월, 9월 말일의 주주에게 이사회 결의로써 금전으로 이익배당을 할 수 있음을 정관으로 정할 수 있다. 분기배당제도는 2004년부터 적용되었으며, 배당 결의일로부터 20일 이내에 지급한다. 다만, 정관으로 그 지급 시기를 따로 정한 경우에는 그러하지 아니한다(증권거래법 제192조의 3 제3항)

02 배당정책

 배당정책이란 경영자가 배당의사결정을 하는데 있어 기준으로 삼는 실행 기준을 의미하며, 여기에는 배당규모, 배당형태, 배당시기 등이 포함된다. 따라서 기업의 배당정책 공시는 투자자들에게 배당수익을 예측할 수 있게 해주며, 투자의사결정의 중요한 정보가 될 수 있다. 또한 배당정책의 투명한 공시를 통하여 대리인비용과 정보비대칭 문제를 완화할 수 있다.

 일반적으로 기업들은 정관이나 공시 서류를 통하여 배당정책을 공시하고 있다. 삼성물산의 경우 2015년부터 배당정책 공사를 통해, 성장을 위한 투자기회, 사업성과 등을 고려하여 점진적으로 배당성향을 높일 것으로 언급하였으며, 목표배당성향과 주당배당금액을 공시하였다. 삼성전자는 이사회에서 향후 3년간의 주주환원정책을 발표하고 있다. 2021년부터는 연간 잉여현금 흐름 실적을 함께 공시함으로써 잔여 재원 규모를 명확하게 제시하고 있다.

 LG전자와 LG디스플레이 등 LG계열 상장사 다섯 곳은 향후 3년간 적용한 배당원칙을 공시하였다. 조세회피수준 경영 차원에서 배당투명성을 높이기 위한 정책으로, LG전자는 향후 3년간 연결재무제표 기준 당기순이익의 20% 이상을 주주에게 환원하겠다고 발표했다. LG유플러스는 별도 재무제표 기준으로 당기순이익의 40% 이상을 투자자에게 배당으로 돌려주겠다고 밝혔으며, 이는 기존의 배당성향을 10% 높인 수치이다. LG 계열사 중에 가장 높은 배당성향을 보인 곳은 ㈜LG로, 별도 재무제표 기준으로 당기순이익의 50% 이상을 배당하겠다는 원칙을 발표했다.

그러나 아직까지 대부분의 기업들이 배당정책을 명시적으로 공시하고 있지 않으며, 이는 투자자들에게 투자수익률의 예측 가능성을 낮추고 있다. 해외의 경우, 캐나다의 Magna International Inc[1]는 홈페이지에 배당정책을 공시하고 있는데, 배당금액을 당기순이익의 10% 이상 그리고 3개년도 평균 당기순이익의 20% 이상 수준에서 결정하도록 규정하고 있다. 홈페이지의 investors 부분에 연간 사업보고서뿐만 아니라 재무 하이라이트 정보를 제공하고 있다. 구체적으로 매출, EPS, 영업현금 흐름, ROE, ROIC, 그리고 주당배당금 정보이다. 주당배당금 정보는 5개년 동안의 막대그래프로 제시하고 있으며, 증가 추세를 보이고 있다. 이처럼 우리나라 기업들보다는 장기간의 배당정보를 시각적으로 공시하고 있으나, 배당정책은 배당규모뿐만 아니라 배당형태, 배당시기 등에 대한 기업의 의사결정이기 때문에 배당형태나 배당시기에 대한 구체적인 정보까지 투자자들에게 제시하는 것이 필요하다.

---

[1] 자동차 부품 회사로 자동차 시스템, 모듈, 컴포넌트 등을 설계·개발·제조하는 회사(www.magna.com)

배당정책이란 경영자가 배당의사결정을 하는데 있어 기준으로 삼는 실행 기준을 의미하며,
여기에는 배당규모, 배당형태, 배당시기 등이 포함된다.
따라서 기업의 배당정책 공시는 투자자들에게 배당수익을 예측할 수 있게 해주며,
투자의사결정의 중요한 정보가 될 수 있다.
또한 배당정책의 투명한 공시를 통하여 대리인비용과 정보비대칭 문제를 완화할 수 있다.

chapter **2**

배당제도 및 배당정책

01 배당의 역사

 현대적인 형태의 배당은 기업의 출현과 관련이 높다(Frankfurter& Wood, 1997). 16세기 초 대항해 시대에 네덜란드와 영국에서 항해하던 선박은 투자자에게 재정적 청구권을 판매하기 시작했으며, 투자자는 수익금이 있는 경우 이를 공유할 수 있었다. 이에 항해가 끝날 때마다 이익과 자본은 투자자들에게 분배되었고, 현재의 벤처기업과 같은 모험항해 후에 투자자들은 재정적 청구권을 청산 받고 해당 권리를 종료하였다. 16세기 말까지 이러한 재정적 권리는 암스테르담의 공개 시장에서 거래되기 시작했으며, 점차 소유권 지분으로 대체되어 유동성을 확보할 수 있었는데, 이는 이러한 비즈니스와 관련된 위험을 분산시킬 수 있는 좋은 방안이 되었다. 각 항해가 끝날 때마다 이러한 벤처기업의 청산은 수익분배를 보장했으며, 투자자에게 이익을 주고 항해에 나선 선장의 사기 행위 가능성을 줄이는 데도 도움이 되었다(Baskin 1988). 그러나 이러한 벤처의 수익성이 확립되고 규칙적이 됨에 따라 항해가 끝날 때마다 자산을 청산하는 과정이 점점 더 불편하게 여겨졌다. 반복적인 항해의 성공은 신뢰를 높이고 주주는 경영진(선장)에 대해 더 확신하게 됨에 따라 계속 기업으로서 배당과 관련한 논의가 진행되었고, 해운회사의 소유 구조는 점차

주식회사 형태로 발전하였다. 결과적으로 이 회사들은 기업과 관련하여 전체 투자자본이 아닌 이익만을 분배하는 형태로 진화하였고, 지급율을 결정하기 위한 논리와 관행이 마련되기 시작했다. 기업의 자산이 아닌 기업의 소득부분(이익)만이 투자자에게 분배되기 시작하였으며, 점차적으로 이러한 지급에 대한 제한도 생겨나기 시작하면서 배당에 대한 논의가 발전하였다.

02 우리나라 배당제도의 변화

우리나라 기업들의 배당정책에 대하여 살펴보기 위해서는 거래소의 역사를 먼저 살펴보아야 할 것이다.

대한증권거래소 개장(1956년)

1956년 대한증권거래소가 개장하면서 우리나라의 증권시장이 시작되었다. 최초의 배당실시는 그보다 앞선 1955년 조흥은행이 배당률 200배의 현금배당을 실시한 것이다. 조흥은행뿐만 아니라 흥업은행, 상업은행 등 국영기업인 은행들이 높은 배당률을 보여줌으로써 주식투자에 대한 일반들의 관심이 높아졌다.

증권거래법 제정(1962년)

1962년 증권거래법과 동 시행령이 일괄 제정되면서 거래소주식을 거래할 수 있게 되고 국채시장을 주식시장으로 전환시키는 계기가 되었다. 1960년대에는 증권거래소에 22종목의 상장증권이 있었으나 대부분 은행주, 정부 소속 기업체주식이였으며, 민간 기업체주식은 몇 개주 뿐이었다. 대부분의 기업들이 자본과 경영이 미분리된 가족경영 체제를 유지하고 있었기 때문에 배당정책은 기업의 주요한 의사결정으로 보지 않았다.

자본시장육성에 관한 법률 제정 이후(1968년)

1968년 자본시장육성에 관한 법률이 제정되면서 기업들의 배당정책에 대한 토대가 마련되었다. 동법의 내용을 살펴보면 다음과 같다.

▷ 주식의 분산과 투자 여건의 형성
▷ 민간 주주에 대한 배당률 보장
▷ 소득세의 비과세
▷ 30% 배당의 우선주 발행 가능

1970년대에 들어서면서 미 달러화의 금태환 중지 조치 등 국제통화 제도의 불안 및 경제성장률의 둔화로 우리나라의 금융시장은 침체기에 접어들었다. 기업들은 여전히 자금 조달 시 직접 금융보다는 은행 차입을 선호하였고 외국 차관 및 사금융에 의존하려는 경향이 강했다. 당시 기업 규모는 커지고 있었으나 주식이나 사채 발행 규모는 매우 저조하였으며 기업공개도 부진하였다. 특히 기업인들의 경영관이 여전히 전근대적이고 유교적 사고방식을 고수하고 있었기 때문에 기업공개에 대한 부정적인 생각이 지배적이었다.

기업공개촉진법(1973년)

1973년 초에 기업공개촉진법이 제정되면서 기업공개 심의회가 발족하고 공개 적격 법인에 대한 심사가 진행되자 기업들은 기업공개에 관심을 가지기 시작하였다. 동법에 의하면 공개 법인의 주주가 받는 배당소득에 대하여 소득세를 감면하도록 하였으며, 동법 시행 이전의 위법적인 탈세 혐의에 대해 특례를 인정하였다. 기업공개촉진법으로 기업들은 증권시장에 상장을 검토하기 시작하였으며, 이로 인하여 증권시장이 비약적으로 발전하는 토대가 만들어졌다.

자본시장육성에 관한 법률(1984년)

1984년 개정 상법에서 주식배당제도를 도입하였으며 주주총회 결의에 의해 이익배당 총액의 1/2의 범위 내에서 주식배당을 할 수 있게 되었다. 1987년에는 자본 시장 육성에 관한 법률에 따라 주식배당 한도가 없어지면서 기업들은 유동성 증대를 기대하였다. 그러나 일정기간 증가하던 주식배당은 1990년대 중반 이후 지속적으로 감소 추세를 보였으며, 대부분의 기업들이 현금배당과 주식배당을 병행하거나 자사주 매입을 하였다.

배당제도의 변화(1990년대 이후)

1990년 이후 정부는 상장법인의 배당제도를 개선하기 위한 노력을 지속해 왔다. 1997년에는 IMF로부터 구제금융을 받으면서 증권거래법이 개정되고 중간배당제도 및 분기배당제도를 시행했으며, 2003년에는 배당 실적이 우수한 기업을 대상으로 배당지수를 개발해 발표되고 있다. 또한 증권거래법 시행령에서 기업이 현금배당을 결정할 경우 액면가 배당률이 아닌 시가배당률을 신고하여 수시 공시를 통해 제공하도록 의무화하고 있다. 시가 배당제는 액면 배당제보다 경제적인 실질을 더 잘 반영하는 배당 크기의 비교수단이 될 수 있다. 투자자입장에서는 액면 금액이 아닌 시가로 산정된 시가배당률이 투자수익률 관점에서 더욱 유용한 정보가 될 것이다.

03 배당정책의 이론적 배경

 배당정책에 관한 문헌은 많은 이론과 실증적 연구, 특히 기업가치와 배당과의 관련성에 대해 Miller와 Modigliani(1961)의 가설 이후 아직까지 일반적인 합의가 이루어지지 않고 있다. Black(1976)이 배당 수수께끼(dividend puzzle)라는 용어로 표현하였듯이 여러 해가 지나는 동안에도 이에 대해서 많은 이견과 논쟁거리가 남아 있으므로 과거의 이론과 실증적 연구들을 살펴보는 것이 배당정책과 관련하여 의미가 있다고 생각한다.

배당과 기업가치

 먼저, 배당과 기업가치 관련성 가설은 크게 세 가지로 살펴볼 수 있다.

■ 기본적인 관련성이 없다는 주장

 Modigliani-Miller(1961, 이하 MM)의 배당에 관한 획기적인 논문이 출판되기 전에는 배당금이 높을수록 기업가치가 높아진다는 것이 일반적인 믿음이었다. MM은 완전자본시장 하에서는 배당과 기업가치 간에 관련성이 없음을 이론적으로 증명하였는데, 여기서 가장 중요한 가정은 완전자본시장이다. 완전자본시장이란 다음과 같은 가정 하에 존재한다. 첫째, 배당과 자본이득에 대한 세금 차이가 존재하지 않으며, 둘째, 주식거래 시 거래비용이 발생하지 않고, 셋째, 모든 시장 참여자들이 정보 접근이 가능하여 정보의 비대칭성이 존재하지 않으며, 넷째, 경영자와 주주 간의 이해관계가 없어 대리인비용이 발생하지 않는 경우를 의미한다. 이러한 완전시장 하에서는 배당정책이 기업가치와 자기자본 비용에 아무런 영향을 주지 못한다.

기업의 가치는 배당정책에 따라 결정되지 않기 때문에 주주들은 배당소득과 자본소득에 대한 무차별성을 느끼게 된다. 주주입장에서는 부의 가치가 기업이 지급하는 배당에 의해 결정되는 것이 아니라 기업의 투자의사결정에만 기반하여 창출되는 이익에 의해 결정되기 때문이다. 따라서 기업의 배당정책은 현재주가 및 총수익에 영향을 미치지 못한다. 이러한 MM의 주장은 기업의 자본구조와 기업가치 간 무관련성을 논리적으로 제시하여 많은 시사점을 제공하였으나, 완전자본시장의 가정이 너무 엄격하여 실제와는 다소 동떨어져 있다는 비판을 받기도 하였다. 그러나 완전자본시장의 가정을 현실화해 논리적이고 실질적인 연구가 가능해진 부분은 큰 의의가 있다. 배당 무관련 이론은 투자자들이 주식 보유로 인한 수익이 배당금에서 발생하든 자본 이득에서 발생하든 무관심하다고 주장한다.

■ 배당과 기업가치 간의 양의 관계

더 높은 배당금을 지급하는 기업이 더 높은 주식가격을 형성할 것이라는 믿음은 대항해 시대 이후 주식회사가 출현할 때까지도 많은 투자자들이 지지하는 이론이었다. 일종의 벤처기업인 선박의 항해 이후에 분배되는 배당이 큰 경우 그 청구권이 더 높은 가치를 갖는다는 것은 누가 봐도 당연한 것이기 때문이다.

Myron Gordon과 John Lintner는 MM배당 무관련 이론에 대한 반대 이

론으로 Bird-in-hand이론을 주장하였다. 이는 배당이 매력적이며 주가에 긍정적인 영향을 미친다고 보는 견해이다. 주식투자는 본질적으로 불확실성을 가지므로 불투명한 잠재적인 자본이득보다는 배당금이 낫다는 이론이다. bird-in-hand이론에 따르면 투자자들은 자본이득이 잠재적으로 훨씬 더 높더라도 배당금의 확실성을 선호할 수 있다. 이 이론은 자신의 수익이 어디서 오는지 투자자들은 신경 쓰지 않는다는 MM 무관련 이론에 대한 대조이론으로 등장했다. 자본이득 투자는 '손 안의 새 한 마리는 덤불 속 두 마리의 가치가 있다'는 격언에서 덤불 속 두 마리를 의미한다.

■ 배당과 기업가치 간의 음의 관계

완전자본시장가정은 가능한 모든 세금 효과를 배제함으로써 배당금과 자본이득 간의 세금 효과에는 차이가 없다. 그러나 실제 시장에서는 세금이 존재하며 세후 효과를 생각하면 배당정책과 기업가치 간에 의미 있는 상관관계를 가질 수 있다. 일반적으로 배당금과 자본이득 사이에는 세금처리에 차이가 있는 경우가 많으며, 대부분의 투자자는 세후수익률에 관심이 있으므로 세금의 영향은 투자 수요에 영향을 미칠 수 있다. 세금 효과 가설은 낮은 배당성향이 자본 비용을 낮추고 주가를 높인다고 주장한다. 이는 일반적으로 배당금이 자본이득보다 높은 세율로 과세된다는 가정에 근거하고 있다. 또한 배당금은 즉시 과세되는 반면에 자본이득에 대한 세금은 실제 주식을 처분할 때까지 이연된다. 따라서 자본이득에 대해 유리한 세금우대를 받는 투자자들은 대부분의 이익을 유보하는 회사를 선호할 것이다. 특히 배당금으로 지급하기 보다는 재투자 수익률이 높을 것으로 기대되는 경우, 낮은 배당금에도 불구하고 기꺼이 프리미엄을 지불할 용의가 있을 것이다. 이는 낮은 배당성향이 자기자본 비용을 낮추고 나아가 기업가치를 증가시키는 역할을 한다.

배당정책의 동기

기업이 주주에게 배당을 지급하고 있음에도 불구하고 수세기 동안 기업 배당정책의 동기(incentives)는 여전히 논쟁 중이다. Black(1976)은 배당금 지급에 대한 이러한 수수께끼를 설명하기 위해 'dividend puzzle'이라는 용어를 사용하였으며, 다양한 이론들이 배당정책에 대한 설명을 시도하고 있다. 최근에는 기업 배당정책의 이론 및 실증적 연구들에 따라 시장구조의 특성 또는 정보비대칭성 모델 등으로 광범위하게 논의되고 있다.

■ 부의 분배

기업의 배당정책은 기업성과의 분배뿐만 아니라 미래성과에 대한 신호역할을 하기 때문에 기업가치에 영향을 미칠 수 있다. 배당정책은 주주가 제공한 자본에 대한 사용 대가로 기업이 벌어들인 수익 중 얼마만큼을 주주들에게 분배하고, 얼마만큼을 사내 유보로 할 것인가를 결정하는 것이다. 일반적으로 기업들은 한 해 동안 벌어들인 수익을 주주들에게 환원하기 위하여 배당지급을 결정한다(Lintner 1956, Baker et al. 1985, Baker 2001, Skinner 2008). 그러나 손실기업임에도 불구하고 배당을 지급하는 기업들도 있다(남혜정 2016).

■ 대리인 이론

기업의 지배구조가 배당의사결정에 영향을 미친다는 선행연구결과들은 많이 제시되고 있다(Eckbo and Verma 1994, La Porta et al. 2005 등). 지배구조가 배당정책에 영향을 미치는 이유는 이익침해가설과 이해일치가설로 설명되고 있다(Rozeff 1982, Crutchley and Hansen 1989, Jensen et al. 1992 등). 분산된 지배구조를 가진 기업일수록 대리인문제가 발생하기 때문에 배당을 확대하는 경향이 있는 것으로 나타난다(Jensen et al. 1992). 대리인문제는 경영자와 주주, 채권자와 주주 간의 문제를 포함하여 소유경영자와 외부 소액 주주 간의 대리인문제도 중요한 이슈가 되고 있다(Shleifer and Vishny 1986, La Porta et al. 2000, Chae and Lee 2009, 육근효 1989, 강형철 외 2인 2006).

또한 중소기업의 경우, 최대 주주가 재무제약 하에서는 배당정책을 축소함으로써 장기적으로 기업가치를 훼손하지 않는 범위에서 배당의사결정을 하고 있다는 결과도 제시되고 있다(신민식·김수은 2008, 남혜정 2017).

■ 케이터링 이론(catering theory)

기업의 배당정책은 시장에서 막강한 영향력을 행사하는 기관투자자들의 요구에 부합하기 위해 결정된다는 이론이다. Baker and Wurgler(2004)는 기업들이 기관투자자들이 선호하는 배당정책을 따르려고 하는데, 무배당을 선호하는 시기에는 배당을 축소하거나 무배당 결정을 한다고 보고하였다. 우리나라도 외국인투자자 비중이 높을수록 배당성향이 높다는 결과가 제시되고 있는데, 이는 높은 배당을 요구하는 투자자들의 선호를 반영하는 것으로 보고 있다(박경서 외 2003; 김아리·조명현 2008 등).

■ 신호 가설

배당지급은 경영자와 투자자 간의 정보비대칭 문제를 완화시킨다. 특히 경영자는 일반투자자들보다 기업의 미래성과에 대한 우월한 정보를 가지고 있기 때문에 이를 시장에 알리기 위해 배당지급을 결정한다고 한다(Nissim and Ziv 2001). 배당이 신호 역할을 하기 위해서는 배당지급의 비용보다 혜택이 커야 할 것이다. 일반적으로 배당지급은 기업과 투자자 간의 정보비대칭을 완화시켜 배당이 증가할수록 기업 전망에 대한 긍정적인 신호로 여겨졌다(Ambarish et al.1987;[2] Nissim and Ziv 2001).[3] 반면에 배당

---

[2] Ambarish. R., John. K. and J. Williams, Efficient Signalling with Dividends and Investments. *Journal of Finance* 42, 1987, pp.321~343.
[3] Nissim. D. and A. Ziv, Dividend Changes and Future Profitability. *The Journal of Finance*

의 증가는 기업의 현금 흐름 감소로 이어져 향후 수익성이 높은 투자안에 대한 기회비용이 발생할 수 있기 때문에 배당의사결정은 대리인비용과 자본조달비용 간의 관계에서 결정된다고 보고 있다.

■ 주주 중심주의

기업이 주주로부터 받은 자본을 이용하여 벌어들인 수익을 주주에게 환원하는 배당정책은 주주 중심주의(shareholder capitalism)를 대표하는 핵심적인 의사결정으로 기업의 배당정책은 기업이 주주 중심주의 가치를 얼마나 실현하고 있는지를 가늠해볼 수 있는 지표로 볼 수 있다.

우리나라도 2004년 이후 상장기업들의 순이익이 감소하고 있음에도 불구하고 기업들의 배당성향은 증가하였는데, 이는 기업들이 이익분배의 관점 외에 외부 주체들의 압력에 의한 자발적, 비자발적 대응의 결과를 의미한다.

56, 2001, pp.2111~2133.

기업의 배당정책은 주주에게 부를 분배한다는 측면에서 투자자들에게 중요한 정보이며,
대리인문제를 완화하고 미래수익에 대한 신호 역할을 하여
정보 비대칭을 완화시킨다는 점에서 매우 중요하고 유용한 정보이다.

chapter 3

국내 기업들의
배당정책에 대한
실증분석

01 배당정책에 영향을 미치는 요인들

배당정책에 대한 선행연구들은 기업의 배당정책이 대리인비용과 자본조달비용 간의 관계에서 결정된다고 주장하고 있다. 그러나 실증분석 연구들은 기업의 배당정책에 영향을 미치는 다양한 요인들을 제시하고 있으며, 변화하는 경영 환경에 따라 새로운 요인들이 제시될 것으로 기대된다. 선행연구들이 제시한 요인들은 지배구조, 이익의 질, 과거 배당지급 형태, 경영자 특성에 대한 변수들이며, 실증분석 시 연구모형의 통제변수들에 포함되고 있다(DeAangelo et al.1992;[4] Eckbo and Verma 1994;[5] Joos and Plesko 2004 등). 이외에도 배당의사결정에 영향을 미치는 요인으로 세무위험, 지리적 위치, ESG 활동, 재무 제약을 살펴보고자 한다.

---

[4] DeAngelo, H., L. DeAngelo, and D. Skinner, Dividends and losses. *Journal of Finance* 47(5), 1992, pp.1837~1863.

[5] Eckbo, B. E. and S. Verma, Managerial share-ownership, voting power and cash dividend policy. *Journal of Corporate Finance* 1, 1994, pp.33~62.

세무위험이 배당의사결정에 미치는 영향*

I. 서론

본 연구는 세무위험이 기업의 배당의사결정에 영향을 미치는지 살펴보았다. 구체적으로 세무위험이 높은 기업일수록 세후 현금흐름의 지속성과 예측가능성이 낮아져 배당률(배당지급여부)이 낮아지는지 검증하였다. 효과적인 조세 전략은 납부할 세금수준을 낮춤으로써 기업의 자본비용을 감소시킨다. 조세회피수준이 높을수록 현금흐름은 증가해 기업가치에 긍정적인 영향을 미친다고 보았다(Goh et al. 2016). 그러나 조세회피는 법인세 비용의 감소 외에 기업위험, 기업가치, 현금보유에 영향을 미치는 불확실성(uncertainty)을 초래한다는 점에서 조세회피의 혜택과 비용의 고려가 필요하다.

최근에는 조세회피로 인한 세금절감분 보다 기업과 주주들에게 부정적인 영향을 줄 수 있다는 지적이 제기되고 있다. Hutchens and Rego(2015)는 세무위험이 높을수록 기업위험이 증가한다고 주장하였으며, Hasan et al.(2014)은 조세회피수준이 높을수록 부채비용이 높아짐을 발견하였다. 연구자들은 조세회피수준에 따라 세무위험이 증가한다고 주장하였으며, 세무위험을 조세회피수준으로 측정하였다. Hanlon et al.(2017)은 세무위험이 높은 기업일수록 예비적 현금을 더 많이 보유하는 것으로 나타났다. 국내 연구들도 공격적인 세무보고를 하는 기업일수록 미래 재무성과가 낮게 나타났으며, 이익지속성도 낮게 나타났음을 제시하였다(박종일과 정

---

* 세무와 회계연구(2021, 남혜정)에 실린 논문입니다.

설희 2019). 이러한 연구결과들은 높은 세무위험이 기업의 미래성과에 부정적인 영향을 미치고 있음을 보여준다.

반면에 세무위험과 조세회피수준 간에는 관련성이 없으며, 조세회피로 인하여 기업의 현금보유 증가 또는 부채 감소가 나타날 수 있다는 주장도 있다(Mills 1998; Edwards et al. 2016; Graham and Tucker 2006). 기업은 세무위험의 증가 없이 세금수준을 낮출 수 있는 조세회피 전략을 수립할 수 있으며, 낮은 현금유효세율(Cash ETR)이 높은 현금유효세율보다 지속성이 높다고 보고되고 있다. 이는 세무위험과 상관없이 기업이 조세회피를 통하여 현금보유수준을 높일 수 있으며, 이를 배당 재원으로 활용할 수 있음을 제시한다. 또한 세무위험의 증가는 경영자가 미리 인지하고 사전에 조정함으로써 기업위험수준을 관리할 수 있으며, 종합적인 관점에서 기업위험수준을 관리하기 때문에 세무위험이 배당의사결정에 미치는 영향은 미미할 수 있다. 이처럼 세무위험이 배당의사결정에 미치는 영향에 대해 상반된 논의가 제시되고 있기 때문에 세무위험이 배당의사결정에 미치는 영향은 실증분석을 통하여 검증해야 할 것이다.

본 연구는 세무위험이 배당의사결정에 영향을 미치는지 살펴보기 위하여, 2001년부터 2018년까지 유가증권시장에 상장된 기업을 대상으로 실증분석하였다. 세무위험은 과거 5년간의 연도별 유효세율(effective tax rate: ETR)에 대한 표준편차(a standard deviation of annual cash ETRs)로 측정하였으며(Hutchens and Rego 2015; Drake et al. 2015; Guenther et al. 2017), 배당의사결정은 배당더미와 함께 배당률을 이용하여 분석하였다. 분석결과, 세무위험이 높은 기업일수록 배당을 지급하지 않았으며, 배당지급 기업들은 배당률도 낮게 나타났다. 이러한 결과는 세무위험을 5년간의 현금유효세율과 장부유효세율을 각각 이용한 경우에도 일관되게 나타났다. 이와 함께, 기업특성에 따라 세무위험과 배당의사결정과의 관계가 달라지는지 살펴보기 위하여, 연구개발비 비중을 교차항변수로 분석하였다. 세무위험은 변동성이 높은 조세회피수준에 영향을 받기 때문에, 이러한 변동성이 연구개발과 관련된 활동으로 기인할 수 있다(박종일과 김수인, 2018). 이 경우, 기업은 높은 세무위험에도 불구하고 미래현금흐름에 대한 창출 능력을 신호하기 위하여 배당을 지급할 것이다. 분석결과, 연구개발비 비중이 높은 기업일수록 세무위험과 배당의사결정과 음(-)의 관계가 유의적으로 약화됨을 발견하였다. 이러한 연구결과는 세무위험이 높을수록 배당률은 낮아지지만, 높은 변동성의 원인이 연구개발 활동으로 인한 경우에는 배당의사결정에 긍정적인 영향을 미치고 있음을 보여준다.

본 연구의 결과는 관련 연구에 다음과 같은 공헌점을 제공할 것으로 기대된다. 최근 기업위험에 대한 연구들이 활발하게 진행되고 있는 상황에서 세무위험이 배당의사결정에 미치는 영향을 살펴보았다는 점에서 의의가 있다. 세무위험이 높은 기업일수록 기업의사결정에 영향을 미친다는 선행연구결과와 일관되게 세무위험이 높은 기업일수록 배당률도 낮음을 발견하였다. 이러한 연구결과는 배당의사결정에 영향을 미치는 요인으로 세무위험을 고려해야 함을 보여준다. 이외에도 본 연구의 결과는 학계의 관련 연구자뿐만 아니라 투자자, 규제 기관 및 정책 입안자에게 세무위험과 배당의사결정에 대한 유익한 시사점을 제공할 것으로 기대된다.

II. 선행연구 및 가설 설정

1. 배당의사결정에 대한 연구

배당의사결정은 기업의 성과를 주주들에게 분배한다는 점에서 중요한 의사결정 중에 하나이다. 특히 배당지급이 기업의 미래성장성에 대한 정보를 전달한다는 점에서도 배당의사결정은 투자자들에게 중요한 사안이다. 우리나라는 고성장 시기를 거치면서 배당소득이 그리 중요하지 않았지만, 최근의 저금리 및 저성장의 상황에서는 배당에 대한 시장 참여자들의 관심이 높아지고 있다. 그러나 우리나라 기업들의 배당지급이 기업의 미래성장성에 대한 유용한 정보인지에 대한 논의는 미미한 상황이다. 배당신호가설에 의하면, 배당지급은 기업과 투자자 간의 정보비대칭을 완화시켜주며, 배당이 증가할수록 기업 전망에 대한 긍정적인 신호로 여겨졌다(Ambarish et al.1987; Nissim and Ziv 2001). 반면에 배당의 증가는 기업의 현금흐름 감소로 이어져 향후 수익성이 높은 투자안에 대한 기회비용이 발생할 수 있기 때문에 배당의사결정은 대리인비용과 자본조달비용 간의 관계에서 결정된다고 보고 있다.

한편, 선행연구들은 배당의사결정에 영향을 미치는 다양한 변수들로 지배구조, 이익의 질, 과거 배당지급행태, 경영자 특성 등을 제시하고 있다(DeAangelo et al.1992; Eckbo and Verma 1994; Joos and Plesko 2004 등). 그러나 배당의사결정이 기업의 미래현금흐름에 영향을 미침에도 불구하고, 미래현금흐름의 불확실성에 영향을 미치는 세무의사결정과의 관계에 대한 연구는 미미한 상황이다. 선행연구들을 통해 세무위험이 높은 기업들은 미래현금흐름의 불확실성을 증가시켜 기업의 전반적인 위험을 높임을 발견하였으며(Hutchens and Rego 2015; Drake et al. 2015; Guenther et al. 2017), 이는 기업의 중요 의사결정 중에 하나인 배당의사결정에도 영향을 미칠 수 있다.

2. 세무위험과 배당의사결정에 대한 연구

세무위험 또는 세무불확실성은 최근 들어 활발하게 연구되고 있는 분야이다. 관련 연구결과들은 세무위험이 높을수록 과세 당국의 미래 세무조사 가능성이 높음을 보고하였다. 또한 이로 인하여 기업의 미래 세부담이 증가되고 현금흐름의 불확실성이 높아져 전반적인 기업위험이 증가한다고 주장하였다(Dhaliwal et al. 2017; 강승구 외 2인 2017). Neuman et al.(2015)는 세무위험 측정치와 시장위험 측정치 간에 유의적인 양(+)의 관련성이 있음을 발견함으로써, 세무위험과 기업위험 간의 양의 관계를 실증적으로 제시하였다. Guenther et al.(2017)는 과거 5년간 현금 유효세율의 변동성과 차기 주식수익률의 분산이 양의 관계가 있음을 발견하였으며, 세무위험이 높을수록 투자자의 주가변동성이 크게 나타남을 제시하였다.

McGuire et al.(2013)는 세무위험과 이익 및 현금흐름에 대하여 분석한 결과, 지속가능한 세무 전략을 가진 기업일수록 세전이익과 현금흐름 및 발생액의 지속성이 높음을 제시하였다. Ciconte III et al.(2016)은 세무불확실성이 높을수록 기업의 미래 법인세의 현금 유출이 유의적으로 증가하고 있음을 보여주었으며, Jacob et al.(2019)은 세무위험이 높을수록 기업들이 대규모 자본투자를 지연시킬 가능성이 높음을 제시하였다. Amberger(2017)는 세무위험이 기업의 현금배당수준에도 영향을 미치고 있다고 주장하였는데, 세무위험이 높을수록 현금배당 가능성이 낮고, 자사주 매입도 감소함을 발견하였다. 이러한 연구들은 기업의 세무위험이 투자, 미래현금흐름, 배당 및 기업위험 등 전반적인 기업의사결정에 유의적인 영향을 미치고 있음을 보여준다. 국내 연구들도 국외 연구와 일관된 결과를 제시하고 있다(강승구 외 2인 2017; 박종일 외 2인 2018; 박종일과 신상이 2018). 그러나 세무위험이 배당의사결정에 미치는 영향을 살펴본 국내 연구는 미미하며, 세무위험과 배당의사결정과의 관계에서 기업 특성이 미치는 연구도 진행된 바가 없다.

3. 가설 설정

세무위험과 배당의사결정 간의 관계는 변동성이 높은 세금납부수준이 기업의 전반적인 현금흐름의 불확실성을 초래한다는 주장에 근거하고 있다. 선행연구 결과에 의하면, 세무위험이 높은 기업들은 미래현금흐름의 불확실성을 증가시켜 기업의 전반적인 위험을 높인다(Hutchens and Rego

2015; Drake et al. 2015; Guenther et al. 2017). 세무위험이 높은 기업일수록 내재 자기자본비용이 높게 나타났으며, 차기 주식수익률의 분산도 높음을 제시하고 있다(강승구 외 2인 2017; Guenther et al. 2017). 국내 연구들도 세무위험이 높을수록 기업 신용등급이 낮고, 타인 자본비용이 높게 나타나고 있음을 보여주었다(박종일과 김수인, 2019). 박종일과 정설희(2017)는 세무보고 공격성이 높은 기업일수록 미래 재무성과가 낮고, 이익지속성도 낮게 나타남을 보고하였다. 또한 박종일 외 2인(2019)은 세무위험과 배당 간에 음의 관계를 제시하였는데, 이는 높은 세무위험은 미래 법인세 부담의 증가를 가져올 수 있으며, 기업은 현금보유를 늘리는 방향으로 의사결정하고 있음을 보여준다.[6]

높은 세무위험으로 인한 불확실한 현금흐름은 세후 현금흐름의 지속성과 예측가능성을 낮추고, 단기적으로 유동성부족의 가능성을 증가시킬 수 있다.[7] 자본시장에서 재무적 유동성부족은 기업에게 추가적인 비용을 유발시키며 경영자는 배당의사결정시에 현금흐름의 불확실성을 고려할 수밖에 없을 것이다(Lintner 1956; Brav et al. 2005). Chay and Suh(2009)는 불확실성이 높은 기업일수록 배당의 지속가능성을 유지할 가능성이 낮음을

---

[6] 본 연구는 세무위험과 배당의 관계를 살펴본다는 점에서는 박종일 외 2인(2019)의 연구와 유사하다. 박종일 외 2인(2019)은 배당과 접대비 지출을 함께 분석하였으며, 분석대상 표본은 6,585개이다. 반면에 본 연구는 배당과 연구개발비를 함께 분석하였으며, 분석대상 표본은 19,348로 박종일 외 2인(2019)보다 2배 이상의 차이가 있다. 무엇보다도 박종일 외 2인(2019)은 세무위험의 실제 효과를 파악하는데 중점을 두었다면, 본 연구는 세무위험의 변동성이 연구개발비로 인한 것일 때에는, 배당의 신호역할이 작동하고 있음을 보여주었다는 점에서 의의가 있다.

[7] 세무위험은 조세회피로 인한 세무조사 등의 세무불확실성으로 인한 요인과 기업전략 및 기업환경 등의 변화로 인한 기업위험 요인에 영향을 받을 수 있다. 세무위험의 원인을 세무적 요인과 기업위험 요인으로 구분하여 살펴보는 것은 미래현금흐름의 불확실성에 어떤 요인이 영향을 미쳤는지 파악하는데 중요한 사항이다. 그러나 실증적으로 세무위험을 두 요소로 구분하여 분석한 선행연구들을 찾기 어려우며, 구분의 자의성 문제도 나타날 수 있기 때문에 본 연구는 선행연구와 일관되게 세무위험을 미래현금흐름의 변동성을 증가시키는 것으로 보았다.

보고하고 있다. Amberger(2017) 역시 세무위험이 높을수록 기업이 배당을 덜 하며, 현금배당수준도 낮아짐을 보고하였다. 이러한 선행연구결과들은 세무위험과 배당의사결정 간에 음의 관계가 있음을 보여준다.

반면에 세무위험이 배당의사결정에 부정적인 영향을 미칠 것이라는 선행연구결과와 달리, 실무적으로는 세무위험이 배당의사결정에 미치는 영향에 대한 논의는 혼재되어 있다. 세무위험으로 세후 현금흐름의 불확실성이 높아졌다면, 기업은 배당수준을 조정하는 대신 투자의사결정을 조정할 수도 있다(Jacob et al. 2019). 또한 조세회피로 인한 세무위험의 증가는 경영자가 미리 인지하고 이를 사전에 조정함으로써 기업위험수준을 관리할 수 있을 것이다. 경영자는 세무위험 뿐만 아니라 경영위험으로부터 발생하는 현금흐름의 불확실성을 종합적으로 관리해야 하기 때문에, 세무위험의 증가가 배당의사결정에 미치는 영향은 미미할 수 있다. 따라서 세무위험이 배당의사결정에 미치는 영향은 실증분석을 통하여 검증해야 할 사안이다. 또한 국내 기업들의 상대적으로 낮은 배당수준을 고려한다면, 세무위험이 배당의사결정에 미치는 영향은 달라질 수 있을 것이다. 다만, 실증분석 연구들의 결과를 바탕으로 본 연구는 세무위험과 배당의사결정 간에 음(−)의 관계가 나타나는지 검증하기 위하여 다음과 같은 가설을 설정하였다.

> **○ 가설 1** 세무위험이 높은 기업일수록 배당을 덜 지급할 것이다.

기업의 세무위험은 변동성이 높은 조세회피수준에 따라 영향을 받는다. 이러한 변동성이 기업의 연구개발과 관련된 활동에 기인한다면, 기업은 높은 세무위험에도 불구하고 미래현금흐름에 대한 창출 능력을 보여주기 위하여 배당지급을 결정할 수 있을 것이다. 기업의 연구개발(R&D) 활동은 회계이익에 영향을 미치며, 나아가 세무 전략에도 중요한 요인으로 작용한다. 기업들은 연구개발공제와 같은 세제 혜택을 위하여 연구개발비를 조정할 유인을 가지며, 이는 조세회피의 변동을 높힐 것이다. 박종일과 김수인(2018)은 조세회피수준이 높은 기업일수록 연구개발비수준이 높음을 발견하였다. 또한 세무위험이 높을수록 연구개발비보다는 설비투자수준을 유의하게 낮추는 것으로 나타났다.

그러나 높은 조세회피의 변동성이 연구개발비로 인한 것이라면, 경영자는 기업의 미래가치에 대한 신호를 보내고자 배당을 지급할 유인이 있다. 남혜정(2019)은 연구개발비 비중이 높은 손실기업일수록 배당을 지급하고 있음을 발견하였다. 이러한 결과는 손실기업임에도 불구하고 연구개발비에 대한 미래 자산화 가능성에 대한 신호를 보내기 위해 배당을 지급한다고 해석하였다. Berstein(2015)과 Fang et al.(2014)에 따르면 연구개발비수준이 높은 기업일수록 기업인수 대상이 될 가능성이 높으며, 좋은 평판효과를 위하여 배당을 더 많이 지급하려고 한다. DeAngelo and DeAngelo (2007) 역시 지배구조가 취약한 기업일수록 자본시장에서 좋은 평판효과를 얻기 위하여 배당을 더 많이 지급한다고 주장하였다. 연구개발비(R&D) 투자 자본을 지속적으로 조달하기 위해서는 좋은 평판이 중요하다는 것이다. 반면에 연구개발비에 대한 미래가치의 불확실성이 높다고 판단한다면, 경영자는 자원을 내부에 유보함으로써 다른 투자안에 배정할 것이다. 따라서 연구개발비가 높은 기업일수록 세무위험이 배당의 사결정에 미치는 영향은 달라질 것이다. 본 연구는 연구개발비 비중이 높은 기업일수록 미래성장 가능성에 대한 신호를 보내기 위해 배당을 지급하는지 살펴보기 위하여 다음과 같은 가설 2를 설정하였다.[8]

---

[8] 본 연구는 Amberger(2017)의 연구와 유사하게 세무위험과 배당의사결정과의 관계를 살펴보고 있으나, 다음과 같은 점에서 차이가 있다. 첫째, 미국과 한국의 배당성향과 주주환원율은 크게 차이가 있다. 예를 들면, 주주환원율의 경우, 미국과 한국은 각각 98%와 25%를 나타내고 있다. 이는 Amberger(2017)의 분석 대상인 미국과 우리나라의 배당환경이 상이하며, 외국의 연구결과를 우리나라에서 그대로 적용하는데 무리가 있음을 보여준다. 둘째, 본 연구는 우리나라 상장기업들의 높은 연구개발비 비중을 고려하여 세

● **가설 2** 연구개발비 비중이 높은 기업일수록 세무위험이 배당에 미치는 영향은 완화될 것이다.

III. 표본 및 연구방법

1. 주요변수의 측정

본 연구는 세무위험이 배당의사결정에 미치는 영향을 살펴보기 위하여, 세무위험의 대리변수(proxy)로 선행연구들이 사용하고 있는 현금유효세율과 유효법인세율의 표준편차를 이용하였다. 일반적으로 세무 전략에서 세무위험이 높다는 것은 변동성이 크다는 것을 의미한다. 따라서 기업이 부담하는 유효세율의 변동성이 높다면 세무위험이 크다고 볼 수 있다. 본 연구는 현금유효세율(Cash ETR, 이하 CETR)과 유효법인세율(GAAP ETR, 이하 GETR)의 5년 표준편차를 측정하여 각각 세무위험의 대용치인 CRTAX과 GRTAX로 사용하였다. 현금유효세율은 법인세 납부액을 법인세차감전순이익으로 나누어 계산하였으며, 유효법인세율은 손익계산서상 법인세 비용을 법인세차감전순이익으로 나누어 산출하였다. 다만 법인세차감전순이익이 음(-)의 값을 갖는 표본은 유효법인세율이 법인세 비용이나 납부액과는 관련 없이 음(-)의 값이 나오기 때문에, 법인세 비용 또는 법인세 납부액에 따라 1과 0의 값으로 처리하였다.[9] 반면에 법인세 비용이나 법인세 납부액이 음(-)의 값을 가지는 경우는 유효세율을 0

무위험과 배당의사결정과의 관계에 영향을 미치는 요인으로 연구개발비변수를 검증하였다. 2019년도 우리나라 총 연구개발비는 89조 471억 원(764억 달러)으로 OECD국가 중 세계 5위 수준이며, GDP 대비 연구개발비 비중으로는 2위를 차지하고 있다.

[9] 본 연구는 손실기업 제거로 인한 표본의 truncation bias를 최소화하기 위하여, 분모가 음수이고 분자가 양수인 경우에는 1, 분자와 분모가 음수인 경우에는 0으로 코딩하였다 (Jacob et al. 2016). 예를 들면, 법인세차감전순이익이 음수이고 법인세 납부액이 양수이면 1, 법인세차감전순이익이 음수이고 법인세 납부액이 음수이면 0으로 처리하였다.

으로 조정하였다.

CETR(GETR) = 법인세 납부액(법인세 비용)/법인세차감전순이익

이렇게 측정한 현금유효세율과 유효법인세율의 5년 표준편차를 세무위험의 대용치로 사용한다. 즉, 세무위험은 당기를 포함한 과거 5년간 (t-4~ t)의 연도별 CETR(GETR)에 대한 표준편차로 측정되는 변동성이다(Hutchens and Rego 2015; Amberger 2017; Guenther et al. 2017; 강승구 외 2인 2017). CETR과 GETR의 변동성으로 측정한 세무위험은 각각 CRTAX과 GRTAX로 표시하였으며, CRTAX과 GRTAX의 값이 클수록 세무위험이 높다고 본다.

다음으로 배당의사결정과 관련된 대용치로 배당더미와 배당률변수를 이용하였다. 세무위험이 높은 기업일수록 배당을 덜 지급하는지 살펴보기 위하여 배당을 지급한 기업이면 1, 아니면 0인 배당더미변수(DIVD)를 사용하였다. 이와 함께, 배당을 지급한 기업들을 대상으로 배당률(현금배당금/총자산, DIVAC)변수를 이용하였다(Desai and Jin 2011; Hoberg et al.2014).[10] 배당률은 총자산과 함께 매출액 대비 배당변수(DIVSC)를 이용하였다.[11]

---

[10] 배당 관련 선행연구에서 많이 사용하고 있는 배당성향변수는 기업이 당기순이익을 음(-)으로 보고하면, 배당을 지급하였다고 할지라도 분석에서 누락되는 문제점이 있다. 또한 배당비율을 표준화하는 방법으로, Chay and Suh(2009), Li and Zhao(2008)등은 총자산과 총매출액 및 영업이익 대비 현금배당비율을 사용하였으며, 이중 총자산 대비 현금배당 비율이 규모 효과에 의한 이분산성(heteroskedasticity)을 통제하는데 가장 효과적이다.

[11] 배당과 세무위험 간의 관계를 분석한 Amberger (2017)도 총자산 대비 배당변수와 매출액 대비 배당변수를 함께 사용하였다. 또한 본 연구도 Amberger(2017)과 일관되게 배당률의 로그값으로 측정하였다. 추가 분석으로 배당률을 계산 시, 현금배당 대신 총배당을 이용하였다. 총배당을 총자산(DIVA)과 매출액(DIVS)으로 각각 나눈값으로 분석한 결과도 현금배당을 이용한 결과와 일관되게 나타났다.

2. 연구모형

본 연구는 세무위험이 배당의사결정에 미치는 영향을 살펴보기 위하여, 선행연구에서 사용된 다음의 모형을 이용해 회귀분석을 수행하였다 (Guenther et al. 2017; 남혜정 2019). 세무위험이 높을수록 기업의 세후 현금흐름에 대한 불확실성이 높아져 배당지급을 주저하거나 배당률을 낮춘다면 세무위험(RTAX)의 회귀계수인 a_1은 유의적인 음(-)의 값을 가질 것이다.

$$DIV_t = a_0 + a_1 RTAX_t + a_2 SIZE_t + a_3 ROA_t + a_4 LEV_t + a_5 CSALE_t + a_6 CFO_t + a_7 SRD_t + a_8 LDIV_t + \Sigma a_j YD_j + \varepsilon_t \quad (1)$$

여기서,
- DIV = 배당의사결정(배당더미(DIVD), 배당률(현금배당/총자산)의 로그값(DIVAC), 배당률(현금배당/매출액)의 로그값(DIVSC)
- $RTAX$ = 세무위험(CRTAX, GRTAX)
- $SIZE$ = 기업규모(총자산의 자연로그 값)
- ROA = 총자산수익률(당기순이익/총자산)
- LEV = 부채비율(총부채/총자산)
- $CSALE$ = 매출액성장률(매출액변동/총자산)
- CFO = 여유현금흐름(영업현금흐름/총자산)
- SRD = 자기주식취득더미변수
- $LDIV$ = 전년도 배당지급여부를 나타내는 더미
- ΣYD = 연도별 더미변수
- ε = 잔차항.

식(1)의 종속변수는 배당의사결정에 대한 대용치로, 배당더미와 배당률을 사용하였다. 배당률은 현금배당금을 총자산으로 나눈값에 로그값으로 측정하였다. 현금배당금 대신 총배당금을 사용한 분석에서도 결과는 일관되게 나타났다. 종속변수가 배당더미인 경우에는 로짓분석을 시행하였으며, 배당률인 경우에는 회귀분석을 시행하였다. 관심변수는 세무위험으로 CRTAX과 GRTAX를 사용하였다.

가설 2를 검증하기 위하여 식(2)를 이용하였다. 여기서 RND는 연구개발비를 나타내는 측정치로서, 연구개발비 총액을 총자산으로 나눈 값이다.

$$DIV_t = a_0 + a_1 RTAX_t + a_2 RND_t * RTAX_t + a_3 RND_t + a_4 SIZE_t +$$
$$a_5 ROA_t + a_6 LEV_t + a_7 CSALE_t + a_8 CFO_t + a_9 SRD_t + a_{10} LDIV_t \quad (2)$$
$$+ \Sigma a_j YD_j + \varepsilon_t$$

각 모형의 통제변수들은 배당의사결정과 관련된 선행연구들이 제시하고 있는 변수들을 포함하였다. 구체적으로 기업규모(SIZE), 수익성(ROA), 부채비율(LEV), 매출액증가율(CSALE), 자사주 매입여부(SRD), 전년도 배당지급여부(LDIV)를 고려하였다. 선행연구에 의하면 기업규모가 배당정책에 유의한 양의 관계가 있음을 보여주고 있으며, 이는 기업규모가 클수록 대리인문제가 커지기 때문이라고 하였다(Jensen et al., 1992). Jensen et al.(1992)은 배당과 수익성과는 양의 관계가 있으며, Baker et al.(2001)은 여유현금흐름과 배당과는 양의 관계가 있음을 제시하였으며, 부채비율과는 음의 관계가 나타남을 보여주었다. 즉, 배당 관련 선행연구들은 기업규모(SIZE)가 크고, 수익성(ROA)이 높고, 여유현금흐름(CFO)이 높은 기업일수록 배당을 지급하려는 경향이 높은 반면에, 부채비율(LEV)이 높은 기업은 배당을 지급하지 않을 것이라고 주장하였다. 자기주식취득여부(SRD)는 배당과의 대체적인 효과를 통제하기 위하여 포함하였다. Skinner(2008)는 배당지급 기업들의 자기주식취득이 급격히 증가함을 발견하였으며, 우리나라 기업들도 배당보다 자사주를 취득해 소각함으로써 세제 혜택과 주주환원의 효과를 기대하고 있다.

배당의사결정에서 과거 배당행태는 중요한 요인으로 제시되고 있다. Baker et al.(1985)은 전년도 배당지급여부가 배당의사결정에 영향을 미친다고 주장하였으며, Michaely and Roberts(2012)는 상장기업들이 일시적 이익에 대한 배당변동이 낮으며, 경영자는 지속적으로 일관된 배당행태를 유지함으로써 투자자들에게 좋은 인상을 제공하려 한다고 주장하였다. 국내 연구결과들도 기업들의 지속적인 배당형태를 제시하고 있으며, 일시적 이익변화가 배당변동에 미치는 영향이 낮음을 발견하였다(남혜정, 2016). 따라서 본 연구는 이를 반영하기 위하여 전년도 배당지급여부(LDIV)를 포함하였다. 이와 함께 연도별 효과를 통제하기 위하여 연도더미변수를 포함하였다. 통제변수들의 정의는 식(1)의 하단에 기술하였다.

3. 표본의 선정

본 연구는 2001년부터 2018년까지 12월 결산법인 중 금융업이 아닌 상장기업 가운데 다음에 해당하는 기업을 표본으로 선정하여 진행하였다.

(1) 금융업에 속하지 않는 기업
(2) 12월 말 결산기업
(3) FnGuide에서 필요한 재무 자료가 입수 가능한 기업

표본 선정에 위와 같은 사항을 고려한 이유는 다음과 같다. (1)과 (2)는 표본기업들 간의 결산일과 업종의 차이로 인한 영향을 최소화하고, 표본들 간의 동질성과 비교가능성을 제고하기 위하여 제약사항으로 고려하였다. (3)은 본 연구의 가설을 검증하기 위한 주요변수들이기 때문에 재무 자료가 불충분하거나 측정할 수 없는 기업은 제거하였다. 이외에도 극단치의 영향을 최소화하기 위하여, 모형에 사용된 변수들(더미변수 제외)

<표 1> 표본 선정 절차

표본 선정 절차	표본수
비금융업 중 유가증권 시장과 코스닥 시장에 상장된 기업(1998년부터 2018년)	45,843
재무 자료를 구할 수 없는 기업	(15,069)
세무위험 측정에 필요한 자료가 불충분한 기업	(10,828)
표본 기간(2001년부터 2018년) 조정	(599)
최종 표본수	19,347

의 극단치 1%를 표본에서 winsorization한 후 분석에 사용하였다. 이러한 과정을 통하여 최종 표본은 19,347 기업-년도이다.[12] 세무위험변수인 CRTAX과 GRTAX는 CETR과 GETR의 과거 5년간 표준편차로 계산되므로 5년간의 연속된 자료가 필요하다.[13] 구체적인 표본 선정 절차는 <표 1>과 같다.

Ⅳ. 실증분석결과

1. 기술통계량 및 상관관계

<표 2>는 주요 세무위험변수들의 기술통계량을 보여준다. 배당률의 평균값은 -4.740이며, 로그값을 취하기 전 배당률의 평균값은 0.009로 총자산의 0.9%를 배당하고 있음을 알 수 있다. 현금유효세율인 CETR과 유

---

[12] 로짓분석에 사용된 표본은 19,347개이며, 회귀분석에 사용된 표본은 배당을 지급하지 않은 기업들을 제외한 13,719개이다.
[13] 세무위험은 Cash ETR과 GAAP ETR의 5년간 표준편차로 측정하였으며, 이를 위하여 1998년부터 2018년까지의 자료를 이용하였다. 5년간의 표준편차 계산 시, 표본의 충분한 확보를 위하여 최소표본수가 2개 이상인 경우에 사용하였으며, 분석에 포함된 표본들은 2001년부터 2018년까지이다.

⟨표 2⟩ 주요변수들의 기술통계량

변수	평균	표준편차	최소값	중위수	최대값
DIVD	0.710	0.454	0.000	1.000	1.000
DIVAC	-4.740	0.981	-16.166	-4.669	-1.134
DIVSC	-4.664	1.062	-15.819	-4.624	-0.494
CRTAX	0.128	0.129	0.000	0.086	0.563
GRTAX	0.085	0.093	0.000	0.057	0.707
RND	0.011	0.019	0.000	0.001	0.103
SIZE	18.944	1.542	16.192	18.692	23.857
ROA	0.062	0.053	-0.030	0.050	0.263
LEV	0.422	0.193	0.063	0.424	0.845
CSALE	0.103	0.226	-0.612	0.071	0.947
CFO	0.073	0.090	-0.748	0.066	0.783
LDIV	0.660	0.474	0.000	1.000	1.000
SRD	0.178	0.383	0.000	0.000	1.000

주) 변수 정의는 다음과 같다.
DIVD = 배당더미, DIVAC = 배당률(현금배당금/총자산)의 로그값, DIVSC = 배당률(현금배당금/매출액)의 로그값, CRTAX = 세무위험(CETR의 5년 표준편차), GRTAX = 세무위험(GETR의 5년 표준편차, 여기서 CETR = 현금유효세율, GETR = 유효법인세율), RND = 연구개발비(연구개발비/총자산), SIZE = 기업규모(총자산의 자연로그값), ROA = 총자산수익률(당기순이익/총자산), LEV = 부채비율(총부채/총자산), CSALE = 매출액성장률(매출액변동/총자산), CFO = 여유현금흐름(영업현금흐름/총자산), LDIV = 전년도배당더미(전년도에 배당을 지급하였으면 1, 아니면 0), SRD = 자기주식취득더미.

효법인세율인 GETR의 표준편차값인 CRTAX과 GRTAX는 각각 0.128과 0.085로 나타났다. 세무위험의 평균값은 국내 다른 연구의 평균값과 유사한 수준이다.[14] RND변수의 평균값은 0.011로 총자산의 1.1%를 차지

---

[14] 강승구외 2인(2017)의 연구는 CRTAX의 평균값이 0.107로 나타났다(분석기간 200~2014).

하고 있다. 기업규모의 경우 평균값과 중위값이 거의 비슷하여 정규 분포의 형태를 보이고 있으며, 자산수익률(ROA)의 평균값은 6%로 양호한 수준이다. 부채비율은 43%이며, 매출액성장률은 10%, 여유현금흐름을 나타내는 CFO의 평균값은 7%로 나타났다.

〈표 3〉은 변수들 간의 피어슨상관관계를 보여주고 있다. 변수들 간의 상관관계를 살펴보면, 배당률(DIVAC)과 세무위험(CRTAX)의 상관계수는 -0.26으로 유의적인 음의 관계가 나타나고 있다. 이는 세무위험이 높을수록 배당률도 낮아짐을 의미한다. 관심변수인 세무위험과 통제변수들 간의 관계를 살펴보면, 기업규모가 클수록, 부채비율이 높을수록 배당률이 낮음을 보여주고 있다. 또한 ROA가 높을수록 매출액성장률이 높을수록 여유현금흐름이 높을수록 배당률도 높다. 특히 전년도 배당여부와 배당률과의 양의 관계도 유의하게 나타나고 있어, 전년도 배당여부가 배당의사결정에 미치는 요인임을 알 수 있다. 그러나 이러한 결과는 단순 상관관계이기 때문에 단변량과 다변량 회귀분석을 통하여 결과를 해석해야 할 것이다.

2. 단변량분석

〈표 4〉는 기업의 세무위험수준에 따른 배당률의 차이를 보여준다. CRTAX의 크기에 따라 표본을 5개 그룹으로 나누고, 각 그룹 간 DIVAC의 평균값을 측정하였다. 〈표 4〉과 같이 CRTAX이 낮은 그룹(1)의 DIVAC는 -4.46으로 높은 그룹의 DIVAC값인 -5.19보다 높게 나타나고 있다. 또한 두 집단의 차이값에 대한 통계적 유의성도 높다. 이러한 결과는 세무위험이 배당의사결정에 영향을 미치는 유의적인 변수임을 보여준다. 이러한

박종일외 2인(2018)의 연구는 CRTAX과 GRTAX의 평균값이 각각 0.141과 0.088로 나타났다(분석기간 2003년~2017년).

결과는 세무위험을 GRTAX로 측정하였을 때에도 일관되게 나타났다.

〈표 3〉 주요변수들의 상관계수

	DIVAC	CRTAX	RND	SIZE	ROA	LEV	CSALE	CFO	LDIV
CRTAX	-0.26 <.0001	1.00							
RND	0.11 <.0001	-0.08 <.0001	1.00						
SIZE	-0.30 <.0001	0.15 <.0001	-0.19 <.0001	1.00					
ROA	0.48 <.0001	-0.27 <.0001	0.18 <.0001	-0.21 <.0001	1.00				
LEV	-0.43 <.0001	0.18 <.0001	-0.16 <.0001	0.28 <.0001	-0.34 <.0001	1.00			
CSALE	0.04 <.0001	-0.06 <.0001	0.06 <.0001	-0.10 <.0001	0.27 <.0001	0.15 <.0001	1.00		
CFO	0.31 <.0001	-0.12 <.0001	0.11 <.0001	-0.07 <.0001	0.47 <.0001	-0.16 <.0001	0.12 <.0001	1.00	
LDIV	0.06 <.0001	-0.01 0.04	-0.10 <.0001	0.29 <.0001	-0.02 0.00	-0.16 <.0001	-0.12 <.0001	0.01 0.38	1.00
SRD	0.01 0.37	0.00 0.52	0.09 <.0001	0.09 <.0001	0.02 0.02	-0.09 <.0001	-0.03 <.0001	0.01 0.05	0.09 <.0001

주) 2001년부터 2018년까지 13,719개의 표본을 대상으로 분석함. 변수 설명은 〈표 2〉 참조.

〈표 4〉 세무위험수준에 따른 배당의사결정

	1	2	3	4	5	Dif. (5-1)	t-value	Wilconson (Z)
DIVAC	-4.46	-4.48	-4.68	-4.87	-5.19	-0.72	25.27***	26.42***

주1) ***, **, *는 각각 1%, 5%, 10%, 수준에서 유의함을 나타냄. t-value는 그룹별 평균값에 대한 차이분석결과이며, Wilcoxon은 그룹별 중간값에 대한 차이분석결과를 나타낸다.
주2) DIVAC = 배당률(현금배당/총자산), CRTAX = 세무위험 (CETR의 5년 표준편차)

3. 분석결과

세무위험과 배당의사결정 간의 관계를 분석한 결과는 〈표 5〉와 〈표 6〉에 제시하였다. 배당여부를 나타내는 배당더미를 이용한 로짓분석결과는 〈표 5〉에, 배당수준을 나타내는 배당률을 이용한 회귀분석결과는 〈표 6〉에 각각 보고하였다. 〈표 5〉의 결과를 살펴보면, 종속변수가 배당 여부를 나타내는 DIVD이고, 독립변수는 현금유효세율을 이용한 세무위험 측정치인 CRTAX과 유효법인세율을 이용한 세무위험 측정치인 GRTAX의 모형에서 모두 유의적인 음의 값을 나타내고 있다. 이는 가설1을 지지하는 것으로 세무위험이 높을수록 기업들이 배당지급을 하지 않는 것으로 나타났다.

한편, 통제변수들의 결과를 살펴보면, 기업규모가 크고, ROA가 높을수록 배당을 지급하는 경향이 있으며, 매출액성장률과 전년도 배당여부 역시 배당의사결정에 영향을 미치는 주요한 요인으로 나타났다. 또한 자사주취득더미인 SRD의 계수값도 0.188로 유의하게 나타나고 있어, 배당의사결정과 자사주취득과 양의 관계가 있음을 보여준다.

배당률을 종속변수로 분석한 〈표 6〉의 결과를 살펴보면, 세무위험을 CRTAX과 GRTAX로 각각 측정하였을 때, 두 변수의 계수값이 유의적인 음으로 나타났다. 이는 세무위험이 높을수록 배당률은 낮아짐을 보여준다. 구체적으로 CRTAX의 계수값이 -0.612(t-value: -6.29)로 나타났으며, GRTAX의 계수값은 -0.922(t-value: -6.43)로 나타났다. 이러한 결과는 가설1을 지지하는 것으로, 세무위험이 높을수록 배당률이 낮음을 보여주고 있다. 배당률을 DIVSC변수를 이용하여 회귀분석한 결과도 일관되게 나타났다.

다음으로 가설2인 연구개발비 비중이 높을수록 세무위험과 배당의사결정 간의 관계가 달라지는지 분석하였다. 분석결과는 〈표 7〉에 보고하였다. 관심변수인 RTAX와 RND의 교차항의 계수값은 모든 분석에서 유

⟨표 5⟩ 세무위험과 배당의사결정에 대한 로짓분석결과

$DIVD_t = a_0 + a_1RTAX_t + a_2SIZE_t + a_3ROA_t + a_4LEV_t + a_5CSALE_t + a_6CFO_t + a_7LDIV_t + a_8SRD_t + \Sigma a_jYD_j + \varepsilon_t$

변수	DIVD	
	CRTAX	GRTAX
RTAX	−0.512*** (−2.70)	−1.142*** (−4.48)
SIZE	0.447*** (21.00)	0.447*** (21.07)
ROA	3.603*** (6.69)	3.479*** (6.47)
LEV	−1.982*** (−13.27)	−1.948*** (−13.02)
CSALE	0.625*** (5.60)	0.629*** (5.64)
CFO	0.491* (1.74)	0.500* (1.77)
LDIV	4.002*** (73.93)	3.984*** (73.47)
SRD	0.188*** (2.68)	0.191*** (2.71)
상수항	−9.167*** (−22.59)	−9.113*** (−22.45)
연도더미	포함	포함
Pseudo R^2	0.517	0.517

주1) 변수 설명은 ⟨표 2⟩와 같음.
주2) ( )의 수치는 t-value이며, ***, **, *는 각각 1%, 5%, 10%, 수준에서 유의함을 나타냄. t-value는 clustered standard errors(firm-level)를 이용하여 측정하였음.

의적인 양의 값을 나타내고 있다. 이는 세무위험과 배당의사결정 간의 음

〈표 6〉 세무위험과 배당의사결정에 대한 회귀분석결과

$DIVAC(DIVSC)_t = a_0 + a_1RTAX_t + a_2SIZE_t + a_3ROA_t + a_4LEV_t + a_5CSALE_t + a_6CFO_t + a_7LDIV_t + a_8SRD_t + \Sigma a_jYD_j + \varepsilon_t$

변수	DIVAC		DIVSC	
	CRTAX	GRTAX	CRTAX	GRTAX
RTAX	-0.612***	-0.922***	-0.457***	-0.803***
	(-6.29)	(-6.43)	(-4.28)	(-4.88)
SIZE	-0.105***	-0.111***	-0.048***	-0.053***
	(-6.49)	(-6.94)	(-2.89)	(-3.21)
ROA	6.341***	6.403***	5.271***	5.278***
	(18.49)	(19.09)	(14.67)	(14.88)
LEV	-1.086***	-1.055***	-2.016***	-1.985***
	(-9.84)	(-9.45)	(-15.65)	(-15.31)
CSALE	-0.032	-0.030	-0.665***	-0.664***
	(-0.81)	(-0.78)	(-14.25)	(-14.23)
CFO	1.158***	1.182***	0.681***	0.701***
	(8.40)	(8.55)	(4.40)	(4.53)
LDIV	0.156***	0.146***	0.055**	0.045*
	(6.33)	(5.94)	(2.01)	(1.65)
SRD	-0.014	-0.012	0.043	0.045
	(-0.49)	(-0.40)	(1.39)	(1.44)
상수항	-2.820***	-2.704***	-3.221***	-3.117***
	(-9.52)	(-9.17)	(-10.62)	(-10.29)
연도더미	포함	포함	포함	포함
Adjusted R^2	0.392	0.392	0.369	0.370

주1) 변수 설명은 〈표 2〉와 같음.
주2) ( )의 수치는 t-value이며, ***, **, *는 각각 1%, 5%, 10%, 수준에서 유의함을 나타냄. t-value는 clustered standard errors(firm-level)를 이용하여 측정하였음.

의 관계를 연구개발비변수가 조절하고 있음을 보여준다. 즉, 연구개발비가 높은 기업들은 세무위험이 높을지라도 미래성과를 신호하기 위하여

〈표 7〉 연구개발비에 따른 세무위험과 배당의사결정에 대한 결과

$DIVAC(DIVSC)_t = a_0 + a_1RTAX_t + a_2RTAX*RND_t + a_3RND_t + a_4SIZE_t + a_5ROA_t + a_6LEV_t + a_7CSALE_t + a_8CFO_t + a_9LDIV_t + a_{10}SRD_t + \Sigma a_jYD_j + \varepsilon_t$

변수	DIVAC		DIVSC	
	CRTAX	GRTAX	CRTAX	GRTAX
RTAX	−0.820***	−1.116***	−0.623***	−0.962***
	(−7.15)	(−6.46)	(−5.02)	(−5.00)
RTAX*RND	21.042***	21.745***	13.868**	13.982**
	(3.93)	(3.65)	(2.43)	(2.17)
RND	−2.882***	−2.157*	−1.518	−0.970
	(−2.73)	(−1.95)	(−1.31)	(−0.80)
SIZE	−0.087***	−0.093***	−0.030*	−0.035**
	(−5.41)	(−5.85)	(−1.83)	(−2.17)
ROA	6.160***	6.229***	5.100***	5.114***
	(17.51)	(18.05)	(13.94)	(14.19)
LEV	−1.198***	−1.163***	−2.111***	−2.077***
	(−10.83)	(−10.33)	(−16.46)	(−16.02)
CSALE	−0.060	−0.058	−0.697***	−0.696***
	(−1.36)	(−1.31)	(−13.70)	(−13.68)
CFO	1.173***	1.188***	0.696***	0.711***
	(8.05)	(8.13)	(4.36)	(4.45)
LDIV	0.304***	0.297***	0.195***	0.188***
	(7.54)	(7.31)	(4.69)	(4.45)
SRD	0.016	0.020	0.061**	0.064**
	(0.56)	(0.69)	(2.00)	(2.07)
Constant	−3.243***	−3.134***	−3.644***	−3.542***
	(−10.94)	(−10.54)	(−12.02)	(−11.62)
연도더미	포함	포함	포함	포함
Adjusted R^2	0.355	0.353	0.349	0.349

주1) 변수 설명은 〈표 2〉와 같음.
주2) ( )의 수치는 t-value이며, ***, **, *는 각각 1%, 5%, 10%, 수준에서 유의함을 나타냄. t-value는 clustered standard errors(firm-level)를 이용하여 측정하였음.

배당을 지급하고 있으며, 배당률이 높음을 알 수 있다. 이러한 결과는 가설 2를 지지하는 것으로 세무위험이 높은 기업일지라도 연구개발비에 대한 미래자산화가능성에 대한 신호를 보내기 위해 배당률이 높음을 보여준다.[15]

V. 결론

본 연구는 기업의 세무위험이 배당의사결정에 미치는 영향을 살펴보았다. 선행연구들은 세무위험이 기업위험을 높이며, 기업의 미래현금흐름의 불확실성을 증가시킨다고 주장하였다. 세무위험이 높은 기업일수록 미래현금흐름의 불확실성이 높아져 현금흐름의 지속성과 예측가능성을 낮추고, 단기적으로 유동성부족의 가능성을 증가시킬 수 있다. 이러한 유동성부족은 기업으로 하여금 배당의사결정 시 부정적인 영향을 미칠 것으로 예상된다. Chay and Suh(2009)는 불확실성이 높은 기업일수록 배당의 지속가능성이 낮음을, Amberger(2017)는 세무위험이 높을수록 기업들의 현금배당수준이 낮아짐을 발견하였다. 그러나 실무적으로 세무위험이 배당의사결정에 미치는 영향에 대한 논의는 혼재되어 있으며, 우리나라 상장기업들의 낮은 배당성향을 고려할 때 세무위험과 배당의사결정 간의 관계는 실증분석의 문제일 것이다.[16] 본 연구는 국내 기업을 대상으로 세

---

15 가설2를 검증하기 위하여, 연구개발비변수를 (비용화된 연구개발비/총자산)으로 측정하여 재분석하였다. 분석결과, 〈표 7〉과 일관된 결과를 발견하였다. 구체적으로 RTAX*RND의 계수값은 16.835(t-value: 4.36)으로 나타났으며, 이는 연구개발비가 세무위험과 배당의사결정 간의 관계에 영향을 미치는 유의한 변수임을 보여준다.
16 우리나라 상장기업들의 배당성향은 꾸준히 증가하고 있지만 세계적인 기준에 비해서 여전히 낮은 편인데, 주요 7개국(G7)의 평균 배당성향은 40%인 반면에 2018년 국내 배당성향 29.45%이다. 주주환원율로 보면 우리나라와 미국은 각각 25%와 98%로 큰 차이를 보이고 있다.

무위험이 배당의사결정에 미치는 영향을 분석하였다.

분석결과, 세무위험이 높은 기업일수록 배당을 지급하지 않았으며, 배당을 지급하는 기업들은 세무위험이 높을수록 배당률이 낮게 나타났다. 또한 연구개발 비중이 높은 기업일수록 세무위험이 배당의사결정에 미치는 영향이 완화되고 있음을 발견하였다. 이는 변동성이 높은 조세회피 활동은 기업으로 하여금 미래현금흐름에 대한 불확실성을 높이고, 나아가 배당의사결정에도 유의적인 영향을 미치고 있음을 보여준다. 이와 함께 세무위험이 높음에도 불구하고, 연구개발비 비중이 높은 기업들은 미래 성장 가능성에 대한 신호로 배당률이 높음을 알 수 있다.

본 연구의 발견은 배당의사결정에 세무위험이 유의적인 영향을 미치고 있다는 실증 결과를 제시하였다는 점에서 다음과 같은 공헌점을 가질 것으로 기대된다. 첫째, 투자 및 자본조달 의사결정과 달리 배당의사결정에 대한 연구들은 활발하게 진행되지 못하였다. 이는 우리나라 기업들의 배당성향이 낮고, 외부자본조달시장의 어려움으로 내부유보를 선호하기 때문일 것이다. 그러나 최근에는 배당수익률이 시중금리를 넘어서면서 배당에 대한 기업과 투자자들의 관심이 높아지고 있다. 본 연구의 결과는 기업의 배당의사결정에 대한 이해도를 높이고, 투자자들 및 자본시장 참여자들에게 기업의 배당의사결정에 대한 유용한 정보를 제공할 것이다. 둘째, 일반적으로 배당의사결정은 내부적인 의사결정이기 때문에 투자자들이 예측하는 데에는 어려움이 있다. 일부 기업들이 미래 배당정책에 대한 정보를 공시하고 있으나, 충분한 정보를 파악하는 데에는 한계가 있다. 본 연구는 세무위험과 함께 연구개발비에 대한 정보가 배당의사결정에 중요한 요인임을 제시하였다는 점에서 의의가 있다. 본 연구의 결과를 토대로 향후에는 배당의사결정에 영향을 미치는 다른 요인들을 분석하는 연구들이 활발하게 진행되기를 기대한다.

기업의 지리적 위치가 배당의사결정에 미치는 영향*

I. 서론

교통수단의 발달에도 불구하고 기업의 입지는 기업의사결정에 영향을 미치는 중요한 요소로 나타나고 있다. 선행연구에 의하면, 대도시에 위치한 기업일수록 투자자와 재무분석가의 정보획득 비용이 낮으며, 관심있는 기업들을 모니터링하기에 용이하다는 연구결과가 제시되고 있다. 대부분의 기관투자자들과 재무분석가들은 대도시에 위치하고 있으며, 이해관계자들과 기업과의 거리적 근접성이 높을수록 기업에 대한 모니터링은 더욱 용이할 것이다. 즉, 대도시에 위치한 기업들은 이해관계자들과 지리적으로 가깝게 있기 때문에, 기업정보를 이해관계자들에게 용이하게 전달할 수 있으며, 투자자들도 상대적으로 낮은 비용으로 기업에 대한 정보를 획득하고, 용이하게 감시·감독할 수 있다(Coval and Moskowitz 2001; Bodnaruk 2009). Lerner(1995)는 지리적 근접성이 벤처캐피탈의 투자 가능성에 영향을 미치는 중요한 요인임을 발견하였다. 투자자들은 지리적으로 가깝게 위치한 기업일수록 용이하게 감시·감독할 수 있기 때문에 원거리에 있는 기업들보다는 가까운 거리에 위치한 기업에 더 많이 투자한다는 것이다. 또한 펀드매니저와 재무분석가들 역시 지리적으로 가까운 곳에 위치한 기업일수록 정보획득 비용이 낮기 때문에 이러한 기업들을 선호하는 것으로 나타났다(Loughran and Schultz 2005; Ivkovic and Weisbenner 2005). 반면에 대도시에 위치할수록 기업과 이해관계자들의 거리적 근접성이 높기 때문에 기업이 느끼는 부담감도 높아진다는 연구결과도 제시되고 있

---

* 세무와 회계저널(2018, 남혜정)에 게재된 논문입니다.

다. 이러한 시장 압력은 기업으로 하여금 재무분석가의 이익예측치 보다 높거나 같은 이익수준을 발표하려는 유인을 증가시키며, 이를 위하여 이익조정을 할 가능성이 높아진다는 것이다(Payne and Robb 2000, Carter et al. 2007). 이는 기업의 지리적 근접성이 기업으로 하여금 이해관계자들의 요구에 맞춰야 한다는 압력으로 작용할 수 있으며, 기업의 주요 의사결정에도 영향을 미칠 것으로 예상된다.

배당 관련 연구들은 대리인비용이 높은 기업일수록 배당지급이 경영자와 주주들 간의 대리인비용을 낮출 수 있는 효율적인 수단임을 제시하고 있다. 즉, 대리인비용이 높은 상황에서는 기업이 배당을 지급할 유인이 높다는 것이다. 따라서 기업과 투자자들 간의 지리적 거리감이 멀어질수록 정보비대칭이 커지고, 대리인비용이 높아진다면 기업의 지리적 위치가 배당의사결정에도 영향을 미칠 수 있음을 시사한다. 반면에 기업과 투자자들 간의 지리적 근접성이 기업의사결정에 대한 압력으로 작용한다면 이 역시도 배당의사결정에 영향을 미칠 수 있다. 왜냐하면 배당 관련 연구들은 투자자들의 배당요구가 배당의사결정의 주요 요인임을 제시하고 있기 때문이다. 그러나 배당의사결정에 기업의 지리적 위치가 미치는 영향에 대한 실증연구는 미미한 상황이다.

본 연구는 국내 상장기업을 대상으로 기업의 지리적 위치가 배당의사결정에 영향을 미치는지 검증하였다. 먼저 기업의 본사 위치를 기준으로 기업의 입지를 대도시와 대도시 이외의 지역으로 구분하였으며, 기업의 입지 여부와 배당수익률간의 관계를 살펴보았다. 이와 함께 기업의 지리적 위치가 배당의사결정에 미치는 영향이 기업 특성에 따라 달라지는 지를 분석하였다. 성장하는 기업의 경우에는 배당의사결정과 투자의사결정 간에 대체 관계가 존재하기 때문에 기업의 입지가 배당의사결정에 미치는 영향이 다르게 나타날 수 있을 것으로 예상하였다. 즉, 기업의 지리적 위치로 인한 정보비대칭이 성장하는 기업의 배당정책에 어떻게 영향을 미치는지 살펴보았다.

2001년부터 2015년까지 유가증권 시장에 상장된 기업들을 이용하여 분석한 결과, 주요 대도시에 위치한 기업일수록 배당수익률이 높게 나타나고 있음을 발견하였다. 이는 주요 대도시에 위치한 기업일수록 이해관계자들과의 거리적 근접성으로 성과 배분에 대한 부담감이 높아지고, 나아가 배당정책에도 압력으로 작용하고 있음을 보여준다. 즉, 주요 대도시에는 대부분의 기관투자자들이 위치하고 있기 때문에 기업들과의 근접성이 높고, 이는 기업성과 배분에 대한 부담감으로 작용하여, 배당에 대한 압력으로 나타나고 있다. 이러한 결과는 기업의 지리적 위치에 대한 내생성을 통제한 결과에서도 일관되게 나타났다. 이와 함께, 성장성이 높은 기업의 경우, 배당의사결정과 투자의사결정 간의 대체 관계로 인하여 기업의 지리적 위치와 배당 간의 관계에 미치는 영향이 달라지는 지 분석하였다. 분석결과, 성장하는 기업들의 경우에는 기업 위치와 배당수익률 간의 유의적인 음의 관계가 발견되었다. 이는 성장하는 기업들의 경우에는 지리적 위치로 인한 이해관계자들의 시장 압력보다는 성장 기회를 모색하고 매력적인 투자 기회에 대처하기 위하여 배당지급보다는 내부유보를 선호하고 있음을 보여준다.

본 연구는 관련 선행연구에 다음과 같은 공헌점을 제시할 것으로 기대된다. 첫째, 배당의사결정에 영향을 미치는 변수들에 대한 선행연구들은 활발하게 진행되어 왔으나, 기업의 입지가 중요한 요인이라는 본 연구의 발견은 배당의사결정에 또 다른 중요 변수로 고려되어야 함을 시사하고 있다. 배당신호 가설에 의하면 배당지급은 경영자와 투자자 간의 정보비대칭 문제를 완화시켜주며, 경영자는 일반 투자자들보다 기업의 미래 성과에 대한 많은 정보를 가지고 있기 때문에 이를 시장에 알리기 위하여 배당지급을 결정한다. 따라서 배당의 증가는 기업의 미래 성과에 대한 좋은 신호로 여겨진다. 더불어 본 연구는 경영자와 주주들 간의 지리적 근접성이 시장 압력으로 작용하여 배당의사결정에 영향을 미친다는 것을 제시함으로써, 기업의 위치라는 새로운 요인을 제시하였다는 점에서 의의가 있다. 본 연구의 발견은 기업의 지리적 위치에 대한 실증 연구가 미미한 상황에서 향후에는 기업의 여러 이해관계자들의 의사결정에 기업의 입지가 중요한 고려사항임을 보여준다.

둘째, 기업의 입지가 여러 의사결정(투자, 이익조정, 자금조달 등)에 영향을 미친다는 선행연구결과를 확장하여 본 연구는 배당의사결정에 기업의 입지가 중요한 요인임을 제시하였다. 이는 배당 관련 선행연구뿐만 아니라 투자자들의 의사결정에도 중요한 정보를 제공하고 있다. 최근 저금리 시대에 따라 배당주에 대한 관심이 높아지고 있으며, 우리나라 기업들의 배당규모도 증가하고 있는 추세이다.[17] 이는 기업의 배당정책에 영향을 미치는 변수에 대한 연구가 더욱 필요함을 의미하며, 과거의 저배당 상황에서의 실증 결과와는 다른 현상을 파악할 수 있을 것이다. 기업의 지리적 위치가 배당의사결정에도 유의적인 영향을 미치고 있으며, 특히 성장성이 높은 기업의 경우 배당과 투자의사결정 간의 대체 관계로 인하여 기업의 지리적 위치가 배당정책에 미치는 영향이 낮아진다는 본 연구의 결과는, 배당주에 관심이 있는 투자자뿐만 아니라 기업의 성과 배분에 관심이 있는 관련 유관기관과 감독 당국에도 시사점을 제공할 수 있을 것이다.

II. 선행연구 검토 및 가설

1. 지리적 근접성에 대한 선행연구

기업의 입지에 대한 선행연구들은 기업의 지리적 근접성이 이해관계자들의 의사결정에 영향을 미치고 있음을 발견하였다. 펀드 회사와 개인 투

---

[17] 코스피시장 배당금은 총 19조 원으로 전년 대비 27% 높았으며, 배당금 규모는 2012년부터 증가 추세를 보이고 있다 (자본시장연구원, 2016).

자자들은 지리적으로 가까운 기업에 투자하는 경향이 높으며, 투자수익률도 더 높게 나타나고 있음을 제시하였다(Coval and Moskowitz 2001; Ivkovic and Weisbenner 2005; Loughran and Stulz 2005; Bodnaruk 2009; Baik et al. 2010). 이러한 연구결과는 한 국가 내에서만 일어나는 현상이 아니라 국제적으로도 유사하게 나타나고 있다. 예를 들어 Hau(2001), Dvorak(2005), 그리고 Loughran and Schulz(2005) 등의 연구는 여러 나라의 자료를 이용하여 분석한 결과 국내 투자자들이 외국인투자자들보다 투자성과가 우수함을 발견하였다. 이러한 결과는 지리적으로 근접한 위치에 있는 국내 투자자들이 상대적으로 더 많은 정보와 정확한 정보를 획득할 수 있다는 점을 지지하는 것이다. 기업의 지리적 근접성이 투자자들의 의사결정에 영향을 미친다는 선행연구뿐만 아니라 은행의 대출 성향, 재무분석가의 예측 정확성에도 영향을 미친다는 결과도 제시되고 있다(남혜정과 최종학 2010). Malloy(2005)는 재무분석가의 이익 예측 정확성이 지리적으로 가까운 곳에 위치한 기업일수록 더욱 정확하다고 보고하였다. 또한 기업의 입지와 감독기관과의 거리도 기업의 재무보고 품질에 영향을 미친다는 연구결과도 제시되었다. Kedia and Rajgopal(2011)은 기업의 지리적 근접성이 높을수록 재무보고의 품질이 높게 나타나고 있음을 발견하였다. 이는 감독기관과 기업 간의 지리적 근접성이 높을수록 감독기관의 감시·감독이 용이하기 때문으로 해석하고 있다.

기업의 지리적 근접성에 대한 많은 국외 연구결과에도 불구하고, 지리적 근접성에 대한 국내 연구는 몇 편의 실증분석결과가 제시되고 있다. 남혜정과 최종학(2009)은 대도시 지역에 위치한 기업일수록 시장과 이해관계자들의 압력으로 이익 조정 유인이 높음을 보고하였다. 즉, 대도시에 위치한 기업들은 이익을 조정하여 음의 이익 예측 오차를 회피하는 이익을 보고할 가능성이 높음을 발견하였다. 오웅락과 김이배(2016)는 기업의 입지와 회계 정보의 주가 관련성 간의 관계를 분석하였으며, 분석결과 기타 지역에 입지한 기업들이 더 높은 회계 정보의 주가 관련성을 가지고 있음을 발견하였다. 이는 투자자들이 기타 지역에 입지한 기업들의 회계 정보를 더 중요한 정보로 간주한다는 것이다.

이러한 선행연구들의 결과를 종합하면, 기업의 지리적 위치는 투자자, 채권자, 재무분석가, 감독기관 등 다양한 이해관계자들의 의사결정에 영향을 미치고 있으며, 기업의 의사결정에도 중요한 영향을 미치고 있음을 알 수 있다.

2. 배당의사결정의 결정요인에 대한 선행연구

배당정책에 대한 연구는 오랫동안 진행되어 왔으며, 배당의사결정에 영향을 미치는 변수 및 기업가치에 미치는 영향에 대한 논의들이 주를 이루어 왔다. 일반적으로 기업들은 투자자들과의 정보비대칭 문제를 완화하기 위하여 배당을 신호로 이용하기도 한다. 시장이 불완전한 경우, 기업의 배당지급은 자원지출, 거래비용 및 세금 등의 요인들에도 불구하고 경영자의 내적 정보를 전달하는 긍정적인 역할을 하는 것으로 평가되고 있다. 즉, 기업의 이해관계자들 간의 계약이 불완전할 경우 배당의 증가를 통해 경영자와 주주 간 이해 불일치를 완화할 수 있으며, 미래 이익 전망에 대한 정보를 전달하는 데 배당지급이 효과적인 정보 전달 수단이 될 수 있다(Nissim and Ziv 2001). 그러나 기업들의 배당증가는 제한된 자원 하에서 투자 감소로 해석될 수 있기 때문에 기업들의 배당의사결정은 배당지급을 통한 대리인비용의 감소와 자본조달비용의 증가를 최소화 하는 수준에서 결정되어야 할 것이다. 이는 배당의사결정이 경영자의 판단 외에도 여러 가지 요인들에 영향을 받고 있음을 보여주며, 선행연구들도 배당의사결정에 영향을 미치는 변수들로 미래경영 성과에 대한 전망뿐만 아니라 경영자의 선호, 현금흐름, 투자의사결정 등 다양한 변수들을 제시하고 있다.

이와 함께 기업의 지배구조가 배당의사결정에 영향을 미친다는 연구 결과가 많이 제시되고 있으며(Zeckhauser and Pound, 1990; Eckbo and Verma, 1994), 우리나라의 경우에는 외국인투자자의 비율이 높을수록 배당지급이 유의적으로 높다는 결과들이 제시되고 있다. 이는 기업의 배당의사결정이 이해관계자들의 요구에 부응하여 결정됨을 보여준다. 국외 연구에서는 기관투자자의 비중이 높을수록 배당을 많이 하고 있음을 보여주고 있다(Eckbo and Verma 1994; Zeckhauser and Pound, 1990). 이는 기업의 배당의사결정에 주요 이해관계자들의 요구가 영향을 미치고 있음을 보여준다. 따라서 기업과 이해관계자들 간의 지리적 근접성이 정보비대칭수준에 영향을 미치며, 나아가 배당의사결정에도 유의적인 영향을 미칠 수 있을 것이다. 그러나 기업의 지리적 위치와 배당의사결정에 대한 관련 연구는 미미한 상황이다.

3. 가설의 설정

배당 관련 연구들은 대리인문제가 높은 기업일수록 배당을 이용하고 있음을 보여준다(Jensen et al. 1992). La Porta et al.(2000)은 경영자와 외부주주들 간의 대리인문제가 높은 기업일수록 배당을 지급하려는 유인이 있으며, 배당지급이 이러한 문제를 완화시킨다고 주장하였다. 이는 기업과 이해관계자들 간의 정보비대칭수준이 높은 경우에 이를 완화하기 위하여 배당이 유용한 도구임을 시사하고 있다.

기업의 지리적 근접성에 대한 연구들은 기업의 입지가 기업과 이해관계자들 간의 의사결정에 중요한 영향을 미치고 있음을 제시하고 있다. 일반적으로 기업의 지리적 근접성이 기업 의사결정에 미치는 영향은 크게 두 가지 측면에서 살펴볼 수 있다. 감독용이적 측면에서는 대도시에 위치한 기업일수록 가까운 곳에 위치한 투자자들과 여러 이해관계자들이 감시·감독하기가 상대적으로 용이하기 때문에 정보 불균형이 낮아진다고 본다. 대도시 지역에는 기관투자자들과 언론기관 및 감독기관들이 위치해 있으며, 국내의 경우에도 서울 및 주요 지역에 중요한 기관들과 투자자들, 그리고 언론기관이 위치해 있다. 이들은 대도시 지역에 위치한 기업들에 대하여 더 많은 정보를 상대적으로 쉽게 획득할 수 있기 때문에, 기업의 입장에서는 이해관계자들과의 정보비대칭이 낮고, 더불어 대리인비용이 낮을 것이다. El Ghoul et al.(2013)은 대도시 지역에 입지한 기업들이 정보불균형이 낮기 때문에 자본비용이 더 낮다는 결과를 제시하였다. 또한 지리적으로 근접한 기업에 대하여 투자자들의 투자수익률이 더 높다고 나타나고 있다(Coval and Moskowitz 2001; Ivkovic and Weisbenner 2005; Loughran and Stulz 2005; Bodnaruk 2009). 이는 대도시에 위치한 기업들에 대하여 정보획득의 용이성과 낮은 비용으로 투자를 수행하기 때문으로 판단된다. 이러한 논의를 종합하면, 대도시에 위치한 기업일수록 투자자들과 유관기관들의 감시·감독이 용이하여 상대적으로 정보비대칭수준이 낮으며, 이는 대리인문제를 완화시켜 기업이 배당을 지급하려는 유인이 낮을 것으로 예상된다. 반면에 대도시 이외의 지역에 위치한 기업들은 투자자들과의 지리적 거리감으로 인해 나타날 수 있는 정보비대칭과 이해상충 문제를 완화하기 위하여 배당정책을 이용할 유인이 있을 것이다(John et al. 2011).

다른 한편으로 시장 압력적 측면에서는 대도시에 위치한 기업일수록 이해관계자들과의 지리적 근접성으로 인하여 밀접한 관계를 유지할 수 있으나, 이와 함께 시장의 압력을 느끼기도 한다. Graham et al.(2005)은 기업에 대해 이익 예측치를 발표하는 재무분석가의 수가 증가할수록 시장의 압력으로 작용한다고 제시하였다. 이러한 시장압력은 기업으로 하여금 재무분석가의 이익예측치보다 높거나 같은 이익수준을 발표하려는 유인을 증가시키며, 이를 위하여 이익조정을 할 가능성이 높아진다는 것이다(Payne and Robb 2000, Carter et al. 2007). 국내 자료를 이용한 Nam et al.(2012)의 연구도 기업의 입지가 이익조정수준에 영향을 미치고 있음을 발견하였다. Becker et al.(2009)은 기업들이 배당의사결정을 할 때 지역의 투자자를 고려한다는 것을 발견하였다. 이는 기업의 지리적 근접성이 기업으로 하여금 이해관계자들의 요구에 맞춰야 한다는 압력으로 작용할 수 있으며, 배당정책에 있어서도 영향을 미칠 것으로 예상된다. 배당은 미래성과에 대한 신호뿐만 아니라 기업성과에 대한 배분 역할도 하고 있기 때문에 대도시에 위치한 기업일수록 투자자들의 배당지급에 대한 압력이 높을 것이다. 반면에 대도시 이외의 지역에 위치한 기업들은 투자자들과의 지리적 거리감으로 배당지급에 대한 압력을 상대적으로 낮게 느낄 수 있다. 따라서 대도시 이외의 지역에 위치한 기업일수록 배당지급에 대한 부담이 덜 할 것이다.

이러한 논의를 종합하면, 기업의 지리적 근접성은 기업의 여러 의사결정에 영향을 미치고 있으며, 배당의사결정에도 유의적인 영향을 미칠 것으로 예상된다. 그러나 감독 용이성 측면과 시장 압력적 측면이 모두 존재하므로, 기업의 지리적 입지와 배당정책 간의 방향성에 대한 논의는 실증분석의 문제일 것이다. 따라서 본 연구는 기업의 입지와 배당정책에 대한 가설을 다음과 같이 설정하였다.[18]

> **○ 가설 1** 기업의 지리적 위치와 배당정책과는 관련성이 있다.

만약 기업의 지리적 위치가 배당정책에 유의적인 영향을 미친다며, 기업의 배당정책은 여러 가지 요인에 의해 영향을 받기 때문에 이에 대한 고려가 필요할 것이다. 본 연구는 기업의 특성과 배당정책 간에 대체 관

---

[18] 우리나라의 경우, 상대적으로 국토가 크지 않고 교통이 발달되어 있기 때문에, 지역 간 지리적 차이가 기업 의사결정에 유의적인 차이를 미치지 않을 수도 있다. 만약 기업이 입지한 지리적 위치가 배당의사결정에 미치는 영향이 없다면, 기업의 입지와 배당정책 간에는 유의적인 관련성이 나타나지 않을 수도 있다.

계를 살펴보고자 한다. 일반적으로 배당의 증가는 기업의 투자 감소로 해석되기 때문에 배당의사결정은 배당지급을 통한 대리인비용의 감소와 자본조달비용의 증가를 최소화하는 수준에서 결정될 것이다. 따라서 배당의사결정에 영향을 미치는 요인으로 본 연구에서 살펴보고자 하는 기업의 지리적 입지가 기업과 이해관계자들간의 의사소통과 정보비대칭에 영향을 미친다면, 나아가 자본조달비용의 증가를 최소화할 수 있는 요인도 함께 고려되어야 할 것이다. 주요 대도시에 위치한 기업일지라도 성장성이 높은 기업들은 배당보다는 내부유보를 통하여 미래투자 기회에 대비하려는 유인이 높을 것이다. 이는 배당정책에 대하여 보수적으로 접근할 것이며, 거리적 근접성으로 인해 배당지급보다는 높은 성장을 통하여 투자자들에게 미래성과를 보여주겠다는 의지를 용이하게 전달할 수 있을 것이다. 즉, 대도시에 위치한 기업일수록 여러 이해관계자들과의 의사소통에 유리하기 때문에 성장성이 높은 기업들은 배당을 통한 신호 효과보다는 적극적인 투자로 인한 미래성과를 확보하는 것이 필요하므로 배당이 감소될 것으로 기대된다. 이러한 논의를 바탕으로 본 연구는 가설2를 다음과 같이 설정하였다.

> **가설 2** 기업의 지리적 입지와 배당정책 간의 관계는 성장하는 기업일수록 음의 관계를 가질 것이다.

III. 연구모형

1. 기업의 지리적 위치에 대한 변수 측정

기업의 위치변수는 Loughran and Schultz(2005), 남혜정과 최종학(2009), Nam et al.(2012)의 연구에 따라 기업의 본사 위치를 이용하여 측정하였다. 즉, 기업의 본사가 대도시에 위치하고 있는지 여부에 따라 구분하였다. 기업 본사 위치는 KIS-Value가 제공하는 본사 주소를 이용하여 측정하였으며, 기업의 위치에 대한 변수는 $URBAN$으로 주요 대도시에 입지한 기업이면 1, 아니면 0을 나타내는 더미변수이다. 구체적으로 $URBAN$은 서울특별시 및 6대 광역시에 위치한 기업은 1, 아니면 0을 나타내는 더미변수이다. 우리나라는 서울 및 경기 지역에 국내 총 인구의 약 50%가 거주하고 있으며, 주요 금융기관과 기관투자자들의 본사도 서울 및 주요 도시에 위치하고 있기 때문에 서울 및 대도시 지역으로 판단하였다. 관심변수인 대도시 입지 여부는 선행연구들의 변수 측정 방법을 반영하되, 우리나라의 특성을 고려하였다. 한국의 경우 서울특별시와 6개(인천, 광주, 부산, 대구, 대전, 울산)의 광역시로 구성되어 있다. 특별시와 광역시의 구분은 일반적으로 인구수와 함께 독립 행정 도시로서의 역할을 수행할 수 있는 지가 고려된다. 따라서 기업의 본사가 특별시와 광역시에 위치하고 있다면, 이는 여러 이해관계자들과의 지리적 근접성이 높고, 의사소통에 있어서도 정보비대칭수준이 상대적으로 낮을 것으로 예상된다. 특히 2012년 7월 이후 세종시와 주요 공공기관들의 지방 이전으로 주요 광역시의 인구와 유관기관들의 입주가 활발해지고 있는 상황이다. 따라서 선행연구의 방법과 함께 최근 우리나라의 지리적 변화를 고려한 $URBAN$변수를 기업의 지리적 위치에 대한 대리변수로 사용하였다.

2. 연구모형

본 연구는 가설을 검증하기 위하여 다음의 식(1)을 이용하였다. 이는 기업의 위치와 배당정책 간의 관계를 살펴본 John et al.(2011)의 연구모형을 따랐다. 먼저 기업의 지리적 위치와 배당의사결정과의 관계를 검증하기 위하여 기업의 본사 위치를 바탕으로 대도시 입지 여부($URBAN$)와 배당수익률($DIVR$)과의 관계를 살펴보고자 한다. 식(1)의 종속변수는 배당수익률이며, 관심변수는 b_1으로 주요 대도시에 입지한 기업일수록 다른 기업들과 비교하여 배당수익률이 유의하게 다른지 살펴보고자 한다.

$$\begin{aligned} DIVR(DIVR1)_{it} = & b_0 + b_1 URBAN_{it} + b_2 SIZE_{it} + b_3 LEV_{it} + \\ & b_4 ROA_{it} + b_5 CASH_{it} + b_6 INTA_{it} + b_7 MSD_{it} + b_8 LARS_{it} + \\ & b_9 FOR_{it} + b_{10} LDIV_{it} + \Sigma b_j IND_j + \Sigma b_j YD_j + e \end{aligned} \quad (1)$$

여기에서, DIVR : 배당수익률(총배당금/시가총액);
　　　　　DIVR1 : 배당수익률(현금배당금/시가총액);
　　　　　URBAN : t기의 기업의 본사가 서울, 경기, 인천, 광주, 부산, 대구, 대전, 울산 지역에 위치하고 있으면 1, 아니면 0;
　　　　　SIZE : t기의 총자산의 자연로그;
　　　　　LEV : t기의 부채비율;
　　　　　ROA : t기의 수익률;
　　　　　CASH : t기의 현금비중(현금및현금성 자산/총자산);
　　　　　INTA : t기의 무형자산비중(무형자산/총자산);
　　　　　MSD : t기의 자기주식취득더미변수;
　　　　　LARS : t기의 최대주주지분율;
　　　　　FOR : t기의 외국인투자자지분율;
　　　　　LDIV : t기의 전년도 배당지급더미변수;
　　　　　ΣIND : 산업별 더미변수;
　　　　　ΣYD : 연도별 더미변수;
　　　　　e : 잔차항.

식(1)에는 배당정책에 영향을 미치는 여러 변수들을 통제변수로 포함하였다. 구체적으로 기업규모(SIZE), 부채비율(LEV), 수익성(ROA), 현금보유비율(CASH), 무형자산비중(INTA), 자사주 매입여부(MSD), 최대주주지분율(LARS), 외국인투자자지분율(FOR), 전년도배당더미(LDIV)를 고려하였다. 먼저, 선행연구결과들은 기업규모가 배당정책에 유의한 양의 관계가 있음을 보여주고 있으며, 이는 기업규모가 클수록 대리인문제가 커지기 때문이라고 하였다(Jensen et al., 1992). 또한 Jensen et al.(1992)은 수익성이 높은 기업일수록 배당을 지급하고 있으며, Baker et al.(2001)은 여유현금흐름이 있는 기업일수록 배당을 지급하고 있음을 제시하였다. 반면에 부채비율은 배당과 음의 관계가 있음을 보여주었다. 즉, 배당 관련 선행연구들은 기업규모(SIZE)가 크고, 수익성(ROA)이 높고, 현금보유비율(CASH)이 높은 기업일수록 배당을 지급하려는 경향이 높은 반면에, 부채비율(LEV)이 높은 기업은 배당을 지급하지 않을 것으로 주장하였다. 이와 함께 무형자산 비중이 낮을수록 배당을 지급하는 경향이 높음을 제시하고 있다(John et al. 2011). 배당지급 기업일수록 자기주식 취득이 급격히 증가함을 발견하였으며(Skinner, 2008), 우리나라 기업들도 배당보다 자사주를 취득하여 소각함으로써 세제혜택과 주주환원의 효과를 기대하고 있다. 따라서 자기주식취득여부(MSD)는 배당과의 대체적인 효과를 통제하기 위하여 포함하였다. 더불어 우리나라의 경우, 외국인투자자가 배당정책에 영향을 미친다는 선행연구 결과에 따라 외국인투자자지분율을 포함하였다(정원섭외 2인, 2011). 과거 배당행태를 반영하기 위하여 전년도 배당지급여부(LDIV)를 포함하였다. 전년도 배당지급여부가 배당의사결정에 영향을 미친다는 선행연구결과들과 함께(Baker et al., 1985), 기업들이 배당행태를 일정하게 유지하려는 경향이 있음을 발견한 연구도 있다(Michaely and Roberts, 2012). 국내 연구에서도 기업들의 배당행태는 일시적인 이익 변화에 대하여 배당변동성이 낮으며, 지속적인 배당지급 경향을 보이고 있음을 발견하였다(남혜정, 2016). 이러한 연구결과를 바탕으로 과거 배당행태가 배당의사결정에 유의적인 영향을 미칠 것으로 예상하였으며, 전년도 배당지급여부를 통제변수로 포함하였다. 이와 함께 연도별·산업별 효과를 통제하기 위하여 연도 및 산업 더미변수들을 포함하였다.

만약 주요 대도시에 위치한 기업일수록 시장압력적 측면이 크게 작용한다면 투자자들의 배당압력으로 배당을 지급하려는 유인이 높을 것이다. 이 경우 식(1)의 b_1의 계수값은 유의적인 양의 값을 가질 것으로 예상된다. 반면에 감독용이적 측면이 작용한다면 대도시에 위치한 기업일수록 배당을 지급하려는 유인이 낮기 때문에, 식(1)의 b_1의 계수값은 유의적인 음의 값을 가질 것이다.

다음으로 기업의 지리적 위치와 배당정책 간의 관계가 기업 특성인 성장성에 따라 달라지는지 검증하기 위하여 식(2)를 이용하였다. 식(2)는 성장성변수인 GROW와 기업의 위치변수인 URBAN 간의 교차항이 포함된 모형이다. 성장하는 기업의 경우에는 지리적 근접성으로 인한 배당 압력보다는 사내유보를 통한 투자기회 모색이 더 중요할 수 있으므로, 성장 기업의 지리적 위치와 배당수익률 간의 관계는 달라질 수 있다. 주요 대도시에 위치한 기업일지라도 성장성이 높은 기업들은 배당보다는 내부유보를 통하여 미래 투자기회에 대비하려는 유인이 높을 것이다. 또한 대도시에 입지하고 있기 때문에 이해관계자들은 관심 기업의 성장성에 대한 정보 획득이 상대적으로 용이할 것이다. 이에 대도시에 입지한 기업들은 굳이 배당을 통하여 투자자들에게 미래전망에 대하여 신호하지 않아도 될 것이므로 배당을 지급하려는 유인이 낮을 것으로 예상된다. 따라서 식(2)의 b2의 계수값은 유의적인 음의 값으로 예상된다.

$$DIVR(DIVR1)_{it} = b_0 + b_1 URBAN_{it} + b_2 URBAN * GROW_{it} + b_3 GROW_{it} + b_4 SIZE_{it} + b_5 LEV_{it} + b_6 ROA_{it} + b_7 CASH_{it} + b_8 INTA_{it} + b_9 MSD_{it} + b_{10} LARS_{it} \ b_{11} FOR_{it} + b_{12} LDIV_{it} + \Sigma b_j IND_j + \Sigma b_j YD_j + e \quad (2)$$

여기에서,

- $DIVR$: 배당수익률(총배당금/시가총액);
- $DIVR$: 배당수익률(현금배당금/시가총액);
- $URBAN$: t기의 기업의 본사가 서울, 경기, 인천, 광주, 부산, 대구, 대전, 울산 지역에 위치하고 있으면 1, 아니면 0;
- $GROW$: 성장성(매출액의 변화/총자산);
- $SIZE$: t기의 총자산의 자연로그;
- LEV : t기의 부채비율;
- ROA : t기의 수익률;
- $CASH$: t기의 현금비중(현금및현금성 자산/총자산);
- $INTA$: t기의 무형자산비중(무형자산/총자산);
- MSD : t기의 자기주식취득더미변수;
- $LARS$: t기의 최대주주지분율;
- FOR : t기의 외국인투자자지분율;
- $LDIV$: t기의 전년도 배당지급더미변수;
- ΣIND : 산업별 더미변수;
- ΣYD : 연도별 더미변수;
- e : 잔차항.

3. 표본의 선정 및 자료의 수집

본 연구는 2001년부터 2015년까지 유가증권 시장에 상장되어 있는 기업 중 다음의 조건을 만족하는 기업을 표본으로 선정하였다.

(1) 12월 결산법인
(2) 비금융업에 속하는 기업
(3) 한국신용평가(주)의 Kis-Value II에서 필요한 재무자료 및 기업의 본사 위치를 입수 가능한 기업

조건(1)과 조건(2)는 기업 간 비교가능성을 높이기 위하여 동일한 결산월과 재무제표의 양식, 계정과목의 성격 등이 일반 제조업과 상이할 수 있는 금융업은 제외하였다. 조건(3)은 본 연구의 모형식에 포함된 변수들을 측정하기 위하여 필요한 정보를 입수 가능한 기업으로 한정하였다. 특히 기업의 본사 위치를 파악할 수 있는 기업들이 포함되었으며, 극단치의 영향을 최소화하기 위하여 더미변수를 제외한 변수들의 극단치 1%를 표본에서 winsorization한 후 사용하였다. 이러한 과정을 통하여 본 연구에 사용된 최종 표본은 18,566 기업-년도이다.

IV. 실증분석결과

1. 기술통계량

　〈표 1〉은 분석에 사용된 변수들에 대한 기술통계량을 보고하고 있다. DIVR의 평균값이 0.015로 주당 배당수익률이 1.5%임을 알 수 있다. 또한 현금배당으로 계산한 배당수익률인 DIVR1의 평균값은 0.014로 나타나 배당의 대부분이 현금배당임을 알 수 있다. 관심변수인 기업의 지리적 위치를 나타내는 변수는 URBAN이다. URBAN의 경우, 주요 대도시에 입지한 기업이면 1, 아니면 0인 더미변수로서, 우리나라 기업들의 약 81%가 주요 대도시에 위치하고 있음을 알 수 있다. 대주주지분율인 LARS는 0.409로 평균적으로 41%의 지분율을 최대주주가 보유하고 있으며, 전년도배당더미인 LDIV는 0.590으로 나타나 전년도에 배당을 지급한 기업들의 약 60%를 차지하고 있음을 보여준다.

　〈표 2〉는 주요변수들 간의 상관관계를 나타내는 표이다. DIVR과 URBAN은 유의적인 양의 관계를 보이고 있어, 주요 대도시에 위치한 기업일수록 배당수익률이 높음을 보여준다. 또한, DIVR과 GROW 간의 관

⟨표 1⟩ 주요변수들의 기술통계량

변수	MEAN	STD	MIN	Q1	MEDIAN	Q3	MAX
DIVR	0.015	0.020	0.000	0.000	0.008	0.023	0.274
DIVR1	0.014	0.019	0.000	0.000	0.008	0.022	0.274
URBAN	0.816	0.387	0.000	1.000	1.000	1.000	1.000
GROW	0.045	0.669	-63.366	-0.039	0.051	0.163	7.807
SIZE	18.887	1.553	13.103	17.827	18.580	19.632	26.213
LEV	0.450	0.294	0.009	0.280	0.449	0.601	26.477
ROA	0.010	0.213	-13.093	-0.001	0.031	0.069	9.688
CASH	0.082	0.084	0.000	0.025	0.056	0.110	0.889
INTA	0.037	0.071	-0.225	0.003	0.012	0.040	0.850
MSD	0.179	0.384	0.000	0.000	0.000	0.000	1.000
LARS	0.409	0.168	0.000	0.287	0.403	0.524	1.000
FOR	0.066	0.119	0.000	0.001	0.011	0.071	0.929
LDIV	0.590	0.492	0.000	0.000	1.000	1.000	1.000

1) 변수 정의
DIVR=배당성향(총배당/시가총액), DIVR1=배당수익률(현금배당/시가총액), URBAN1=기업의 본사가 서울, 경기, 인천, 대구, 대전, 광주, 부산, 울산 지역에 위치하고 있으면 1, 아니면 0, GROW=성장성((매출액-전기매출액)/총자산), SIZE=기업규모(총자산의 로그값), LEV=부채비율(총부채/총자산), ROA=총자산이익률, CASH=현금비중(현금및현금성자산/총자산), INTA=무형자산비율(무형자산/총자산), MSD=자기주식취득더미변수, LARS=최대주주지분율, FOR=외국인투자자지분율, LDIV=전년도 배당지급더미변수.

계도 유의적인 양의 관계로 성장기업일수록 배당수익률이 높음을 알 수 있다. DIVR과 LDIV는 0.46으로 전년도에 배당을 지급한 기업들의 대부분은 당해에도 배당을 지급하는 것으로 보인다. 이는 남혜정과 김정태(2014) 연구에서 언급하였듯이, 우리나라 기업들은 지속적으로 일관된 배당행태를 유지하고 있는 것을 알 수 있다. 이외의 통제변수들 간의 상관관계는 크게 높지 않기 때문에 변수들 간의 다중공선성의 문제는 크지 않

⟨표 2⟩ 상관관계표

	DIVR	URBAN	GROW	SIZE	LEV	ROA	CASH	INTA	MSD	LARS	FOR
DIVR	1.00										
URBAN	0.02 <.0001	1.00									
GROW	0.05 <.0001	0.00 0.58	1.00								
SIZE	0.07 <.0001	0.05 <.0001	0.03 <.0001	1.00							
LEV	−0.09 <.0001	−0.03 0.00	−0.04 <.0001	0.20 <.0001	1.00						
ROA	0.17 <.0001	−0.01 0.05	0.18 <.0001	0.13 <.0001	−0.30 <.0001	1.00					
CASH	−0.04 <.0001	0.06 <.0001	0.00 0.77	−0.17 <.0001	−0.20 <.0001	0.05 <.0001	1.00				
INTA	−0.19 <.0001	0.07 <.0001	−0.01 0.48	−0.07 <.0001	−0.02 0.00	−0.10 <.0001	0.03 <.0001	1.00			
MSD	−0.05 <.0001	0.01 0.16	0.00 0.60	0.05 <.0001	−0.05 <.0001	0.04 <.0001	0.05 <.0001	0.05 <.0001	1.00		
LARS	0.24 <.0001	−0.05 <.0001	0.03 0.00	0.07 <.0001	−0.07 <.0001	0.13 <.0001	−0.09 <.0001	−0.16 <.0001	−0.06 <.0001	1.00	
FOR	0.09 <.0001	0.07 <.0001	0.02 0.004	0.44 <.0001	−0.03 <.0001	0.10 <.0001	0.04 <.0001	−0.01 0.130	0.03 <.0001	−0.05 <.0001	1.00
LDIV	0.46 <.0001	0.01 0.11	0.03 <.0001	0.27 <.0001	−0.13 <.0001	0.20 <.0001	−0.06 <.0001	−0.19 <.0001	0.06 <.0001	0.24 <.0001	0.20 <.0001

1) 2001년부터 2015년까지 18,566개의 표본을 대상으로 분석함. 변수 정의는 ⟨표 1⟩을 참조.

을 것으로 예상된다. 그러나 이러한 상관관계는 두 변수들에 영향을 미칠 수 있는 변수들의 효과가 통제되지 않은 결과이므로 다중 회귀분석을 통하여 재검증해야 할 것이다.

2. 회귀분석결과

본 연구는 기업의 지리적 위치가 배당의사결정에 미치는 영향을 분석하기 위하여, 식(1)을 이용하여 클러스터 회귀분석을 실시하였다. 〈표 3〉에 분석결과를 보고하였으며, 총배당을 이용한 배당수익률(DIVR)과 함께 현금배당을 이용한 배당수익률(DIVR1)의 결과를 제시하였다. 분석결과를 살펴보면, 기업의 본사가 대도시에 위치할수록 배당을 지급하는 기업들의 배당수익률이 유의적으로 높게 나타나고 있음을 알 수 있다. 이는 기업이 대도시에 위치할수록 여러 이해관계자들의 높은 관심을 받게 되고, 이러한 관심은 기업으로 하여금 성과를 배분해야 하는 부담으로 작용할 수 있다. 따라서 배당의사결정에 있어서도 기업의 지리적 근접성이 압력으로 작용하여 배당을 지급하는 다른 기업들과 비교할 때 높은 배당수익률을 나타낸 것으로 보인다. 구체적으로 URBAN의 계수값은 종속변수 정의를 DIVR과 DIVR1을 사용하였을 때 각각 0.001로 나타났으며, 통계적 유의성도 유사하게 나타났다.

통제변수들의 결과는 선행연구와 일관되게 나타나고 있다. 특히 LDIV는 통계적 유의성이 가장 높게 나타났으며, 이는 과거 배당행태가 배당의사결정에 유의적인 영향을 미치고 있음을 보여준다. 이러한 결과는 배당의사결정에 영향을 미치는 여러 변수들을 통제하고도 기업의 지리적 위치가 유의한 영향을 미치고 있음을 나타낸다. 이는 배당의사결정에 영향을 미치는 새로운 변수에 대한 발견으로 기업의 배당의사결정에 기업의 입지가 중요한 요인임을 보여주는 결과이다.

추가 분석으로 종속변수를 배당성향으로(총배당과 현금배당) 분석한 결과도 일관되게 나타났다. 배당성향(총배당과 현금배당)을 이용한 분석결과, URBAN의 계수값은 각각 0.038(1.94), 0.042(2.25)으로 유의적인 양의 값을 나타냈다. 이는 대도시에 입지한 기업일수록 비대도시에 위치한 기업과 비교하여 배당수익률이 높음을 보여준다. 본 연구의 실증분석결과는

〈표 3〉 회귀분석결과[19]

변수	DIVR 계수값 (t-값)	DIVR1 계수값 (t-값)
URBAN	0.001** (2.06)	0.001** (2.07)
SIZE	−0.001** (−2.08)	−0.000* (−1.92)
LEV	−0.001 (−1.51)	−0.001 (−1.53)
ROA	0.006*** (4.14)	0.006*** (4.15)
CASH	0.002 (0.65)	0.002 (0.76)
INTA	−0.016*** (−7.10)	−0.015*** (−7.00)
MSD	−0.001 (−1.51)	−0.001* (−1.91)
LARS	0.014*** (9.37)	0.014*** (9.48)
FOR	0.003 (0.78)	0.004 (0.91)
LDIV	0.016*** (35.17)	0.015*** (34.50)
절편	−0.000 (−0.01)	−0.000 (−0.02)
산업더미	포함	포함
연도더미	포함	포함
Adj. R^2	0.326	0.321

1) 변수 설명은 〈표 1〉과 같음.
2) ***, **, * 는 각각 1%, 5%, 10% 수준에서 유의함을 나타냄(양측검증). 괄호 안의 t값은 clustered standard errors(firm-level)를 이용하여 측정하였음.

배당의사결정에 영향을 미치는 여러 변수들을 통제한 후에도 기업의 지리적 위치가 배당의사결정에 영향을 미치는 유의적인 변수임을 제시하고 있다.

이와 함께, 가설2를 검증하기 위해 배당의사결정과 지리적 위치 간의 관계를 성장기업이라는 조절변수를 통하여 살펴보았다. 분석결과, 대도시에 위치한 성장하는 기업들은 성장성이 낮은 기업들과 비교하여 배당수익률이 낮음을 알 수 있었다. 〈표 4〉는 성장기업과 지리적 위치변수간의 교차항을 포함한 분석결과를 보여주고 있다. URBAN의 계수값은 0.001(t-value; 2.39)으로 유의적인 양인 반면에, URBAN과 GROW 간의 교차항은 유의적인 음의 값을 나타내고 있다. 또한 GROW의 계수값은 0.002(t-value; 2.56)으로 성장하는 기업일수록 배당수익률이 높은 반면에 대도시에 위치한 성장기업은 배당수익률이 낮음을 알 수 있다. 이러한 결과는 기업의 지리적 근접성이 배당의사결정에 영향을 미치고 있음을 보여준다. 즉, 대도시에 위치한 기업들은 여러 이해관계자들의 정보접근성을 용이하게 하고, 기업에 대한 정보를 상대적으로 많이 획득할 수 있기 때문에 기업과 이해관계자들 간의 정보비대칭수준이 낮을 것이다. 따라서 대도시에 위치한 성장기업들은 배당으로 미래성장성에 대한 신호를 보내기보다는 투자 기회에 대한 준비로 사내유보를 할 유인이 높음을 알 수 있다. 본 연구의 결과는 기업의 지리적 근접성이 배당의사결정에 영향을 미치며, 이는 기업 특성에 따라 미치는 영향이 달라지고 있음을 보여준다.

---

19 동일한 분석을 일반 회귀모형으로 실시하였을 경우, URBAN의 계수값은 각각 0.001(t-value: 3.97)과 0.001(t-value: 3.96)로 나타났다. 또한 변수들 간의 다중공선성의 문제를 확인하기 위하여, 회귀분석 시 VIF를 살펴보았으며, 모든 통제변수들의 VIF가 1.06~1.36사이로 나타나 변수들 간의 다중공선성 문제는 심각하지 않을 것으로 판단하였다.

〈표 4〉 회귀분석결과

변수	DIVR 계수값 (t-값)	DIVR1 계수값 (t-값)
URBAN	0.001* (2.38)	0.001** (2.37)
URBAN*GROW	−0.002* (−1.98)	−0.002** (−1.97)
GROW	0.002** (2.56)	0.002** (2.54)
SIZE	−0.000** (−2.20)	−0.000* (−2.02)
LEV	−0.001* (−1.49)	−0.001* (−1.51)
ROA	0.006*** (3.91)	0.006*** (3.92)
CASH	0.002 (0.60)	0.002 (0.69)
INTA	−0.015*** (−7.07)	−0.015*** (−6.96)
MSD	−0.001* (−1.77)	−0.001** (−2.16)
LARS	0.014*** (9.23)	0.014*** (9.34)
FOR	0.003 (0.76)	0.004 (0.87)
LDIV	0.016*** (35.38)	0.016*** (34.02)
절편	0.000 (0.09)	−0.000 (−0.09)
산업더미	포함	포함
연도더미	포함	포함
Adj. R^2	0.328	0.322

1) 변수설명은 〈표 1〉과 같음.
2) ***, **, * 는 각각 1%, 5%, 10% 수준에서 유의함을 나타냄(양측검증). 괄호 안의 t값은 clustered standard errors(firm-level)를 이용하여 측정하였음.

3. 강건성분석결과

기업의 입지는 기업 고유의 특성에 의해 영향을 받을 수 있으며, 이러한 특성이 배당의사결정에 영향을 미칠 수 있을 것이다. 따라서 내생성 문제를 통제하기 위하여 본 연구는 선행연구와 같이 기업의 위치선정모형에 대한 프로빗 분석을 통하여 재검증하였다. 분석에 사용된 첫 번째 모형은 식(3)과 같다. 식(3)에 포함된 통제변수들은 기업의 여러 특성변수들을 비교하여 지리적 위치 여부에 따라 유의적인 차이가 있는 변수들을 선택하였으며, 이는 남혜정과 최종학(2009) 연구의 모형과 일관된다. 선정된 변수는 총자산의 자연로그 값으로 계산된 기업규모(SIZE), 총부채를 총자산으로 나누어 계산한 부채비율(LEV), 손실발생 더미(LOSS), 신주발행 더미(ISSUE),[20] 무형자산을 총자산으로 나누어 계산한 무형자산의 비중(INTAN), 그리고 유형자산을 총자산으로 나누어 계산한 유형자산의 비중(TANG)이다. 식(3)의 분석결과는 다음과 같다.

$$\text{Pro}(URBAN_t) = -0.052 + 0.088 \, SIZE_t - 0.107 \, LEV_t + 0.075 \, LOSS_t - 0.0025 \, ISSUE_t + 0.419 \, INTAN_t - 1.048 \, TANG_t + \text{industry dummies} \quad (3)$$

다음으로 식(3)을 사용하여 계산한 inverse Mills ratio(Heckman, 1976)를 식(1)에 포함하여 2단계 회귀분석을 실시하였다. 분석결과는 〈표 3〉의 결과와 질적으로 동일하였다. 구체적으로 URBAN의 계수값은 0.001(t-value;4.53)과 0.01(t-value;4.51)로 〈표3〉의 결과와 유사하며, 통계적 유의성은 더 높게 나타났다. 또한, IMR의 계수값도 0.003(t-value; 3.57)으

---

[20] 신주 발행 더미변수는 전년도 대비 10% 이상의 자본금의 변동이 증가하면 1, 아니면 0으로 코딩한 더미변수이다.

로 유의적인 양의 값을 나타냈다. 이러한 결과는 기업의 지리적 위치에 대한 내생성을 통제한 후에도 기업의 입지가 배당정책에 유의적인 영향을 미치고 있음을 보여준다.

V. 결론

본 연구는 기업의 지리적 위치가 배당의사결정에 미치는 영향에 대하여 검증하였다. 실증분석결과, 주요 대도시에 위치한 기업의 경우는 기타 지역 기업과 비교할 때 배당수익률이 유의하게 높게 나타났다. 이러한 결과는 배당성향으로 분석하였을 때에도 일관되게 나타났다. 이는 기업의 지리적 위치가 배당정책에도 영향을 미치고 있음을 보여주는 결과이며, 감독용이적 측면보다는 배당에 대한 이해관계자들의 시장압력이 유의적인 영향을 미치고 있음을 제시한다. 이와 함께 기업의 성장성이 높을수록 배당정책에 지리적 위치로 인한 영향이 달라지는지 분석하였으며, 분석결과, 주요 대도시에 위치한 성장기업은 배당수익률이 유의하게 낮게 나타났다. 성장기업의 경우에는 대도시에 위치할수록 이해관계자들의 기업정보에 대한 접근성이 상대적으로 높기 때문에 기업의 미래성장성에 대한 정보를 획득하기 용이하다. 따라서 배당정책을 통하여 성장가능성에 대하여 신호하기 보다는 미래투자 기회를 위해 사내유보를 선택할 유인이 높을 것이다. 이는 비대도시에 위치한 성장기업과는 다른 유인으로 볼 수 있다. 따라서 주요 대도시에 위치한 기업일수록 배당수익률이 높은 반면에, 성장기업에 있어서는 시장압력적 측면보다는 감독용이적 측면에 작용하고 있음을 알 수 있다. 이러한 연구결과는 기업의 지리적 위치가 배당의사결정에 영향을 미치고 있으며, 지리적 위치와 배당정책 간의 관계는 기업 특성에 따라 달라질 수 있음을 보여준다.

본 연구의 결과는 관련 선행연구에 중요한 시사점을 제공한다. 먼저, 기업의 지리적 입지가 기업의 행동에 미치는 영향에 대한 연구는 현재까지 많이 진행되지 않았다. 대부분의 연구들이 투자의사결정이나, 자본조달의사결정에 집중하고 있으나, 본 연구는 배당의사결정에 기업의 지리적 위치가 미치는 영향을 살펴보았다는 점에서 의의가 있다. 따라서 본 연구의 발견은 규제 기관뿐만 아니라 투자자들, 그리고 연구자들에게도 기업의 지리적 위치가 배당의사결정에 중요한 요인이라는 것을 제시함으로써 유용한 정보를 제공한다고 볼 수 있다.

그러나 본 연구에도 한계점이 존재할 수 있다. 본 연구에서는 기업 입지에 따른 기업에 대한 감시·감독 정도나 시장의 압력 수준을 직접적으로 측정한 것이 아니며, 기업의 본사 위치에 따라 감시·감독 정도나 시장의 압력 수준이 달라질 것으로 가정하였다. 이러한 가정은 선행연구들의 실증분석결과를 토대로 하고 있다. 또한 나라마다 지역 특성이 다르고, 기업의 지리적 입지에 대한 합의치가 없기 때문에 추가적인 대용치에 대한 논의가 필요할 것이다. 후속 연구에서는 이와 같은 문제점을 보완할 수 있는 더욱 발전된 연구를 수행하기를 기대한다.

기업의 ESG 활동과 배당의사결정[*]

I. 서론

코로나19의 지속으로 기업경영 환경이 어려워지면서 배당을 중단

---

[*] 회계세무와 감사연구(2021, 남혜정과 김현정)에 게재된 논문입니다.

하거나 삭감하는 기업들이 증가하고 있다. 이와 함께 전 세계적으로 ESG(Environment, Social, Governance) 투자가 확대되면서, 주주 자본주의(shareholder capitalism, 또는 주주 우선주의(shareholder primacy)에 의한 기업성과 배분에 대한 다양한 논의가 제기되고 있다. ESG 펀드나 상품에 투자한 투자자들은 기업들이 배당보다는 종업원의 건강과 안전, 고용유지, 고객 및 관계 기업과의 관계 유지 등에 더 많은 재원을 사용하기를 요구하고 있다. 주주 자본주의는 단기 이익에 대한 기업 집착을 가져왔으며 양극화 같은 사회갈등이나 환경문제를 일으킨 원인으로 지적되고 있다. 반면에 이해관계자 자본주의(stakeholder capitalism)는 주주뿐만 아니라 소비자, 근로자, 지역사회 등 모든 이해관계자들을 아우른다.

최근 기업의 성과를 주주에게 배분하는 배당의사결정에도 이해관계자 자본주의가 영향을 미치고 있다. 미국의 경우, 2020년 배당을 실시하지 않은 기업의 주가는 30% 상승한 반면에 고배당 기업들의 주가는 16% 하락하였다. 그러나 배당 관련 주식들의 부진한 성과에도 불구하고 ESG를 지속적으로 실천한 배당기업들은 다른 기업에 비해 훨씬 좋은 성과를 나타냈다.[21] 이는 높은 ESG 성과가 반드시 고배당 또는 배당 여부를 나타내는 지표라기보다는 ESG를 관리하는 기업들이 특정 그룹 내에서 지속가능한 경쟁력을 가지고 있음을 보여준다. 유럽 기업을 대상으로 한 연구결과도 ESG와 배당지급 여부는 유의적 관련성이 없으며, 오히려 안정적인 배당정책과 유의성이 높음을 발견하였다(Verga matos et al. 2020).

반면에 ESG 성과와 배당 간에 유의적인 양의 관계를 주장하는 연구들도 있다. Giese et al.(2019)은 ESG가 높은 기업들이 동종 기업에 비해 많은 경쟁력을 가지고 있다고 보았다. 예를 들면, 효율적인 자본 사용, 인적자본, 혁신적인 기업 운용 등 차별화된 경쟁력이 있으며, 이를 수익 창

---

[21] Alliance Bernstein L.P., 2020. 12. (www.alliancebernstein.com > library > Korea-articles)

출에 사용하기 때문에 수익성이 높고, 나아가 배당도 높아진다고 보았다. Johansson and Fahlen(2019)은 노르딕 기업들을 대상으로 ESG 점수와 배당성향과는 유의적인 양의 관계가 있음을 발견하였다. 이는 ESG 수준이 상대적으로 높은 노르딕 기업들에서도 ESG 성과는 배당의사결정에 긍정적인 영향을 미치고 있음을 보여준다. 이처럼 기업의 ESG 활동과 배당의사결정 간의 관계에 대한 실증분석결과는 혼재되어 있으며, 실무적으로도 다양한 논의가 제시되고 있다. 그러나 국내에서는 ESG와 배당 간의 실증분석 연구가 미미한 상황이다.[22] 몇편의 연구는 금융업을 대상으로 하고 있으며, 한정된 분석기간으로 결과의 일반화에 한계가 있을 수 있다. 최근 전세계적으로 ESG에 대한 관심이 증가하고 있는 상황에서,[23] 기업의 ESG 성과가 배당정책에 미치는 영향을 분석하는 것은 의미 있는 작업일 것이다. 본 연구는 한국기업지배구조원의 ESG 등급을 이용하여 기업의 ESG 성과와 배당정책과의 관계를 실증적으로 살펴보고자 한다.

만약 ESG 성과가 우수한 기업일수록 주주 자본주의보다 이해관계자

---

[22] 국내 연구로는 이지혜·변희섭(2014)이 기업의 사회적 책임활동과 배당행태에 대하여 분석하였으나, 분석 기간이 2010년과 2011년인 2년으로 한정되어 있다. 또한 사회적 책임활동의 대용치로 한국기업지배구조원의 사회적책임수준과 환경경영수준 평가 결과를 이용하였으나, 지배구조수준은 교차변수로 분석하였다. 따라서 본 연구가 분석하고 있는 ESG 성과와는 다소 차이가 있다. 최근에는 바토구·반혜정(2020)의 연구가 기업의 사회적 책임과 배당정책 및 퇴직급여제도에 대하여 분석하였으며, 사회적 책임의 대용치로 경제정의연구소의 KEJI지수를 이용하였다. 그러나 KEJI지수는 공개되는 기업이 제한되어 있다는 한계점이 있다.

[23] 우리나라는 기업 및 관련 연구기관에서 ESG와 관련된 다양한 보고서들이 발간되고 있으며, 2025년까지 ESG 자율공시를 활성화하고 2030년에는 일정 규모 이상 상장사에 의무공시를 적용하기로 하였다. 영국은 2025년까지 모든 상장기업에게 ESG 정보공시를 의무화할 예정이며, 홍콩도 2025년까지 금융기관 및 상장기업에 ESG 정보공개를 의무화할 계획이다.

　EU는 2021년 3월 10일부터 유럽의 금융기관을 대상으로 지속가능금융공시규제(sustainable finance disclosure regulation, SFDR)를 시행하였다. EU의 SFDR 실시는 글로벌 금융권의 ESG제도화의 첫걸음이라는 점에서 파급력이 크다고 볼 수 있다.

자본주의에 충실하려고 노력한다면, 배당지급 또는 증가보다는 여러 이해관계자들과 기업성과를 공유하려는 방향으로 의사결정할 것이 예상된다. 반면에 ESG 성과가 좋은 기업들이 차별화된 경쟁력을 바탕으로 높은 성과를 나타내고, 나아가 주주들에게 성과 배분 및 미래수익성에 대한 신호를 보내기 위하여 배당지급(증가)을 선호할 수 있을 것이다.

2011년부터 2018년까지 ESG 등급이 있는 기업들을 대상으로 분석한 결과, ESG 성과가 우수한 기업일수록 배당을 지급하였으며, 배당률도 높게 나타났다. 또한 ESG의 구성 항목인 E(환경), S(사회), G(지배구조)의 각각의 성과를 이용한 분석에서도 각 항목의 성과가 우수할수록 배당의사결정에 유의적인 양의 영향을 미치고 있음을 발견하였다. 추가적으로 ESG 통합등급과 개별 항목별 등급 간의 유의적인 차이가 있는지 분석하기 위하여, Vuong test[24]를 통하여 검증하였다. 분석결과, E(환경) 항목이 ESG 통합등급과는 통계적으로 유의적인 차이가 있음을 발견하였다. 이러한 결과는 ESG 성과가 우수한 기업일수록 배당을 지급하며, 배당률도 높음을 보여준다. 또한 ESG 성과와 차별적으로 E(환경) 관련 활동도 배당의사결정에 유의적인 영향을 미치고 있음을 제시하고 있다.

본 연구의 발견은 다음과 같은 공헌점을 제공할 것으로 기대된다. 첫째, ESG 관련 연구의 확대에 기여할 것으로 본다. 최근에 들어 ESG에 대한 실증 연구들이 진행되고 있으나, 국내 기업들을 대상으로 한 연구는 미미한 실정이다. 기업의 지속가능성 및 사회적 책임에 대한 관심이 점차 높아지고 있는 상황에서 ESG 활동이 기업의 주요 의사결정에 미치는 영향을 살펴보는 것은 의미 있는 작업일 것이다. 특히 배당의사결정은 기업성과를 배분한다는 점에서 ESG 활동의 일부로 볼 수 있지만, 사회공헌의 관점에서는 이해관계자 자본주의에 재원을 배분하는 것이 바람직할

---

[24] Vuong test는 두 상이한 모델의 회귀분석의 R2가 통계적으로 의미를 가지는지 검정.

수 있다. ESG 성과가 우수한 기업들이 배당률도 높다는 본 연구의 결과는 ESG 성과가 배당정책에도 영향을 미치고 있으며, 향후 배당정책의 수립 및 제도 개선에 ESG에 대한 고려가 필요함을 제시한다. 둘째, ESG 구성 항목 중에 E(환경) 항목이 ESG 통합성과와 차별적으로 배당정책에 유의한 영향을 미친다는 본 연구의 결과는 시사하는 바가 있다. 일반적으로 배당정책에 영향을 미치는 요인으로 지배구조가 의미 있는 변수로 여겨지고 있으나, 우리나라에서는 환경 관련 활동이 우수한 기업일수록 배당률이 높게 나타났다. 이는 환경경영, 환경성과, 이해관계자 대응에 관심을 가지고 있는 기업들은 성과 배분에 있어서도 적극적임을 보여준다. 이외에도 본 연구의 결과는 학계의 관련 연구자뿐만 아니라 투자자, 규제기관 및 정책 입안자에게 ESG와 배당의사결정에 대한 유익한 시사점을 제공할 것으로 기대된다.

II. 선행연구 검토 및 가설 설정

1. ESG(Environment, Social, Governance) 관련 연구

코로나19 이후 환경 및 사회에 대한 관심이 높아짐에 따라 전세계적으로 사회적 책임투자(SRI: Socially Responsible Investment)가 증가하고 있고, 기업의 비재무적 정보인 ESG 성과에 대한 관심도 높아지고 있다. 일례로 올해 한국 딜로이트 그룹, 한국기업평가, 신용보증기금 등 국내 기업 및 기관의 ESG 센터 설립을 들 수 있다. ESG 개념은 2006년 UN 책임투자원칙(UN PRI; United Nation's Principles of Responsible Investment) 보고서에서 처음 제안되었으며, 투자자는 ESG 점수를 투자 결정의 핵심 요소로 고려할 것을 권장했다(Yoon at al. 2018; 박영석 2018). 비재무적 요소인 ESG는 환경(Environmental), 사회(Social), 지배구조(Governance) 세 가지로, 각 요소는 다양한 하위 요인들로 구성되어 있다(Ben-Amer et al. 2017). 여기서 환경은 탄소배출량, 자원 소비와 관련된 에너지 절약, 생물 다양성에 대한 배려 등에 관한 회사의 노력을 나타낸다. 사회는 인권, 고용의 질, 제품의 책임, 지역사회에 대한 공헌 등을 의미하며, 지배구조는 경영의 투명성과 책임, 합리적 관리 체제, 자본 효율화 등을 나타낸다. 또한 ESG는 ISO 26000을 비롯한 국내·외 대부분의 지속가능경영 평가 지표 및 가이드라인에 포함되어 있어, 대표적인 비재무성과 요소임을 알 수 있다.

하지만 비재무적 요소인 ESG 점수는 측정 기준 및 일관성에 한계점을 가진다. 기업의 자체보고서나 연구에 의존하는 것은 자기보고 또는 연구 편향의 단점을 가지기 때문이다. 정량화된 데이터를 사용하더라도 동종 업계 간 또는 기간 간의 비교가 어렵다(Bassen and Kovacs 2008; Han et al. 2016). Malik(2015)는 정제되지 않은 데이터가 일관성 없는 연구결과를 야기한다고 주장했다. ESG 측정 편향을 피하기 위해 일부 연구자들은 Kinder, Lydenber and Domini(MSCI KLD Social Index), Bloomberg, Thomson Reuter Eikon과 같은 외부 평가 기관이 제공하는 표준화된 ESG 등급을 사용했다. 그중에서도 KLD 지수는 미국 시장을 조사하는 최근 연구에 거의 독점적으로 사용되었다. 이와 비슷하게, 국내 ESG에 대한 평가 기관들은 각각 서로 다른 기준과 리서치 항목을 설정하여 데이터를 수집하고 평가하고 있다. 한국기업지배구조원 및 서스틴 베스트의 ESG 평가등급, 경실련 경제정의지수(KEJI) 등 각 기관에서 자체 선정한 항목과 기준을 통해 평가를 제공한다. 따라서 연구마다 다른 ESG 자료를 이용하는 경우에는 분석결과에 대한 비교가능성도 어려운 상황이다. 최근에는 한국기업지배구조원의 ESG 평가등급을 사용한 연구가 활발하게 진행되고 있다.

초기 연구들은 ESG를 사회적 책임(corporate social responsibility, CSR)에 대한 측정치로 이용하였다. 대부분의 연구들은 ESG 성과와 기업가치가 유의한 양(+)의 관련성을 가지고 있다고 주장하였다(Tsoutsoura 2004; Klapper and

Love 2004; 이정은·김진섭 2013; Tarmuji et al. 2016; 이걸주 등 2017; 임욱빈 2019; 오상희·이승태 2019; 김은혜·마희영 2020). Bassen and Kovacs(2008)는 투자자가 기업의 리스크와 기회를 평가하는데 ESG 정보를 활용할 뿐만 아니라 실질적인 CSR을 위해서 ESG 점수 모니터링이 중요하다고 주장했다.

국내 연구로는 박준령·김요환(2017)이 ESG 등급을 이용하여 기업의 사회적 책임활동수준이 높은 기업일수록 이익조정은 감소하였지만, 코스닥 기업의 경우 이익조정과 상반된 결과를 발견하였다. 김동영(2020)은 ESG 등급이 잉여 현금흐름에 미치는 영향을 검증하였으며, ESG 평가등급이 높을수록 잉여 현금흐름이 유의적으로 높음을 제시하였다. 연구자들은 이러한 결과에 대하여 ESG 등급이 기업들의 잉여 현금흐름에 긍정적인 영향을 미치고 있다고 주장하였다. ESG와 세무활동 간의 관계를 살펴본 연구들은 ESG 등급이 높은 기업일수록 조세회피수준이 낮고, 공격적 세무보고 성향도 감소한다고 주장하였다. 이균봉·박수경(2019)은 ESG 등급이 높을수록 조세 회피는 유의적으로 낮음을 발견하였으며, 최미화 등(2017)은 사회적 책임투자 성과가 공격적 세무보고 성향과 대체로 유의한 음의 관련성을 보여 사회책임 투자활동을 적극적으로 하는 기업일수록 공격적 세무보고 성향이 감소함을 주장했다. 또한, 적극적인 사회책임 투자를 하는 기업의 세무보고 공격성에 대한 시장 반응이 대체로 유의한 양의 관련성을 가지는 것을 나타냈다.

임욱빈 등(2019)는 기업의 사회적 책임활동이 자기자본 비용에 미치는 영향을 분석하였으며, ESG점수는 차기의 자기자본 비용과 유의한 음의 관련성을 가지는 것을 발견하였다. 이러한 연구들은 기업의 ESG 성과가 기업의 회계 정보, 세무 활동뿐만 아니라 자기자본 비용에도 유의적인 영향을 미치는 요인임을 보여준다.

최근에는 ESG 등급을 각 요소별로 나누어 분석한 연구가 활발하다. 이걸주 등(2017)은 기업가치의 대용치로 Tobin's Q와 MBR(Market to book ratio)

를, CSR 활동의 대용치로 ESG 점수를 이용하여 기업가치가 CSR 활동에 미치는 영향을 분석하였다. 기존 ESG 등급을 이용한 선행연구와 달리 ESG 통합 평가점수와 세부 부문인 E(환경), S(사회), G(지배구조)로 구분 검증하였고, 당기의 기업가치는 당기의 S(사회)의 CSR 활동을 제외하고 유의한 양의 영향을 미치는 것을 밝혔다. 임욱빈(2019)은 비재무적 정보인 CSR의 대용치로 ESG 점수를 사용하여 기업가치에 미치는 영향을 분석하였고, ESG의 통합 점수가 아닌 ESG 평가(구성) 항목들을 세분화한 점수를 사용하여 선행연구와의 차별성을 두었다. E(환경), S(사회), G(지배구조) 등급 중 E(환경)를 제외하고 당기 및 차기의 기업가치를 증가시키는 결과를 발견하였다. 또한, ESG 합산 점수 역시 당기 및 차기의 기업가치와 유의한 양의 관련성을 가지는 것을 나타냈다. 오상희·이승태(2019)는 ESG(통합점수) 등급, E(환경), S(사회), G(지배구조)가 각각 기업의 경영 성과에 영향을 미치는지 위계적 회귀분석을 통하여 분석하였고, 이 중 어떤 세부 요인이 기업가치에 더 효과적으로 영향을 주는지 검증하였다. 기업성과를 나타내는 자산수익률과 주가수익률 모두 G(지배구조)가 유의적으로 가장 많은 영향을 미치고, 그 다음으로 ESG가 영향력을 미치는 것을 밝혔다. 김은혜·마희영(2020)은 비회계정보인 지속가능경영 활동의 대용치로 ESG 등급을 사용하여 기업가치의 관련성을 분석하였다. ESG 등급, E(환경), S(사회), G(지배구조) 모두 기업가치와 유의적인 양의 관련성을 나타내었고 유의한 증분설명력을 보였다. 또한 기업규모와 재정 건전도에 따른 ESG 등급, E(환경), S(사회), G(지배구조)의 가치 관련성은 차이를 보였지만, 그중 ESG 등급이 기업가치와 유의한 양의 관련성과 증분설명력이 유의하게 있음을 나타냈다. 이는 지속가능경영 활동이 기업가치를 향상시키는 요인이지만 세부 활동(E,S,G)별로는 차이가 있음을 암시하였다.

2. 배당정책 관련 실증 연구

기업의 배당정책은 주주에게 부를 배분한다는 점에서 투자자들에게 중요한 정보 일뿐만 아니라 기업의 미래성과를 시장에 신호한다는 점에서도 중요한 의사결정이다. 특히 금융위기 이후 저금리 기조와 투자자들의 위험회피 현상이 더욱 두드러지면서, 기업에게도 배당정책에 관한 결정이 더욱 중요해졌다.

배당정책은 Miller and Modigliani(1961)의 연구에서 시작되었고, 투자자들은 배당이나 주식 수익을 받는 것에 대하여 중립적이어야 하므로 배당정책이 기업가치에 영향을 주어서는 안 된다고 주장하였다. 이는 배당무관련성 이론으로 완전자본시장을 가정한다. 완전자본시장에서 합리적인 투자자들은 자신의 돈을 어떻게 받는지를 선호하기 보다는 자신들의 부를 최대화하는 데 초점을 맞출 뿐이다. 또한 기업의 투자의사결정이 일정하다면 배당지급은 자본조달로 대체가 가능하기 때문에 기업가치와 관련성을 가지지 않는다고 주장하였다. 그러나 실증분석 연구들은 대리인이론, 신호이론, 세금, 거래비용 등으로 배당정책이 기업가치에 영향을 미치고 있음을 제시하였으며, 배당정책에 영향을 미치는 다양한 요인들에 대한 연구가 진행되었다.

대리인이론에서 배당은 경영자와 주주들 간의 대리인문제를 완화시키는 역할을 한다. 기업의 이익이 배당으로 지급되지 않는다면, 경영자는 주주의 이해와 다른 방향으로 사적 이익을 증가시킬 것이고, 이에 주주들은 유보이익보다는 배당지급을 선호하게 된다(Easterbrook, 1984; Jensen 1986; Zwiebel 1996; Gomes 2000). 즉, 배당은 경영자의 과잉투자 문제 등 대리인문제를 완화하는 효과적인 내적 통제수단이다. 신호이론은 정보비대칭 하에서 경영자가 이익지속성 등 기업의 미래수익에 대한 정보를 배당지급을 통하여 전달한다는 이론(Bhattachary 1979; John and Williams 1985; Miller and Rock 1985; Ambarish et al. 1987)으로 배당을 증가시킨 기업의 주식

가격은 오르고, 그렇지 않은 기업들의 주식가격은 하락함을 나타내었다 (Aharony and Swary 1980; Asquith and Mullins 1983).

배당과 사회적 책임 활동(CSR)에 관한 연구도 진행되었으며, Cornell and Shapiro(1987)는 묵시적 청구권[25]과 배당이 유의한 양의 관계임을 밝혔다. 이와 달리 Holder et al.(1988)은 묵시적 청구권인 사업 집중도가 클수록 배당지급은 감소한다는 음의 관련성을 제시하였다. Benlemlih(2014)은 대리인이론, 이해관계자이론, 생명주기가설을 바탕으로 사회적 책임 활동에 대한 투자가 배당과 유의한 양의 관계를 나타냈다. 국내 연구로는 이지혜·변희섭(2014a)이 기업의 사회적 책임이행수준과 배당지급이 유의적인 양의 관련성을 가진다고 주장하였다. 또한 이지혜·변희섭(2014b)은 배당수준에 따라 사회적 책임 활동이 기업가치에 유의한 양의 영향을 주는 것을 발견하였다. 정성창·송동엽(2020)은 국내 일반 은행의 사회적 책임 활동이 배당성향에 유의한 양의 영향을 미치고 있음을 제시하였으며, 사회적 책임 활동과 배당의 상호보완적인 관계를 지지하였다.

3. 가설 설정

기업의 ESG 성과와 배당정책의 관계가 유의적이라는 점에서는 일관된 증거들이 제시되고 있으나, ESG 성과가 배당정책에 어떠한 방향으로 영향을 미치는가에 대한 실증분석결과들은 혼재되어 있는 상황이다. 일반적으로 ESG 성과가 좋은 기업들은 배당수준이 높다고 보고 있으며, 최근 들어 투자자들도 ESG 성과와 배당을 중요한 투자 요소로 평가하고 있다. ESG 성과와 배당정책 간의 양의 관계는 대리인이론과 신호이론의 관점에서 살펴볼 수 있다. 대리인이론(agency theory)에 의하면, 현금흐름에

---

[25] 묵시적청구권(NOC; Net Operationg Capital)은 종업원, 소비자, 공급자들인 이해관계자들이 소유하는 권리.

접근할 수 있는 경영자는 기업의 적정 규모를 초과하는 과대 투자를 하려는 경향이 있으며, 이러한 계속된 성장은 경영자의 자원을 확대함으로써 경영자의 영향력(managers power)에 영향을 미친다. 만약 ESG에 대한 과대 투자가 경영자의 사적 이익을 증가시킨다면(Brown et al. 2006; Barnea and Rubin, 2010) 이는 기업의 대리인비용을 증가시킬 것이다. 즉, 사회적 책임 투자로 보이지만, 실제로는 양의 NPV 투자가 아닐 수 있기 때문에 기업의 비용은 증가할 수 있다. 이 경우 배당정책은 ESG 활동과 관련된 과대 투자를 억제하는 수단이 될 수 있으며, 대리인비용을 낮출 수 있다. 따라서 ESG 성과가 높은 기업일수록 대리인문제를 완화하기 위하여 배당 수준이 높을 수 있다. 신호이론(signaling theory)에 의하면, 경영자는 배당 조정을 통하여 기업의 미래성장성에 대한 정보를 시장에 전달한다. 그러므로 배당은 공표효과(announcement effect)를 가지며, 배당의 증가는 기업이 미래성장에 대한 신호를 전달한다(Miller and Rock 1985). 유사하게 기업의 지속가능성을 중요하게 생각하는 기업들은 주주들과 이해관계자들의 권리를 인지하고 있으며, 높은 수준의 배당은 이를 나타내는 지표가 될 것이다. 즉, 기업의 현금흐름을 악화하지 않는 ESG 활동들은 주주들에게 긍정적인 신호를 보낼 것이다. 따라서 ESG 점수가 높은 기업들일수록 주주들의 권리를 보호하고 있다는 신호를 보내기 위하여 높은 배당수준을 유지할 것으로 예상된다.[26]

반면에 ESG에 대한 높은 관심은 주주 자본주의가 아닌 이해관계자 자

---

[26] 국내 기사에 의하면, 국내 대기업의 현금 배당규모는 1년새 60% 이상 급증하였으며, 이는 ESG 경영에 대한 관심으로 배당성향을 높인 것으로 보았다. LG화학의 경우 배당성향을 49%에서 151%로 높였으며, SK텔레콤도 분기 배당을 제시하였다(ESG·주주 눈치에...대기업 배당 1년새 60% 증가 12조 늘렸다. ESG 인베스터, 2021.4.6.).

또한 신세계 그룹이 ESG 위원회를 신설하고 ESG 경영을 강화하면서 다양한 주주 친화정책을 제시하였다. 이 중에는 주당 최저 배당금 보장정책도 포함되어 있다(신세계, ESG 위원회 설치...환경, 상생, 사회공헌 더욱 강화, 중앙일보, 2021. 4. 27.).

본주의를 확대할 것으로 보인다. 즉 기업은 종업원, 지역사회, 여러 이해관계자들에게 사회적 책임을 수행하는 모습을 보여주기 위하여 기업성과를 주주에게 배분하는 배당을 확대하기 보다는 배당을 축소하거나 재원을 ESG 관련 활동에 배분하고자 할 것이다. 따라서 제한된 재원 하에서는 ESG 성과가 높은 기업일수록 배당보다는 사회적 책임성을 제고하고 지속가능한 경영을 위한 자원 배분을 할 것으로 예상된다(Verta matos et al. 2020). 또한 사회적 책임 활동에 적극적인 기업은 이해관계자들 간의 정보불균형문제도 완화된다고 주장한다(Ghoul et al. 2011). 이러한 기업들은 ESG 성과로 도덕자본이 축적되고 자본 비용을 감소시킬 수 있기 때문에 배당에 대해 소극적인 행태로 나타날 수 있다(Sharfman and Fermando 2008; Luo and Bhattacharya 2009; Goss and Roberts 2011). 이처럼 ESG는 배당정책에 긍정적이거나 부정적인 영향을 미칠 수 있다. 다만, 본 연구는 해외 실증분석결과와 ESG의 긍정적인 영향을 토대로 다음과 같은 가설을 설정하였다. 즉, 기업의 ESG 성과가 기업성과에도 긍정적인 영향을 미친다면 적극적인 배당정책을 통하여 기업의 미래성과에 대한 신호뿐만 아니라 이익공유를 확대할 것으로 기대한다.

> **가설 1** ESG 성과와 배당정책은 유의적인 양의 관계를 가질 것이다.

이외에도 본 연구는 ESG 관련 연구에서 통합 점수가 아닌 각 항목별 등급이 배당정책에 미치는 영향을 분석하고자 한다. 선행연구에 의하면, ESG 통합등급과 달리 각 세부 항목별로 기업가치와 기업성과에 미치는 영향에 유의적인 차이가 있음을 보여주고 있다(임욱빈 2019; 오상희 2019; 김은혜·마희영 2020). E(환경)는 기업가치에 유의적인 영향을 미치지 않는 반면에, G(지배구조)는 기업성과에 가장 유의적인 항목으로 나타났다. 따라서 ESG 성과가 배당정책에 미치는 영향도 E(환경), S(사회), G(지배구조)

의 성과에 따라 달라질 수 있을 것이다. 다만, 각 세부 항목별로 배당정책에 미치는 영향의 차이가 어떻게 나타나는지는 실증분석의 문제일 것이다. 따라서 본 연구는 별도의 가설을 설정하지 않고, 추가 분석을 통하여 각 세부 항목별로 배당정책에 미치는 영향을 살펴보고, 각 항목들 중에 어느 항목이 배당정책에 가장 유의적인 영향을 미치는지 분석하고자 한다. 이를 위해, Vuong test를 이용하여 ESG 통합등급과 개별 항목별 등급 중에 배당의사결정에 유의적인 영향을 미치는 변수를 검증하였다.[27]

III. 연구설계

1. 연구모형

본 연구는 ESG 성과와 배당의사결정의 관계를 검증하고자 선행연구를 참조하여 연구모형 (1)을 설정하였다.

$$DIV_t = a_0 + a_1ESG_t + a_2SIZE_t + a_3ROA_t + a_4LEV_t + a_5CSALE_t \\ + a_6LDIV_t + a_7SRD_t + a_8CFO_t + \Sigma a_jYD_j + \Sigma a_jIND_j + \varepsilon_t \quad (1)$$

여기서,

종속변수

        DIVD(배당더미)

        DIVS(배당률=총배당/매출액),

DIV_t = DIVA(배당률=총배당/총자산),

---

[27] Vuong test는 종속변수가 동일한 두 개의 모형에서 독립변수의 차이가 통계적으로 유의한지 검증하는데 유용한 검증 방법이다. 모형의 설명력인 R^2를 비교함으로써, 독립변수의 통계적 유의성에 차이가 있는지 보여 준다(Vuong 1989).

DIVSC(배당률=현금배당/매출액)
DIVAC(배당률=현금배당/총자산)

독립변수
ESG = ESG 등급(한국기업지배구조원의 ESG 등급)
통제변수
SIZE = 기업규모(총자산의 자연로그 값)
ROA = 총자산수익률(당기순이익/총자산)
LEV = 부채비율(총부채/총자산)
CSALE = 매출액성장률(매출액변동/총자산)
LDIV = 전년도 배당지급여부를 나타내는 더미
SRD = 자기주식취득더미변수
CFO = 여유현금흐름(영업현금흐름/총자산)
ΣYD = 연도별 더미변수
ΣIND = 산업더미변수
ε = 잔차항.

2. 변수의 측정

본 연구는 연구모형의 종속변수인 배당정책은 배당더미와 배당률변수를 이용하였다. 일반적인 배당성향변수는 총배당액을 이익으로 나눈 값으로 측정된다. 그러나 선행연구들은 이익보다는 매출을 사용하는 것이 적절하다고 주장하였다 (La Porta et al. 2000; Brockman and Unlu 2009). 이익정보는 쉽게 조작할 수 있으며, 이는 잘못된 정보를 나타날 수 있다. 또한 이익이 음인 경우에는 배당성향을 측정하는데 있어 정확성이 낮아지기 때문에 배당성향 측정 시 이익보다는 매출로 나누는 것이 적절하다고 보고 있다. 이를 참고하여 본 연구에서는 종속변수를 5가지로 측정하였다.

① 배당더미(DIVD) = 기업이 배당을 지급하였으면 1, 아니면 0
② 배당률(DIVS) = 총배당액/매출액
③ 배당률(DIVA) = 총배당액/총자산
④ 배당률(DIVSC) = 현금배당액/매출액
⑤ 배당률(DIVAC) = 현금배당액/총자산

독립변수인 기업의 ESG 성과는 한국기업지배구조원의 ESG 등급을 이용하였다. 한국기업지배구조원은 2003년 기업지배구조 평가를 시작으로 2011년부터 사회책임과 환경경영이 포함된 ESG 통합 평가[28]를 수행하여 매년 900여 개의 국내 상장회사의 지속가능경영수준을 평가하고 있다. ESG 평가는 기본 평가와 심화 평가로 구성되며, 기본 평가는 환경·사회·지배구조·금융사 지배구조를 기업 특성별로 분류 후 가점 방식을, 심화 평가는 부정적 ESG 이슈에 대한 감점 방식을 적용하고 있으며 최종 등급은 기본 평가 점수 백분율에서 심화 평가 점수 백분율을 차감한 값을 기준으로 산정한다. 기본 평가는 총 18개 대분류, 281개 핵심 평가 항목으로 구성[29]되며, 평가 문항 구성은 다음과 같다.

환경(E)	환경경영, 환경성과, 이해관계자 대응
사회(S)	근로자, 협력사 및 경쟁사, 소비자, 지역사회
지배구조(G)	주주권리보호, 이사회, 감사기구, 공시

---

[28] 한국기업지배구조원의 ESG 평가는 기업의 지속가능경영수준을 점검하고 개선하는데 활용할 수 있도록 지원하는 것을 목적으로 하고 있으며, OECD 기업지배구조 원칙, ISO26000 등 국제 기준에 부합되어 신뢰성이 높고, 국내의 법·경영 환경을 반영하여 개발된 평가모형이라고 할 수 있다.[출처: 한국기업지배구조원 홈페이지]
[29] 민재형·김범석(2019)은 평가 항목이 13개의 대분류, 237개 핵심 평가 항목, 기업가치 훼손 우려가 높은 ESG 관련 이슈를 확인하기 위한 38개의 핵심 평가 항목으로 구성되어 있다고 하였다. 또한, 이정기·이재혁(2020)은 기본 평가가 ESG 각 부문별 총 13

한국기업지배구조원은 각 평가 영역별 모범 규준을 제·개정[30]하고 국제 및 국내 법·제도·규범을 활용하여 지속적인 평가모형 개정과 평가체계 고도화를 하고 있다[31](한국기업지배구조원 ESG 평가 안내 자료). 본 연구는 한국기업지배구조원의 ESG 등급을 이용하여 B 이하이면 1, B+는 2, A는 3, A+는 4로 코딩하였다.[32] 즉 ESG 등급이 높을수록 값이 커지며, ESG 등급이 우수한 기업일수록 배당률이 높다면(낮다면) a_1의 계수값은 유의적인 양(음)의 값을 가질 것으로 예상된다. 또한 배당지급더미를 이용한 로짓분석에서는 ESG 등급이 우수한 기업일수록 배당을 지급하고 있다면 a_1의 계수값이 유의적인 양의 값을 가질 것으로 예상된다.

　통제변수들은 배당의사결정과 관련된 선행연구들이 제시하고 있는 변수들을 포함하였다. 구체적으로 기업규모(SIZE), 수익성(ROA), 부채비율(LEV), 매출액증가율(CSALE), 자사주 매입여부(SRD), 전년도 배당지급여부(LDIV)를 고려하였다. 선행연구에 의하면 기업규모가 배당정책에 유의한 양의 관계가 있음을 보여주고 있으며, 이는 기업규모가 클수록 대리인문제가 커지기 때문이라고 하였다(Jensen et al. 1992). Jensen et al.(1992)은 배당과 수익성과는 양의 관계가 있으며, Baker et al.(2001)은 여유현금흐름과 배당과는 양의 관계가 있음을 제시하였으며, 부채비율과는 음의 관계가 나타남을 보여주었다. 즉, 배당 관련 선행연구들은 기업규모(SIZE)가 크고, 수익성(ROA)이 높고, 여유현금흐름(CFO)이 높은 기업일수록 배당을 지급하려는 경향이 높은 반면에, 부채비율(LEV)이 높은 기업은 배당

　　개의 대분류, 242개의 평가 문항, 심화 평가로 총 35개 평가 항목이 있음을 명시하였다. 이를 통해 ESG 평가의 방법이나 설문 문항 등의 변동이 있음을 추측할 수 있다.
30 기업지배구조 모범 규준 1999년 9월 제정; 2003년 2월 1차 개정; 2016년 8월 2차 개정, 환경 모범규준 및 사회 모범규준 2010년 12월 제정. [출처: 한국기업지배구조원 홈페이지]
31 2021년 3월 10일에는 환경 모범규준, 사회 모범규준 및 기업지배 모범규준(이하 'ESG 모범규준')(안)을 공개하여 실질적으로 평가 자료의 확보가 가능한 일부 기업 위주로 평가 될 수밖에 없는 점 등의 한계점을 보완하고 국내·외 ESG 동향을 반영할 것으로 기대한다.
32 본 연구는 분석에 포함된 기업들의 등급을 이용하여 코딩하였다.

을 지급하지 않을 것으로 주장하였다. 자기주식 취득여부(SRD)는 배당과의 대체적인 효과를 통제하기 위하여 포함하였다. Skinner(2008)는 배당지급 기업들의 자기주식 취득이 급격히 증가함을 발견하였으며, 우리나라 기업들도 배당보다 자사주를 취득하여 소각함으로써 세제 혜택과 주주환원의 효과를 기대하고 있다. 배당의사결정에서 과거 배당행태는 중요한 요인으로 제시되고 있다. Baker et al.(1985)은 전년도 배당지급여부가 배당의사결정에 영향을 미친다고 주장하였으며, Michaely and Roberts(2012)는 상장기업들이 일시적 이익에 대한 배당 변동이 낮으며, 경영자는 지속적으로 일관된 배당행태를 유지함으로써 투자자들에게 좋은 인상을 제공하려고 한다고 주장하였다. 국내 연구결과들도 기업들의 지속적인 배당형태를 제시하고 있으며, 일시적 이익변화가 배당 변동에 미치는 영향이 낮음을 발견하였다(남혜정, 2016). 따라서 본 연구는 이를 반영하기 위하여 전년도 배당지급여부(LDIV)를 포함하였다. 이와 함께 연도별 효과를 통제하기 위하여 연도더미변수를 포함하였다. 통제변수들의 정의는 식 (1)의 하단에 기술하였다.

3. 표본의 선정

본 연구는 2011년부터 2018년까지 12월 결산법인 중 다음에 해당하는 기업을 표본으로 선정하여 진행하였다.

(1) 금융업에 속하지 않는 기업
(2) 12월말 결산 기업
(3) 한국기업지배구조원에서 ESG 자료가 입수 가능한 기업

표본 선정에 있어 위와 같은 사항을 고려한 이유는 다음과 같다. (1)과 (2)는 표본 기업들 간의 결산일과 업종의 차이로 인한 영향을 최소화하고, 표본들 간의 동질성과 비교가능성을 제고하기 위하여 제약사항으로

고려하였다. (3)은 본 연구의 가설을 검증하기 위한 주요변수들이기 때문에 재무 자료가 불충분하거나 측정할 수 없는 기업은 제거하였다. 이외에도 극단치의 영향을 최소화하기 위하여, 모형에 사용된 변수들(더미변수 제외)의 극단치 1%를 표본에서 winsorization한 후 분석에 사용하였다. 이러한 과정을 통하여 최종 표본은 4,753 기업-년도이다.[33] ESG 등급 자료는 한국기업지배구조원에서 발표하는 자료를 이용하였으며, 이용 가능한 자료의 제약으로 분석 기간을 2011년부터 시작하였다. 구체적인 표본 선정 절차는 〈표 1〉과 같다.

〈표 1〉 표본 선정 절차

표본 선정 절차	표본수
비금융업 중 유가증권 시장과 코스닥 시장에 상장된 기업 (2011년부터 2018년)	17,464
재무 자료가 불충분한 기업	(2,649)
ESG 자료가 없는 기업	(9,936)
12월 결산법인이 아닌 기업	(126)
최종 표본수	4,753

IV. 실증분석결과

1. 기술통계량 및 상관관계

본 연구에서 제시한 가설을 검증하기 위하여 사용된 변수들에 대한 기술통계량과 상관관계는 다음과 같다. 〈표 2〉는 2011년부터 2018년까지

---

[33] 로짓분석에 사용된 표본은 4,753개이며, 회귀분석에 사용된 표본은 배당을 지급하지 않은 기업들을 제외한 3,369개이다.

〈표 2〉 기술통계량

Variable	Mean	Std	Min	Q1	Median	Q3	Max
DIVD	0.709	0.454	0.000	0.000	1.000	1.000	1.000
DIVS	0.009	0.015	0.000	0.000	0.004	0.010	0.101
DIVA	0.007	0.010	0.000	0.000	0.004	0.009	0.057
ESG	1.239	0.567	1.000	1.000	1.000	1.000	4.000
SIZE	20.235	1.591	17.276	19.114	20.024	21.116	24.670
ROA	0.017	0.074	−0.333	0.001	0.025	0.053	0.189
LEV	0.473	0.201	0.082	0.315	0.478	0.620	0.934
CSALE	0.026	0.167	−0.634	−0.038	0.024	0.094	0.593
LDIV	0.717	0.451	0.000	0.000	1.000	1.000	1.000
SRD	0.186	0.389	0.000	0.000	0.000	0.000	1.000
CFO	0.046	0.066	−0.147	0.010	0.046	0.083	0.240

주1) 변수 정의 : DIVD=배당더미로 기업이 배당을 지급하였으면 1, 아니면 0; DIVS=배당률(총배당액/매출액); DIVA=배당률(총배당액/총자산); ESG = ESG 등급; SIZE=기업규모(총자산의 자연로그 값); ROA=총자산수익률(당기순이익/총자산); LEV=부채비율(총부채/총자산); CSALE=매출액성장률(매출액변동/총자산); LDIV=전년도 배당지급여부를 나타내는 더미; SRD=자기주식취득더미변수; CFO=여유현금흐름(영업현금흐름/총자산).

주요변수들의 기술통계량을 보여준다. 배당더미인 DIVD의 평균값은 0.709로 표본의 약 70%가 배당을 지급하고 있음을 보여준다. 배당률인 DIVS와 DIVA는 각각 0.009, 0.007이다. 독립변수인 ESG 등급의 평균값은 1.239로 전체 표본의 평균 등급이 B이하인 것을 나타낸다. 통제변수인 부채비율(LEV)의 평균은 0.473으로 총자산에서 차지하는 부채의 비율이 약 47%임을 알 수 있으며 총자산수익률(ROA)의 평균은 0.017로 총자산 대비 약 2%의 수익을 얻음을 알 수 있다. 매출액성장률(CSALE)의 평균은 0.026, 여유현금흐름(CFO)의 평균은 0.046으로 나타났다.

〈표 3〉은 주요변수들의 상관관계를 보여주는 피어슨 상관계수이다. 연

구모형에서 종속변수로 배당의사결정을 나타내는 배당더미 DIVD와 배당률 DIVS는 ESG 등급과 유의한 양의 상관계수를 나타내고 있다. 이는 ESG 성과와 배당지급 및 배당률은 양의 관계가 있음을 보여준다. 즉, 가설1을 지지하는 것으로 판단된다. 그러나 이러한 상관관계는 두 변수간의 단순 상관관계이므로 배당의사결정에 영향을 미치는 다른 요인들을 통제한 다변량 분석을 통하여 가설을 분석해야 할 것이다. 다음으로 주요 변수들을 제외한 통제변수와 종속변수 간의 상관계수를 살펴보면, 기업의 성과를 나타내는 ROA와는 0.50, 0.37로 유의한 양의 관계를 보였다. 또한 배당 관련 선행연구들에서 배당과 부채비율(LEV)이 음의 관계를 가진다는 주장과 동일하게 DIVD와 DIVS 모두 −0.29, −0.38로 유의한 음의 상관계수를 보였다. 이외에도 전년도 배당 여부를 나타내는 LDIV는 DIVD와 0.80으로 가장 높은 상관관계를 보이고 있어, 우리나라도 안정적인 배당행태를 선호함을 알 수 있다.

〈표 3〉 상관관계

	DIVD	DIVS	ESG	SIZE	ROA	LEV	CSALE	LDIV	SRD
DIVS	0.37***	1							
ESG	0.09***	0.10***	1						
SIZE	0.26***	0.03*	0.60***	1					
ROA	0.50***	0.37***	0.07***	0.17***	1				
LEV	−0.29***	−0.38***	0.12***	0.26***	−0.36***	1			
CSALE	0.13***	−0.03**	0.01	0.05**	0.27***	0.03**	1		
LDIV	0.80***	0.32***	0.10***	0.26***	0.41***	−0.27***	0.08***	1	
SRD	0.11***	0.11***	0.01	0.06***	0.09***	−0.06***	0.02	0.11***	1
CFO	0.30***	0.29***	0.13***	0.16***	0.49***	−0.20***	0.09***	0.25***	0.04**

주1) ***, **, *는 각각 1%, 5%, 10% 수준에서 유의함을 의미함.
주2) 변수 설명은 〈표 2〉와 같음.

2. 단변량분석

〈표 4〉는 전체 표본 기업과 배당지급을 한 표본으로 구분하여 ESG 등급별로 종속변수인 배당더미 및 배당률 변수들이 유의한 차이를 보이는지 t-검정을 실시하였다. 패널A는 전체 표본을 대상으로 배당지급 여부에 따라 ESG 성과의 차이가 있는지 살펴보았다. DIVD변수로 구분된 두 그룹 간의 ESG 차이는 유의적으로 나타났다. 배당을 지급한 그룹의 ESG 성과의 평균값은 1.271인 반면에 배당을 지급하지 않는 그룹의 ESG 성과의 평균값은 1.162였다. 두 그룹의 평균값의 차이인 t-value의 값이 6.04로 나타나 배당지급여부에 따라 ESG 성과의 차이가 유의적임을 알 수 있다. 패널B는 배당을 지급한 기업들만을 대상으로 ESG 성과와 배당정책의 관계를 살펴보았다. 분석결과, ESG 등급1과 등급4의 평균값(중간값)의 차이는 통계적으로 유의하지 않았다. ESG 등급이 높아질수록 배당률은

〈표 4〉 단변량분석결과

Panel A: 모든 표본			
	DIVD=1	DIVD=0	t-value
ESG	1.271	1.162	6.04
Panel B: 배당지급 표본			
	DIVS	DIVA	
ESG=4	0.014	0.011	
ESG=1	0.011	0.009	
ESG4-ESG1	0.002	0.002	
t-value	0.53	0.62	

주1) ***, **, *는 각각 1%, 5%, 10%, 수준에서 유의함을 나타냄. t-value는 그룹별 평균값에 대한 차이 분석결과를 나타낸다.
주2) DIVD=배당더미, DIVS=배당률(총배당액/매출액), DIVA=배당률(총배당액/총자산)

증가하는 추세를 보이고 있지만, 양극단 그룹의 배당률 차이에는 통계적 유의성이 나타나지 않았다. 이는 ESG 성과와 배당률 간의 관계가 선형적인 관계라기보다는 일정 수준의 ESG 성과를 가진 기업들의 배당률이 높음을 보여준다고 할 수 있다.

3. 회귀분석결과

〈표 5〉는 배당을 지급한 기업을 대상으로 ESG 성과와 배당의사결정과의 관계를 검증한 회귀분석결과이다. Model 1과 Model 2는 매출액으로 나눈 배당률변수이며, 각각 총배당과 현금배당을 이용한 분석결과이다. Model 3과 Model 4는 총자산으로 나눈 배당률변수를 이용한 분석결과를 보여주고 있다. 분석결과, 모든 종속변수에서 ESG의 계수값이 유의적인

〈표 5〉 가설 1 회귀분석결과

$DIV_t = a_0 + a_1ESG_t + a_2SIZE_t + a_3ROA_t + a_4LEV_t + a_5CSALE_t + a_6LDIV_t + a_7SRD_t + a_8CFO_t + \Sigma a_jYD_j + \Sigma a_jIND_j + \varepsilon_t$

Variables	Model (1) DIVS	Model (2) DIVSC	Model (3) DIVA	Model (4) DIVAC
ESG	0.003*** (2.73)	0.004*** (2.59)	0.002*** (3.57)	0.004*** (3.03)
SIZE	−0.001** (−2.24)	−0.001** (−2.09)	−0.001*** (−4.43)	−0.002*** (−2.81)
ROA	0.036*** (5.89)	0.046*** (5.00)	0.027*** (7.21)	0.040*** (3.72)
LEV	−0.017*** (−7.11)	−0.017*** (−6.36)	−0.008*** (−6.36)	−0.008*** (−4.57)
CSALE	−0.008*** (−5.04)	−0.013*** (−3.58)	−0.001 (−1.53)	−0.004 (−1.57)
LDIV	0.006*** (11.30)	0.006*** (9.78)	0.005*** (14.66)	0.006*** (12.08)

Variables	Model (1) DIVS	Model (2) DIVSC	Model (3) DIVA	Model (4) DIVAC
SRD	0.002** (2.22)	0.002** (2.22)	0.001 (1.51)	0.000 (0.49)
CFO	0.020*** (3.61)	0.021*** (2.70)	0.024*** (7.12)	0.030*** (3.20)
Constant	0.027*** (3.95)	0.033*** (3.54)	0.024*** (5.50)	0.037*** (3.32)
연도더미	포함	포함	포함	포함
산업더미	포함	포함	포함	포함
Adj R^2	0.331	0.240	0.389	0.280

주1) ( )의 수치는 t-value이며, ***, **, *는 각각 1%, 5%, 10%, 수준에서 유의함을 나타냄. t-value는 clustered standard errors(firm-level)를 이용하여 측정하였음.
주2) 변수설명은 〈표 2〉와 같음.

양의 값을 나타내었다. 이는 ESG 성과가 우수한 기업일수록 배당률도 유의적으로 높음을 보여준다. 계수값의 크기를 보면, 총배당 보다는 현금배당을 이용한 변수(DIVSC, DIVAC)의 결과에서 더 크게 나타났다. 이러한 결과는 ESG 성과가 높은 기업일수록 대리인비용을 낮추기 위한 수단으로 배당수준을 높이며, ESG 성과를 바탕으로 주주들에게 기업의 지속가능성을 보내는 신호의 역할을 하고 있는 것으로 보인다. 즉, 가설1을 지지하는 결과로 나타났다. 통제변수들의 결과를 살펴보면, 기업규모(SIZE)가 작을수록, 수익성(ROA)이 높을수록, 그리고 여유현금흐름(CFO)이 높을수록 배당률이 높은 것으로 나타났다.[34]

---

[34] 본 연구는 ESG 성과의 대용치로 경실련 경제정의연구소의 KEJI 자료를 이용하여 가설 1을 재검증하였다. 분석 결과, 모든 모형에서 ESG의 계수값은 양의 값이 나타났으나, 통계적 유의성은 DIVS변수만이 나타났다. 로짓분석의 결과도 이와 유사하게 나타났다. 이는 분석에 사용된 KEJI 자료가 2,000여 개로 평가 자료가 있는 기업이 제한되어

〈표 6〉은 ESG 성과가 배당의사결정에 미치는 영향을 분석하기 위하여 종속변수가 더미변수인 로짓분석결과이다. 분석결과 ESG 성과는 기업이 배당을 지급하는 데 유의한 양의 관계를 가지는 것으로 나타났다. 이는 높은 ESG 성과는 기업의 배당정책에 긍정적인 영향을 미친다는 것을 제

〈표 6〉 가설1 로짓분석결과

$DIV_t = a_0 + a_1ESG_t + a_2SIZE_t + a_3ROA_t + a_4LEV_t + a_5CSALE_t + a_6LDIV_t + a_7SRD_t + a_8CFO_t + \Sigma a_jYD_j + \Sigma a_jIND_j + \varepsilon_t$

Variables	Model (1) DIVD(총배당액)		Model (2) DIVD(현금배당액)	
	추정계수	Z값	추정계수	Z값
ESG	0.472***	3.30	0.374***	2.63
SIZE	0.374***	6.52	0.341***	6.08
ROA	18.689***	13.11	17.539***	12.73
LEV	−1.840***	−4.89	−1.671***	−4.54
CSALE	0.933**	2.49	1.057***	2.87
LDIV	4.380***	33.33	4.313***	33.45
SRD	−0.002	−0.01	0.008	0.05
CFO	2.211**	2.16	1.950*	1.94
Constant	−8.438***	−7.64	−7.806***	−7.23
연도더미	포함		포함	
산업더미	포함		포함	
N	4,753			
Pseudo R²	0.646		0.633	

주1) ***, **, *는 각각 1%, 5%, 10%, 수준에서 유의함을 나타냄.
주2) 변수 설명은 〈표 2〉와 같음.

있기 때문으로 판단된다. 또한 분석에 KEJI 점수를 이용하였는데, 이는 등급변수와 다르기 때문에 본 연구의 ESG 등급변수와 매칭하기는 어려웠기 때문이다.

시한다. 즉, ESG 성과가 우수한 기업일수록 배당을 지급할 것이라는 가설 1을 지지하는 결과이다.

〈표 7〉은 ESG 통합등급을 E(환경), S(사회), G(지배구조)로 구분하여 분석하였다. 각 항목들이 배당의사결정에 미치는 영향을 살펴보고, ESG 통합등급과 비교하여 추가적인 설명력이 있는지 검증하였다. 먼저, ESG 성과에서 어느 항목이 배당의사결정에 유의적인 영향을 미치는지 분석하기 위하여, ESG 등급 대신 각 항목별 등급을 이용하여 식(1)을 재검증하였다. 분석결과, E(환경), S(사회), G(지배구조)의 개별성과도 배당의사결정에 유의적인 양의 영향을 미치는 것으로 나타났다. 각 회귀식의 계수값을 살펴보면, ESG 통합등급을 사용하였을 때에는 0.003(DIVS가 종속변수일 때)이나, E, S, G등급을 사용하였을 때에는 0.001, 0.002, 0.002로 통합등급의 계수값 보다는 낮게 나타났다. 그러나 모든 분석에서 각 등급의 계수값이 통계적으로 유의하게 나타나고 있어, 기업의 사회적 책임 활동 및 건전한 지배구조가 배당의사결정에 긍정적인 영향을 미치고 있음을 보여준다. 이러한 결과는 대체적인 종속변수들을 사용하였을 때에도 일관되게 나타났다.

본 연구는 각 개별 항목들이 ESG 통합등급과 비교하여 모형의 설명력이 통계적으로 유의한지 분석하기 위하여, Vuong test(1989)를 시행하였다.[35] 먼저, DIVS변수를 이용하여 분석한 결과, E(환경)등급은 ESG와 비교하여 통계적으로 유의적인 차이가 있음을 발견하였다. 구체적으로, ESG와 E(환경)를 이용한 회귀분석에서 통계적 유의성을 나타내는 Z값이 2.54로 나타났다. ESG 모형의 설명력은 0.331이며 E(환경)모형의 설명력은 0.328이나, Vuong' z-statistics는 2.54로 그 차이는 통계적으로 유의하였다. 반면

---

[35] Vuong's test는 우도비 검정(likelihood ratio test)을 이용하여 각각의 대체적인 측정치 간 상대적 정보 효과를 비교한다.

〈표 7〉 가설1 추가 회귀분석결과

Panel A : 항목별 회귀분석

Variables	Model (1) DIVS	Model (2) DIVSC	Model (3) DIVA	Model (4) DIVAC
ESG 통합등급	0.003*** (2.73)	0.004*** (2.59)	0.002*** (3.57)	0.004*** (3.03)
E(환경)	0.001** (2.39)	0.002* (1.92)	0.001*** (3.93)	0.002*** (3.35)
S(사회)	0.002** (2.58)	0.003** (2.51)	0.002*** (3.55)	0.003*** (3.24)
G(지배구조)	0.002*** (3.16)	0.003*** (3.00)	0.002*** (4.29)	0.002*** (3.16)

Panel B : Vuong test

	Vuong's Z-statistic	Probability
ESG vs E	2.54	0.011
ESG vs S	1.78	0.075
ESG vs G	−1.07	0.284

주1) ( )의 수치는 t-value이며, ***, **, *는 각각 1%, 5%, 10%, 수준에서 유의함을 나타냄. t-value는 clustered standard errors(firm-level)를 이용하여 측정하였음.
주2) 변수 설명은 〈표 2〉와 같음.

에 S(사회)모형과 G(지배구조)모형의 설명력은 0.331, 0.338로 나타났으나, 두 모형 간의 차이는 각각 유의적이지 않았다. 이는 배당의사결정에 사회적 책임과 지배구조와 관련된 성과가 미치는 영향이 ESG 통합등급과 차별적이지 않은 반면에 환경 관련 성과는 ESG 통합성과와 차별적 영향을 미치고 있음을 보여준다. 따라서 배당의사결정에 영향을 미치는 여러 요소들 중에 환경 관련 활동이 우수한 기업들일수록 배당률이 유의적으로 높음을 알 수 있다. 이러한 결과는 종속변수를 달리하여 분석하여도 일관되게 나타났다.

ESG 성과 중에 E(환경)가 배당의사결정에 유의적으로 나타난 이유를 살펴보면, 한국기업지배구조원의 평가에서 기업들의 환경 관련 활동에 기후 및 저탄소 관련 활동들도 포함돼 있지만, 성과 관리 및 보고와 이해관계자 대응부분도 평가 영역에 포함되어 있기 때문으로 보인다. 즉, 환경 관련 점수가 높은 기업들은 이해관계자들과의 관계에 민감하며, 기업의 성과를 배분하는데 있어서도 관심이 높은 것으로 파악된다. 이는 배당의 사결정이 기업성과의 분배측면뿐만 아니라 장기적인 관점에서 이해관계자들과의 좋은 관계 유지를 위한 방안으로 활용되고 있음을 시사한다.

 선행연구는 ESG의 개별 항목과 기업가치와의 관계에서 E(환경)와 G(지배구조)가 각각 추가적인 영향이 있음을 제시한 반면에(임욱빈 2019; 오상희·이승태 2019), 본 연구는 E(환경)가 배당의사결정에 통계적으로 유의한 요소임을 제시하였다는 점에서 차이가 있다. 이는 개별 항목별로 기업의 주요의사결정에 미치는 영향이 상이하다는 점에서 본 연구의 결과가 배당 관련 연구에 시사점을 제공할 것으로 기대한다.

V. 결론

 오늘날 전 세계적으로 기업의 사회책임투자가 트렌드로 급부상하고 있으며, 기업의 사회적 책임 투자와 경영을 포괄하는 개념인 ESG와 관련한 투자가 확대되고 있다. 기존 비금융업의 경영활동에 활용되었던 ESG에서 더 나아가 금융업계에서도 ESG 중심 경영으로 채권 시장 역량 강화에 나서고 있다. ESG 경영체계는 지속가능경영을 위해 최고의사결정 기구에서 ESG와 연계된 안건을 심의 및 결의하고 외부에 투명하게 공개하는 체계 등으로 사회적 책임을 중요시 하는 것을 말한다.[36] 기업의 ESG 경영

---

36 컨슈머타임즈 "증권업계, ESG 중심 경영…사회책임 투자 ↑", 2021.03.01. 전은경 기자.

체계와 더불어 투자자 역시 ESG 투자를 확대하고 있다.

　사회적으로 기업의 ESG 활동이 증가하는 것과 같이 배당정책 역시 변하고 있다. 기존 배당의사결정이 주주 자본주의(주주 우선주의)에 의한 기업성과 배분이었다면, 현재는 이해관계자 자본주의를 바탕으로 주주 이외의 소비자, 근로자, 지역사회 등 모든 이해관계자를 아울러 기업성과 배분을 고려하는 배당정책이 등장하고 있는 것이다. 본 연구는 사회적 책임 활동이 이해관계자 자본주의와도 밀접한 관련을 가진다고 판단하여 ESG가 배당정책에 어떠한 영향을 미치는지 알아보고자 하였다. 본 연구는 대리인이론 및 신호이론 관점에서 접근하였고, ESG 성과와 배당정책간의 관계가 양의 관계를 가질 것으로 예상했다. 또한 배당의사결정을 나타내는 대용치에 따라 분석결과가 달라질 수 있음을 보여준 선행연구(La Porta et al. 2000; Brockman and Unlu 2009)를 참고하여 배당 여부를 나타내는 더비변수 외에 배당률을 4가지로 측정하여 분석하였다. 실증분석결과 4가지 배당률 모두 ESG 등급과 유의적인 양의 관련성을 가졌다. 이러한 연구결과는 ESG 활동이 우수한 기업들은 과대 투자를 억제하는 수단으로 대리인비용을 낮추기 위하여 배당정책을 이용하고 있으며, ESG 등급이 높은 기업일수록 주주들의 권리를 보호한다는 신호로 높은 배당정책을 이용하고 있음을 의미한다. 이는 ESG 평가등급을 가지고 있는 한정된 기업들이 기업문화, 기업규모, 기업성과, 기업구조 등으로 가지는 특성일 수 있고, 국내 전체 기업들 중 ESG 등급을 가진 기업들이 상대적으로 상향평준화되어 나타난 결과일 수도 있다. 반면, ESG 자율공시 활성화 및 의무 공시와 같은 ESG 관련 이슈가 급증하는 시대적·사회적 상황에 따라 기업이 사회적 책임성을 제고한다면 이해관계자 자본주의를 확대하여 ESG 관련 활동에 기업성과를 배분하고자 하는 소극적인 배당정책을 펼칠 수 있어 음의 관련성이 나올 수도 있을 것이다.

　한편 ESG 항목 중에 E(환경) 항목이 배당정책에 추가적인 영향을 미친다는 본 연구의 결과는 ESG 성과가 기업의 주요의사결정에 차별적인 영향을 미칠 수 있음을 시사한다.

본 연구는 ESG 관련 선행연구결과들이 혼재되어 있는 상황 속에서 ESG와 배당정책과의 관계에 대한 실증 결과를 제시하였다는 점에서 의의가 있다. 최근 기후변화 관련 재무정보 공시의 의무화 및 ESG 펀드에 대한 관심이 높아지면서 ESG 활동들이 기업의 주요 의사결정에 중요한 영향을 미칠 것으로 예상된다. 나아가 감사 분야에도 ESG 활동에 대한 감사요구가 높아질 것이다.[37] 본 연구의 결과가 ESG 활동이 기업의 주요 의사결정 및 투자자들의 의사결정에 미치는 영향을 살펴보는데 유용한 정보로 활용될 수 있기를 기대한다.

 재무제약 하에서 최대주주가 배당정책에 미치는 영향
– 중소기업을 대상으로*

I. 서론

배당의사결정에 영향을 미치는 변수들에 대한 연구는 오랜 동안 활발하게 진행되어 왔으며, 많은 연구들이 기업의 배당정책에 지배구조가 중

---

[37] 현재 기후변화에 대한 대응노력을 수치화 하여 재무보고에 포함하는 노력이 진행되고 있으며, 글로벌 ESG 투자 확대로 비재무 정보 요구도 증가되고 있다. 영국의 경우 2021년 기후변화협약 당사국 총회를 개최 예정이며, 2025년까지 기후변화 관련 재무정보 공시를 의무화할 계획이다. 또한 글로벌 기관투자자들은 2020년부터 화석연료 매출이 25%를 넘는 기업들은 투자 대상에서 배제하기로 결정하였으며, JP Morgan은 산림 파괴 및 북극 개발 등에 연루된 기업에 투자를 금지하고 있다.

* 중소기업연구(2017, 남혜정)에 게재된 논문입니다.

대한 영향을 미치고 있음을 제시하였다(Zeckhauser and Pound, 1990; Eckbo and Verma, 1994; La Porta, Lopez-de-Silanes, Shleifer and Vishny, 2005 등). 일반적으로 배당정책은 대리인비용의 감소와 외부 조달에 따른 자본비용 증가라는 두 측면을 함께 고려하여 결정된다. 배당 관련 연구들은 지배구조가 중요한 요인임을 제시하면서 기업의 재무 상태에 따라 지배구조가 배당정책에 미치는 영향은 달라질 수 있음을 주장하고 있다. Chae, Kim, and Lee(2009)는 기업의 지배구조가 좋더라도 외부자본 조달 상의 제약이 높은 기업은 외부자본 조달에 따른 자본비용을 감소시키기 위하여 배당을 감소시킨다고 주장하였다. 이는 기업의 지배구조의 특성에 따라 배당정책에 미치는 영향이 상이할 수 있음을 보여준다.

많은 이해관계자들을 가진 대기업과 달리 중소기업은 소유경영자의 의사결정이 기업의 경영 정책에 미치는 영향이 높은 편이다. 즉, 상대적으로 소수의 이해관계자들을 가진 중소기업의 경우에는 전문경영인 체제보다는 소유경영인 체제로 운영되며,[38] 경영자의 사적이익 추구를 모니터링할 지배구조가 미약한 편이다. 따라서 중소기업의 배당지급 의사결정은 경영자와 주주들 간의 이해상충을 해소하기 위한 유인보다는 경영자의 사적이익 추구를 위한 유인이 높을 것이며, 이는 배당을 축소하는 경향으로 나타날 수 있다. 반면에 중소기업의 소유경영자가 주주와의 신뢰를 확보하고 외부 주주들과의 대리인문제를 감소시키기 위하여 배당정책을 이용할 유인도 있다. 특히 중소기업의 경우에는 외부 주주와의 의사소통을 위한 채널이 다양하지 않고, 이로 인하여 소유경영자와 외부 주주와의 정보비대칭이 높아질 수 있기 때문에 경영자는 배당을 통하여 기업의 미래성과에 대하여 외부 주주들에게 알리고자 하는 유인이 높을 것이다.

---

[38] 통계청에 의하면, 우리나라 중소기업의 지배구조 특성으로 오너경영인 체제가 98%이며, 전문경영인 체제는 2%로 나타나고 있다(2014).

일반적으로 지배구조와 배당정책에 대한 연구들은 이익침해가설과 이해일치가설로 대비되는 실증결과들을 제시하고 있으나(Rozeff, 1982; Crutchley and Hansen, 1989; Jensen, Solberg, and Zorn, 1992 등), 중소기업은 소유경영자가 최대주주인 경우가 높기 때문에 기업 이익을 침해하기 보다는 대리인비용을 감소시키고, 외부 소액 주주와의 갈등을 완화하기 위하여 배당을 선호할 것으로 예상된다. 또한 대기업과는 달리 중소기업은 소유경영자인 최대주주[39]가 기업의사결정에 미치는 영향이 매우 높을 수 있음에도 불구하고 중소기업의 지배구조 특성이 배당정책에 미치는 영향에 대한 연구는 미미한 상황이며, 이에 대한 이슈는 실증분석이 필요할 것이다. 본 연구는 중소기업을 대상으로 최대주주가 배당정책에 미치는 영향을 검증하였다. 먼저 중소기업의 배당의사결정에 최대주주의 지분율이 미치는 영향을 분석하였으며, 나아가 최대주주지분율과 배당정책 간의 관계를 재무제약을 고려하여 분석하였다. 즉, 중소기업의 재무제약 하에서 최대주주가 배당의사결정에 미치는 영향을 살펴봄으로써, 중소기업의 지배구조가 배당의사결정에 미치는 영향을 분석하였다. 2001년부터 2015년까지의 3,573 기업-년도 표본을 이용하였으며,[40] 분석결과, 최대주주지분율이 높은 중소기업일수록 시가배당률과 배당수익률이 높음을 발견하였다. 이는 배당정책에 대한 선행연구결과와 일관된 것으로, 중소기업도 최대주주지분율이 높을수록 배당을 확대함으로써 외부 주주와의 대리인비용을 감소시키려는 유인이 있음을 보여준다. 재무제약 하에서 최대주주와 배당정책과의 관계를 분석한 결과는 유의하게 음의 값

---

[39] 최대주주란 주주 등 1인과 그 특수 관계인이 보유 주식을 합하여 그 보유 주식 등의 합계가 가장 많은 경우에 해당하는 주주 등 1인과 그 특수 관계인을 말한다.
[40] 본 연구에서는 Kis-Value database에 근거하여 대기업과 중소기업을 구분하였다. Kis-Value database에 의하면, "중소기업기본법 시행령"에서 기업의 자본금/매출액/종업원 수를 그 기업이 속한 업종별로 기준을 달리 적용하여 중소기업/대기업 여부를 구분하도록 명시하고 있으며, 이를 근거로 대기업/중소기업 여부를 판단하였다고 기술되어 있다.

을 나타내었다. 이러한 결과는 최대주주가 재무제약 하에서는 배당정책을 축소함으로써, 장기적으로 기업가치를 훼손하지 않는 범위에서 배당정책에 영향을 미치고 있음을 알 수 있다. 또한 재무제약과 배당은 음의 관계로, 예상과 일관되게 재무제약 하에서는 중소기업도 배당정책을 축소하려는 경향이 있음을 보여준다. 이는 재무제약이 높은 기업일수록 배당재원에 대한 제약으로 배당을 지급하지 않는다는 선행연구결과와 일관된다.

II. 선행연구 검토 및 가설 설정

1. 배당의사결정과 최대주주에 대한 연구

배당에 대한 연구는 오랫동안 진행되어 왔으며, 대부분의 연구들이 배당을 지급하는 기업들을 대상으로 분석하였다. 배당신호가설에 의하면, 배당지급은 경영자와 투자자 간의 정보비대칭문제를 완화시켜주며, 경영자는 일반투자자들보다 기업의 미래성과에 대한 우월한 정보를 가지고 있기 때문에 이를 시장에 알리기 위하여 배당지급을 결정한다. 따라서 배당이 증가할수록 기업의 미래성과에 대한 좋은 신호로 여겨진다(Nissim and Ziv, 2001). 그러나 한편으로는 배당의 증가는 기업의 투자 감소로 해석될 수 있기 때문에 일반적으로 배당의사결정은 배당지급을 통한 대리인비용의 감소와 자본조달비용의 증가를 최소화 하는 수준에서 결정될 것이다. 따라서 배당의사결정에는 여러 가지 요인들이 영향을 주며, 선행연구들도 배당의사결정에 영향을 미치는 변수들로 미래경영성과에 대한 전망뿐만 아니라 경영자의 선호, 현금흐름, 기업의 지배구조 등 다양한 변수들을 제시하고 있다.

특히 기업의 배당의사결정이 지배구조에 영향을 받는다는 선행연구들의 결과가 많이 제시되고 있으며(Zeckhauser and Pound, 1990; Eckbo and Verma, 1994), 우리나라의 경우에는 외국인투자자의 비율이 높을수록 배당지급이 유의적으로 높다는 결과들이 제시되고 있다. 반면에 박경서·이은정(2006)은 수익성이 좋은 기업의 경우 외국인지분율의 증가가 오히려 배당을 유의적으로 줄이는 효과가 있음을 제시하고 있다. 이와 함께 배당의사결정에 최대주주의 영향이 높음을 주장하고 있다. 국외 연구에서는 기관투자자의 비중이 높을수록 배당을 많이 하고 있음을 보여주고 있다. Eckbo and Verma(1994)와 Zeckhauser and Pound(1990)는 기관투자자가 기업의 감시자의 역할을 할 수도 있지만 배당을 통하여 현금흐름이 배분되는 것을 선호한다고 주장하였다. 지배구조와 배당정책에 대한 연구들을 살펴보면, Jensen and Meckling(1976)은 지배구조가 좋지 않은 기업의 경영자는 사적이익을 추구하기 위하여 사내유보를 늘리고 배당을 축소하는 경향이 있음을 보고하였다. 반면에 La Porta et al.(2005)은 지배구조가 좋은 않은 기업의 경영자는 주주의 신뢰를 확보하기 위하여 배당정책을 이용할 유인이 있음을 제시하였다. 이는 기업의 지배구조가 배당정책에 미치는 영향은 양립 가능한 방향으로 전개될 수 있으며, 지배구조의 특성에 따라 배당정책이 달라질 수 있음을 시사한다. 일반적으로 다수의 이해관계자들을 가진 대기업의 경우에는 경영자의 사적이익 추구유인으로 배당감소 요인과 경영자와 주주들 간의 이해상충을 감소시키기 위한 배당증대 요인이 고려되어 기업의 최적 배당정책이 결정될 것이다. 반면에 중소기업의 지배구조는 대기업과는 달리 소수의 이해관계자들을 가지고 있기 때문에 중소기업의 지배구조와 배당의사결정은 사전적으로 방향을 예단하기 어려운 주제이다.

2. 가설 설정

일반적으로 배당정책은 기업규모가 크고, 분산된 지배구조를 가진 기업일수록 대리인문제가 발생하기 때문에 배당을 확대하는 경향이 있는 것으로 보고되고 있다(Jensen et al., 1992). 대리인문제를 이해하는데 있어 국외 연구들은 경영자와 소유주 간의 대리인문제(즉, 전문경영자와 외부 소액주주 간의 관계)에 중점을 두고 있으나, 우리나라를 포함한 동아시아 국가에서는 소유경영자와 외부 소액주주 간의 대리인문제가 더욱 중요한 이슈가 되고 있다. Shleifer and Vishny(1986), La Porta et al.(2000)은 이러한 소유경영자와 외부 주주들 간의 대리인문제를 해소하기 위하여 기업은 배당을 지급하려는 유인이 있으며, 배당지급이 대리인 갈등을 완화시키는 역할을 한다고 주장하였다. 국내 연구를 살펴보면, 육근효(1989)는 최대주주지분율과 배당은 음의 관계가 있으며, 박경서·이은정·이인무(2006)는 외환위기 이전에는 대주주지분율과 외국인지분율은 배당과 유의한 양의 관계를 나타내었으나, 외환위기 이후에는 이러한 관계가 유의하지 않음을 발견하였다. 이러한 국내 연구결과는 최대주주지분율과 배당과의 관계가 여전히 혼재되어 있음을 보여준다.

그러나 대부분의 연구들이 대기업을 중심으로 진행되었으며, 중소기업을 대상으로 배당의사결정과 지배구조에 대하여 분석한 연구는 미미한 편이다. 국외 연구들은 가족기업(family firms)과 비상장기업(private, unlisted firms)의 지배구조에 대한 연구들이 진행되었으며, 상장 중소기업에 대한 연구는 미미하다. 따라서 본 연구의 표본인 상장 중소기업의 관점에서 지배구조와 배당의사결정 간의 관계를 살펴보기 위하여 가족기업 관련 선행연구들을 고찰하였다. 가족기업(family firms)과 관련된 국외 연구들은 소유경영자일수록 기업의 성과가 우수하며(Anderson and Reeb, 2003; Kowalewski, Talavera, and Stetsyuk, 2010), 이는 대리인비용을 낮추는 역할을 하고 있다고 주장한다. 따라서 가족기업일수록 배당을 지급하지 않을 것으로 예상하였다. Gonzalez, Guzman, and Pombo(2014)는 콜롬비아의 가족기업을 대상으로 분석한 결과, 소유경영자는 가족기업의 배당의사결정에 미치는 영향이 미미하며, 가족 중심의 지배구조를 가진 기업일수록 배당을 적게 하고 있음을 발견하였다. 반면에 소유경영자가 반드시 대리인비용을 낮추는 것은 아니며, 오히려 소수주주의 희생으로 사적이익을 추구할 수 있기 때문에 배당정책에도 영향을 미칠 수 있다(Demsetz, 1983; Morck, Shleifer, and Vishny, 1988). 또한 Hu and Kumar(2004)는 경영자의 지분이 높을수록 배당지급에 유의적인 영향이 있음을 발견하였으나, 외부 최대주주와 이사회의 독립성은 유의적이지 않았다. 특히 이러한 관계는 기업규모에 따라 달라짐을 보여주었다.

국내 연구로는 신민식·김수은(2008)이 중소기업의 소유 집중도와 배당정책을 분석하였으며, 분석결과 대주주들의 소유 집중도가 증가할수록 배당지급을 적게함을 발견하였다. 이문영(2013)은 대기업과 중소기업의 배당정책을 이사회 특성에 따라 분석하였는데, 대기업의 경우에는 이사회의 전문성이 높을수록 배당과 유의한 양의 관계를 보였으나, 중소기업에서는 이러한 관계가 약해졌다. 이는 지배구조의 특성이 배당의사결정에 미치는 영향이 대기업과 중소기업에서 다르게 나타날 수 있음을 보여준다.

지배구조와 배당정책에 대한 선행연구들은 두 가지 상반된 방향에 대한 결과들을 제시하고 있다. 최대주주지분율이 높을수록 기업에 대한 영향력이 높아지고, 개인의 사적 효용 증대를 위해 배당 보다는 사내 유보를 선호할 수 있다(이익침해가설). 반면에 최대주주지분율이 높을수록 외부 소액주주와의 대리인 갈등을 완화하기 위하여 배당 확대를 선호할 수 있다(이해일치가설). 이러한 상반된 주장을 중소기업의 지배구조 특성과 결합하여 살펴본다면, 중소기업의 경우 최대주주가 소유경영자인 경우가 많기 때문에 기업이익을 침해하기 보다는 대리인비용을 감소시키고, 외부 소액주주와의 갈등을 완화하기 위하여 배당을 선호할 것으로 예상된다.[41]

---

[41] 최대주주가 이해일치가설 측면에서 배당을 확대하기 보다는 이익침해가설 측면에서

이러한 논의를 바탕으로 본 연구는 최대주주가 배당정책에 미치는 영향을 검증하기 위한 가설을 다음과 같이 설정하였다.

> **가설 1** 최대주주지분율이 높을수록 배당을 지급할 것이다.

강형철·박경서·장하성(2006)은 우리나라 기업의 소유 구조는 기업경영에 참여하는 소유주(지배주주)에 의하여 직·간접적으로 지배되고 있으며, 지배주주가 경영 활동에 미치는 영향은 매우 높다고 주장하였다. 최대주주가 기업의 경영 활동에 어떠한 영향력을 미칠 것인지에 대해서는 최대주주와 외부 소액주주 사이의 대리인문제에 따라 달라질 수 있다. 바로 외부 소액주주와의 이해일치가설과 외부 소액주주에 대한 이익침해가설이다. 이해일치가설에 의하면, 최대주주는 자신의 지분이 높은 기업에 대하여 경영자에 대한 감시자로서의 역할을 충실히 수행하려고 하며, 최대주주지분율이 높을수록 내부 정보 획득에 대한 유인과 능력이 증가하게 되어, 기업가치를 높이는 방향으로 행동을 유도한다(문상혁·이화진·지현미, 2006).

이익침해가설에 의하면, 최대주주는 외부 소액주주의 입장에서 경영자를 적극적으로 감시, 통제하기 보다는 개인의 효용을 극대화하려는 유인을 가진다. Claessens, Fan, and Lang(2006)은 동아시아의 상장기업들을 분석하여 최대주주는 자신의 이익추구를 위해 소액주주의 이익을 침해할 유인이 있음을 주장하였으며, La Porta et al.(2000)은 법률적 규제가 약한

배당을 선호한다는 논리도 가능하다. 실무적인 측면에서는 배당소득을 기대하는 투자자들은 최대주주의 지분이 큰 기업을 선택하는 경향이 높은데, 이는 최대주주지분율이 높으면 배당소득 대부분을 최대주주가 가져가며, 배당소득 증대 세제를 통한 세금 혜택도 받을 수 있으므로 배당을 선호한다는 주장이다(중앙일보, 2015.10.20.). 이는 최대주주가 외부 소액주주와의 이해일치가설이라기보다는 개인의 사적 이익을 위하여 배당을 선호한다는 주장이다.

나라에서는 이러한 현상이 증가함을 보여주었다.

본 연구는 재무제약이라는 특수 상황에서 최대주주지분율이 높은 중소기업이 사적인 이익을 추구하기 위하여 배당을 확대하는지, 아니면 기업가치를 높이는 방향으로 의사결정하여 배당을 축소하는지 검증하였다. 중소기업은 대기업과는 달리 소수의 지배주주가 영향을 미치고 있으며, 이들의 영향력은 상대적으로 매우 높다. 일반적으로 중소기업에 있어서 최대주주는 단지 지배주주가 아닌 기업의 소유주로서 역할을 수행하고 있다. 이는 최대주주로서 기업의 장기적 가치에 관심을 가지며(김성혜·이아영·전성빈, 2012), 나아가 기업가치를 훼손하지 않는 의사결정을 할 유인이 높을 것이다. 비록 중소기업의 최대주주가 재무제약 하에서 배당의사결정에 어떠한 영향을 미치는지에 대한 선행연구결과가 부족하지만, 본 연구는 일반적으로 중소기업의 최대주주는 소유주로서의 역할도 하고 있다는 지배구조 특수성을 고려하여 가설2를 다음과 같이 설정하였다.

> **○ 가설 2** 재무제약 기업의 경우, 최대주주지분율과 배당정책은 음의 관계를 가질 것이다.

III. 표본 및 연구 방법

1. 연구모형 및 주요변수

본 연구는 중소기업의 배당정책에 최대주주가 미치는 영향을 검증하기 위하여, 다음과 같은 모형을 이용하였다. 식(1)의 종속변수는 배당정책에 대한 대용치로, 배당수익률을 사용하였다. 일반적으로 배당률은 주식 액면가를 기준으로 계산되지만, 배당수익률은 주식의 시장가치인 주가를 기준으로 계산되기 때문에 상장기업의 경우에는 배당률만으로 배당정책을 판단하기에는 미흡하다.[42] 따라서 본 연구는 최대주주가 중소기업의 배당정책에 미치는 영향을 분석하기 위하여 배당수익률변수를 사용하였으며, *DIV*는 분자로 현금배당금, *SDIV*는 보통주 현금배당금을 이용하였다.

관심변수는 최대주주지분율로, *LAR*, *BLAR*, *GLAR*의 세 개의 변수를 사용하였다.[43] *LAR*는 최대주주지분율변수이며, *BLAR*는 최대주주지분율의 평균값보다 크면 1, 아니면 0인 더미변수, *GLAR*는 최대주주지분율을 5개의 그룹으로 나누어 그룹 더미화한 변수이다. 최대주주지분율이 높은 경우에 배당의사결정에 미치는 영향도 더 커질 것으로 예상하여 지분율 변수와 함께 *BLAR*과 *GLAR*를 사용하였다.

$$DIV(SDIV) = a_0 + a_1 LAR_t + a_2 TR_t + a_3 SIZE_t + a_4 ROA_t + a_5 LEV_t \\ + a_6 CASH_t + a_7 CFO_t + a_8 SRD_t + a_9 LDIV_t + \Sigma a_j IND_j + \Sigma a_j YD_j + \varepsilon_t \quad (1)$$

여기서,

DIV = 배당수익률(현금배당금/시가총액)

SDIV = 배당수익률(보통주현금배당금/시가총액)

LAR = 최대주주지분율

TR = 재무제약(유상증자 더미변수)

SIZE = 기업규모(총자산의 로그값)

ROA = 총자산이익률(당기순이익/총자산)

LEV = 부채비율(총부채/총자산)

CASH = 현금비중(현금및현금성자산/총자산)

---

[42] 상장 등록 법인은 2003년부터 배당을 공시할 때 시가배당률을 명시하도록 요구하고 있다.
[43] 많은 선행연구에서 대주주 또는 최대주주지분율을 이용하여 기업 지배구조를 측정하였다(박종일, 2003 외 다수).

CFO = 여유현금흐름(영업현금흐름/총자산)
SRD = 자기주식 취득 더미변수
$LDIV$ = 전년도 배당지급여부를 나타내는 더미변수
ΣIND = 산업별 더미변수
ΣYD = 연도별 더미변수
ε = 잔차항.

가설2를 검증하기 위하여 식(2)를 이용하였다. 여기서 TR은 재무제약을 나타내는 측정치로, 당해에 유상증자를 하였으면 1, 아니면 0으로 코딩한 더미변수이다. 본 연구는 기업의 재무제약에 대한 대용치로 유상증자 여부를 이용하였다.[44] 선행연구에 의하면, 신주로 자본조달 시 발행비용(인수 수수료, 인쇄 비용 등)이 발생하며, 대기업보다 중소기업일수록 발행 비용이 크게 발생한다. 이는 중소기업에 있어 유상증자를 통한 자금조달이 대기업과 비교하여 비용이 수반되며, 유상증자를 하였다는 것은 그만큼 재무제약 하에 있다는 것을 보여준다. 일반적으로 재무적으로 어려움이 있는 기업들이 유상증자를 통하여 자본조달을 하기 때문에, 유상증자를 한 기업은 재무제약에 있는 기업을 나타낸다. 따라서 재무제약 하에서 기업은 배당 확대 보다는 사내유보 혹은 저배당정책이 현실적일 것이다.

---

[44] 유상증자란 회사 설립 이후 발행예정 주식 총수의 범위 내에서 유상으로 신주를 발행하여 자본금을 증가시키는 것을 말한다. 기업은 자금 조달을 위하여 은행차입이라는 간접 금융과 회사채 발행 및 주식의 발행이라는 직접 금융을 활용한다. 유상증자는 기업 입장에서 자본금의 증가와 함께 실질적인 자산의 증가를 가져오기 때문에 기업에서 자본 조달 시 선호하는 방법이다. 재무제약에 대한 선행연구들은 재무제약에 대한 대용치로 회사채 신용등급과 기업규모를 이용하기도 한다. 그러나 중소기업의 경우에는 기업규모가 작고, 회사채 발행이 상대적으로 어렵기 때문에 신용등급 정보를 신뢰하기 어렵다. 또한 일반적으로 기업은 재무적 어려움을 해소하기 위하여 유상증자를 실시하기 때문에 유상증자를 한 기업일수록 재무제약이 있음을 나타내고 있다.

본 연구는 유상증자를 실시한 기업은 자본조달이 필요한 상황으로 판단하였으며, 재무제약의 대용치로 유상증자 여부를 이용하였다. 구체적으로 유상증자를 한 기업일수록 재무제약으로 인하여 배당을 지급하지 않을 것으로 예상하였으며, 최대주주지분율이 높을수록 재무제약 하에서 배당정책이 어떠한 영향을 받는지 검증하였다.

$$DIV(SDIV)_t = a_0 + a_1 LAR_t + a_2 TR_t + a_3 LAR \times TR_t + a_4 SIZE_t +$$
$$a_5 ROA_t + a_6 LEV_t + a_7 CASH_t + a_8 CFO_t + a_9 SRD_t + a_{10} LDIV_t \quad (2)$$
$$+ \Sigma a_j IND_j + \Sigma a_j YD_j + \varepsilon_t$$

배당정책에 영향을 미치는 통제변수들은 배당 선행연구들이 제시하고 있는 변수들을 포함하였다.[45] 구체적으로 기업규모(SIZE), 부채비율(LEV), 수익성(ROA), 현금보유비율(CASH), 여유현금흐름(CFO), 자사주 매입여부(SRD), 전년도 배당지급여부(LDIV)를 고려하였다. 선행연구에 의하면 기업규모가 배당정책에 유의한 양의 관계가 있음을 보여주고 있으며, 이는 기업규모가 클수록 대리인문제가 커지기 때문이라고 하였다(Jensen et al., 1992). Jensen et al.(1992)은 배당과 수익성과는 양의 관계가 있으며, Baker, Veit, and Powell(2001)은 여유현금흐름과 배당과는 양의 관계가 있음을 제시하였으며, 부채비율과는 음의 관계가 나타남을 보여주었다. 즉, 배당 관련 선행연구들은 기업규모(SIZE)가 크고, 수익성(ROA)이 높고, 여유현금흐름(CFO)이 높은 기업일수록 배당을 지급하려는 경향이 높은 반면에, 부채비율(LEV)이 높은 기업은 배당을 지급하지 않을 것으로 주장하였다. 현금보유비율(CASH)은 배당지급 능력을

---

[45] Baker et al.(2001)은 나스닥시장의 상장기업들은 린트너(1956)의 배당모형에 따라 배당지급을 결정하며, 대기업의 배당 결정 요인들이 나스닥 시장의 중소기업에도 적용될 수 있다고 주장하였다.

통제하기 위하여 포함하였으며, 자기주식취득여부(SRD)는 배당과의 대체적인 효과를 통제하기 위하여 포함하였다. Skinner(2008)는 배당지급 기업들의 자기주식취득이 급격히 증가함을 발견하였으며, 우리나라 기업들도 배당보다 자사주를 취득하여 소각함으로써 세제 혜택과 주주환원의 효과를 기대하고 있다. 마지막으로 과거 배당행태를 반영하기 위하여 전년도 배당지급여부(LDIV)를 포함하였다. 전년도 배당지급여부가 배당의 사결정에 영향을 미친다는 Baker et al.(1985)의 주장과 함께, Michaely and Roberts(2012)는 상장기업들이 일시적 이익에 대한 배당 변동이 낮으며, 현재의 성과가 나쁘더라도 경영자는 지속적으로 일관된 배당행태를 유지함으로써 투자자들에게 미래성과에 대한 좋은 인상을 제공하려고 한다고 주장하였다. 특히 국내 연구에서도 기업들의 배당행태가 지속적인 경향을 보이며, 일시적 이익변화에 대한 배당 변동이 낮음을 발견하였다(남혜정, 2016). 따라서 과거 배당행태가 배당의사결정에 유의적인 영향을 미칠 것으로 예상하였으며, 전년도 배당지급여부를 통제변수로 포함하였다. 이와 함께 연도별 산업별 효과를 통제하기 위하여 연도 및 산업더미변수들을 포함하였다. 통제변수들의 정의는 식(1)의 하단에 기술하였다.

2. 표본의 선정

본 연구는 2001년부터 2015년까지 거래소(유가증권, 코스닥)에 상장되어 있는 기업 중 다음의 제 요건을 만족시키는 중소기업을 표본으로 선정하였다.

(1) 12월 결산법인
(2) 금융업에 포함되지 않는 기업
(3) 한국신용평가(주)의 Kis-Value II에서 필요한 재무 자료가 입수 가능한 기업

기업 간 비교 가능성을 높이기 위해 동일한 결산월인 조건1 기업으로

한정하였다. 조건2는 재무제표의 양식, 계정 과목의 성격 등이 일반 제조업과 상이할 수 있기 때문에 금융업을 제외하였다. 조건3은 본 연구의 모형식에 종속변수를 측정하기 위해서는 배당정보가 필요하며, 포함된 기업들의 재무제표 정보를 한국신용평가(주)의 Kis-Value II에서 추출하였기 때문에 포함하였다. 중소기업에 대한 정의는 Kis-Value의 중소기업 구분에 따라 선정하였다. 또한 극단치(outliers)의 영향을 최소화하기 위하여, 모형에 사용된 변수들(더미변수 제외)의 극단치 1%를 표본에서 winsorization한 후 분석하였다. 이러한 과정을 통해 본 연구에 사용된 최종 표본은 3,573기업-년도이다.

Ⅳ. 실증분석결과

1. 기술통계량 및 상관관계 분석

〈표 1〉은 주요변수들의 기술통계량을 보여준다. 배당수익률(DIV, SDIV)의 평균값은 각각 0.024와 0.026으로 나타났으며, 최대주주지분율은 약 44%이다. 이는 상장기업을 대상으로 분석한 선행연구들이 제시한 20~30%대 보다 높은 수준이다. 또한 유상증자를 실시한 중소기업의 비중은 16%이며, 부채비율은 32%로 높게 나타났다. 흥미로운 것은 약 80%의 중소기업이 전년도에 배당을 실시한 것으로 나타나, 중소기업도 과거 배당행태를 유지하려는 경향이 높은 것으로 보인다.

〈표 2〉는 주요변수들의 상관계수를 나타내고 있다. 관심변수인 최대주주지분율과 배당정책과의 관계는 유의적인 양의 관계를 보이고 있어, 최대주주지분율이 높을수록 배당수익률이 유의하게 높음을 알 수 있다. 또한 재무제약과 배당정책은 유의적인 음의 관계를 나타내고 있어, 재무제약이 있는 기업일수록 배당수익률이 낮음을 알 수 있다. 전반적으로 변수

〈표 1〉 주요변수들의 기초 통계량

변수	평균	최소값	중위수	최대값	표준편차
DIV	0.024	0.000	0.018	0.238	0.020
SDIV	0.026	0.000	0.020	0.240	0.022
LAR	0.444	0.048	0.435	1.000	0.149
TR	0.163	0.000	0.000	1.000	0.369
SIZE	17.950	16.412	17.937	19.940	0.668
ROA	0.064	−0.064	0.058	0.229	0.053
LEV	0.324	0.048	0.301	0.715	0.172
CASH	0.097	0.002	0.070	0.450	0.089
CFO	0.073	−0.150	0.067	0.319	0.083
SRD	0.215	0.000	0.000	1.000	0.411
LDIV	0.813	0.000	1.000	1.000	0.390

주) 변수 정의: DIV=배당수익률(현금배당금/시가총액), SDIV=배당수익률(보통주현금배당금/시가총액), LAR=최대주주지분율, TR=재무제약(유상증자 더미변수), SIZE=기업규모(총자산의 로그값), ROA=총자산이익률, LEV=부채비율(총부채/총자산), CASH=현금비중(현금및현금성자산/총자산), CFO=여유현금흐름(영업현금흐름/총자산), SRD=자기주식취득 더미변수, LDIV=전년도 배당지급더미변수.

들 간의 상관관계가 매우 높은 것은 없다고 판단되어 다중공선성의 문제는 크지 않을 것으로 판단하였다.

〈표 3〉은 최대주주지분율에 따른 배당변화를 보여준다. 먼저 최대주주지분율을 기준으로 다섯 개의 그룹으로 나누었으며, 각 그룹별 DIV와 SDIV를 파악하였다. 〈표 3〉에 나타나듯이, 최대주주지분율이 증가할수록 DIV와 SDIV가 비례적으로 증가하고 있어, 중소기업의 최대주주지분율이 배당정책에 유의적인 변수임을 알 수 있다. 또한 최대주주지분율이 가장 큰 그룹(G5)과 가장 작은 그룹(G1)의 DIV와 SDIV의 평균값과 중간값의 차이가 통계적으로 유의하게 나타나고 있다. 이는 중소기업의 배당

〈표 2〉 주요변수들의 상관계수

	DIV	SDIV	LAR	TR	SIZE	ROA	LEV	CASH	CFO	SRD
SDIV	0.95 <.0001	1.00								
LAR	0.22 <.0001	0.24 <.0001	1.00							
TR	−0.13 <.0001	−0.13 <.0001	−0.08 <.0001	1.00						
SIZE	−0.09 <.0001	−0.10 <.0001	−0.01 0.74	−0.09 <.0001	1.00					
ROA	0.03 0.07	−0.01 0.75	−0.03 0.06	0.14 <.0001	−0.19 <.0001	1.00				
LEV	0.03 0.08	0.08 <.0001	−0.01 0.39	−0.04 0.02	0.28 <.0001	−0.37 <.0001	1.00			
CASH	−0.05 0.00	−0.07 <.0001	−0.11 <.0001	0.14 <.0001	−0.10 <.0001	0.26 <.0001	−0.22 <.0001	1.00		
CFO	0.04 0.02	0.02 0.30	−0.03 0.07	0.01 0.43	−0.12 <.0001	0.46 <.0001	−0.20 <.0001	0.28 <.0001	1.00	
SRD	−0.14 <.0001	−0.15 <.0001	−0.13 <.0001	0.00 0.81	0.11 <.0001	0.05 0.00	−0.05 0.00	0.05 0.01	0.06 0.00	1.00
LDIV	0.06 0.00	0.06 0.00	0.07 <.0001	−0.29 <.0001	0.13 <.0001	−0.13 <.0001	0.00 0.79	−0.16 <.0001	−0.03 0.07	−0.01 0.49

주) 2001년부터 2015년까지 3,573개의 표본을 대상으로 분석함. 변수 정의는 〈표 1〉을 참조.

〈표 3〉 최대주주지분율에 따른 배당변화

변수	G1	G2	G3	G4	G5	G5−G1	t-value	Wilcoxon
DIV	0.019	0.019	0.023	0.028	0.030	0.011	(10.22)***	(10.53)***
SDIV	0.020	0.021	0.025	0.030	0.033	0.013	(11.40)***	(11.96)***

주) ( )의 수치는 t-value이며, ***, **, *는 각각 1%, 5%, 10%, 수준에서 유의함을 나타냄. t-value는 그룹별 평균값에 대한 차이분석결과이며, Wilcoxon은 그룹별 중간값에 대한 차이분석결과를 나타냄.

정책에 있어서도 최대주주의 영향력이 유의하게 높음을 보여준다.

2. 회귀분석결과

본 연구는 중소기업의 배당의사결정에 최대주주가 미치는 영향을 분석하기 위하여, 클러스터 회귀분석을 실시하였다.[46] 〈표 4〉에 회귀분석결과를 보고하였으며, (1), (3), (5)의 결과는 종속변수가 *DIV*이며, (2), (4), (6)의 결과는 종속변수가 *SDIV*이다. 또한, (1)과 (2)는 최대주주지분율이 (*LAR*) 관심변수이며, (3)과 (4)는 최대주주지분율의 평균값 보다 크면 1, 아니면 0인 *BLAR*이 관심변수이다. (5)와 (6)은 최대주주지분율에 따라 5개의 그룹으로 더미화한 *GLAR* 변수가 관심변수이다.

분석결과를 살펴보면, *LAR*, *BLAR*, *GLAR*의 계수값이 모두 유의적인 양의 값을 나타내고 있어, 최대주주지분율이 높을수록 배당수익률이 높음을 알 수 있다. 즉, 배당의사결정에 영향을 미치는 여러 변수들을 통제한 후에도 최대주주지분율은 유의하게 나타나고 있으며, 이는 중소기업에 있어서도 최대주주의 영향력은 매우 높음을 보여준다. 특히 최대주주지분율을 사용했을 때보다 그룹화한 *GLAR*의 계수값이 크게 나타나고 있어, 최대주주지분율이 높은 그룹의 영향이 큰 것을 알 수 있다. 〈표 4〉의 모든 결과에서 TR의 계수값은 유의적인 음의 값을 나타내고 있어, 유상증자를 한 기업일수록 재무제약이 높은 상황이므로 예상과 일관되게 배당을 하지 않는 경향이 높음을 알 수 있다. 이는 재무제약이 있는 중소기업의 경우에는 배당을 축소하는 경향이 있음을 보여준다. 통제변수들

---

46 추가 분석으로 시장을 유가증권과 코스닥으로 구분하여 분석하였다. DIV를 종속변수로 하였을 경우, 유가증권 표본에서는 LAR 계수값이 0.048(t-value: 4.03)로 나타났으며, 코스닥 표본에서는 LAR 계수값이 0.018(t-value: 4.09)로 나타났다. 이는 주된 결과가 유가증권 표본에서 나타나고 있음을 보여준다. SDIV를 종속변수로 하였을 때에도 결과는 유사하게 나타났다(유가증권 표본의 LAR 계수값 0.048(t-value: 3.75), 코스닥 표본의 LAR 계수값 0.023(t-value: 5.14)).

의 결과는 대체로 선행연구결과로 일관되게 나타나고 있으며, 흥미로운 것은 여유현금흐름과 과거 배당지급여부가 유의적인 양의 관계를 보였으

⟨표 4⟩ 최대주주지분율이 배당정책에 미치는 영향

Variable	(1) DIV	(2) SDIV	(3) DIV	(4) SDIV	(5) DIV	(6) SDIV
LAR	0.023*** (5.40)	0.028*** (6.25)				
BLAR			0.007*** (5.82)	0.008*** (6.37)		
GLAR					0.002*** (5.82)	0.003*** (6.60)
TR	−0.006*** (−7.59)	−0.007*** (−8.02)	−0.007*** (−7.65)	−0.007*** (−8.15)	−0.006*** (−7.56)	−0.007*** (−7.99)
SIZE	0.001 (0.76)	0.001 (0.66)	0.001 (0.70)	0.001 (0.59)	0.001 (0.79)	0.001 (0.69)
ROA	0.017* (1.75)	0.009 (0.91)	0.015 (1.59)	0.008 (0.74)	0.017* (1.78)	0.965 (0.94)
LEV	0.003 (0.71)	0.008* (1.70)	0.002 (0.62)	0.007 (1.59)	0.003 (0.73)	0.008* (1.71)
CASH	0.003 (0.42)	0.003 (0.54)	0.003 (0.40)	0.003 (0.48)	0.003 (0.53)	0.004 (0.65)
CFO	0.009* (1.96)	0.009* (1.79)	0.010* (2.02)	0.009* (1.86)	0.009* (2.03)	0.009* (1.86)
SRD	−0.003*** (−2.66)	−0.002** (−2.04)	−0.003*** (−2.88)	−0.002** (−2.36)	−0.003*** (−2.76)	−0.002** (−2.18)
LDIV	0.001 (1.57)	0.002* (1.70)	0.002* (1.69)	0.002* (1.84)	0.002 (1.60)	0.002* (1.73)
Intercept	−0.004 (−0.18)	−0.006 (−0.28)	0.005 (0.22)	0.004 (0.19)	0.000 (0.02)	−0.001 (−0.04)
연도 및 산업 더미	포함	포함	포함	포함	포함	포함
Adj.R^2	0.223	0.275	0.223	0.271	0.225	0.275

주) ( )의 수치는 t-value이며, ***, **, *는 각각 1%, 5%, 10%, 수준에서 유의함을 나타냄. t-value은 clustered standard errors(firm-level)를 이용하여 측정하였음.

며, 자사주 취득과는 음의 관계가 나타나고 있다.

〈표 5〉는 재무제약 하에서 최대주주가 배당정책에 미치는 영향에 대한 회귀분석결과를 보고하고 있다. 분석결과, LAR과 TR의 계수값은 유의적인 양과 음의 값으로 나타나고 있으며, 〈표 4〉의 결과와 일관되게 나타났다.[47] 관심변수인 $LAR \times TR$의 계수값은 유의적인 음의 값을 보이고 있어, 재무제약 하에서 최대주주지분율이 높은 경우에는 배당을 축소하는 것을 알 수 있다. 이러한 결과는 이해일치가설을 지지하는 것으로 중소기업에 있어서는 최대주주가 소유경영자인 경우가 높기 때문에, 특수 상황(재무제약) 하에서는 최대주주와 경영자의 이해관계가 일치하고, 외부 소액주주들과의 이해상충 보다는 기업의 내부자원 확보에 비중을 두고 있음을 알 수 있다.

3. 내생성 통제

본 연구는 설명변수로 최대주주지분율을 사용하고 있으나, 선행연구에 의하면 소유 구조는 내생적으로 결정된다고 보고 있다. 따라서 내생성 문제를 고려하기 위하여 연립방정식모형을 설정하고, 2단계 최소자승법에 의한 분석을 시행하였다. 먼저, 최대주주지분율에 영향을 미치는 변수들을 선정하기 위하여, 강형철·박경서·장하성(2006)의 연구[48]에 따라 토빈

---

[47] 주석 46과 같이 〈표 5〉의 분석을 유가증권과 코스닥 표본으로 구분하여 재분석하였다. 분석결과, DIV를 종속변수로 한 경우, 유가증권 표본의 LAR×TR의 계수값은 −0.045(t-value: −2.92)이며, 코스닥 표본의 LAR×TR의 계수값은 −0.007 (t-value: −1.42)로 나타났다. 또한 SDIV를 종속변수로 한 경우에는 유가증권 표본의 LAR×TR의 계수값은 −0.043(t-value: −2.64)이며, 코스닥 표본의 LAR×TR의 계수값은 −0.004(t-value: −0.71)로 나타났다. 이는 주된 결과가 유가증권 표본에서 나타나고 있음을 보여준다.

[48] 강형철 외 2인(2006) 연구는 계열사가 존재하는 가족기업만을 대상으로 하였으며, 계열사 관련 지분변수들을 함께 고려하였다. 그러나 본 연구는 최대주주지분율과 배당의 사결정 간의 관계에서 내생성을 통제하기 위하여 최대주주지분율에 영향을 미치는 일반적인 변수들을 통제한 후, 이를 주된 분석에 포함하기 위한 모형식을 설정하였다. 따

⟨표 5⟩ 재무제약 하에서 최대주주지분율이 배당정책에 미치는 영향

Variable	(1) DIV	(2) SDIV	(3) DIV	(4) SDIV	(5) DIV	(6) SDIV
LAR	0.025*** (5.24)	0.029*** (5.97)				
TR	−0.001 (−0.46)	−0.003 (−1.38)	−0.005*** (−6.18)	−0.007*** (−7.02)	−0.004*** (−3.45)	−0.005*** (−4.31)
LAR×TR	−0.000** (−2.42)	−0.009* (−1.68)				
BLAR			0.007*** (5.58)	0.009*** (5.95)		
BLAR×TR			−0.004** (−2.09)	−0.002 (−1.19)		
GLAR					0.003*** (5.70)	0.003*** (6.31)
GLAR×TR					−0.001*** (−2.63)	−0.001* (−1.87)
SIZE	0.001 (0.73)	0.001 (0.64)	0.001 (0.68)	0.001 (0.58)	0.001 (0.75)	0.001 (0.66)
ROA	0.017* (1.77)	0.009 (0.93)	0.015 (1.60)	0.008 (0.74)	0.017* (1.80)	0.010 (0.95)
LEV	0.003 (0.70)	0.008* (1.69)	0.002 (0.62)	0.007 (1.59)	0.003 (0.72)	0.008* (1.71)
CASH	0.003 (0.43)	0.004 (0.55)	0.003 (0.41)	0.003 (0.49)	0.003 (0.54)	0.004 (0.66)
CFO	0.009* (1.90)	0.009* (1.74)	0.009** (1.97)	0.009* (1.83)	0.009* (1.95)	0.009* (1.80)
SRD	−0.003*** (−2.65)	−0.002** (−2.03)	−0.003*** (−2.88)	−0.002** (−2.36)	−0.003*** (−2.74)	−0.002** (−2.17)
LDIV	0.001 (1.50)	0.002** (1.66)	0.002* (1.68)	0.002* (1.83)	0.001 (1.55)	0.002* (1.70)
Intercept	−0.004 (−0.19)	−0.007 (−0.28)	0.005 (0.23)	0.005 (0.19)	0.001 (0.04)	−0.001 (−0.03)
연도 및 산업 더미	포함	포함	포함	포함	포함	포함
Adj. R^2	0.224	0.275	0.224	0.272	0.226	0.275

주) ( )의 수치는 t-value이며, ***, **, *는 각각 1%, 5%, 10%, 수준에서 유의함을 나타냄. t-value는 clustered standard errors(firm-level)를 이용하여 측정하였음.

라서 계열사 관련 변수들을 모형에 고려하지 않았다.

Q, 기업규모, 성장기회, 설립연수, 부채비율을 모형에 포함하였다. 2단계 최소자승법의 첫 번째 모형은 다음과 같다.

$$LAR_t = a_0 + a_1 TOBINQ_t + a_2 SIZE_t + a_3 GROW_t + a_4 AGE_t + a_5 LEV_t + \varepsilon_t \quad (3)$$

여기서,
LAR = 최대주주지분율
TOBINQ = 토빈Q((시가총액+부채의 장부가액)/자산장부가액)
SIZE = 기업규모(총자산의 로그값)
GROW = 성장성(매출액증가율)
AGE = 기업연수
LEV = 부채비율(총부채/총자산)
ε = 잔차항.

기업가치는 소유구조를 설명하는 가장 중요한 변수 중에 하나로 여겨지고 있다. Stulz(1988)는 기업의 시장가치 경영자 지분 간의 관계에서 기업가치를 높혀 주는 최적의 지분이 있을 수 있다는 최적지분가설을 주장하였으며, 이후 기업가치과 소유구조에 대한 연구가 활발하게 진행되었다(Morck et al., 1988; Anderson and Reeb 2003; Chae et al. 2009). 기업가치가 좋은 기업일수록 회사의 지분을 보유할 유인이 높기 때문에 소유구조에 미치는 영향이 크다. 본 연구는 선행연구에 따라 기업가치를 토빈 Q로 측정하였다. 또한 기업규모(SIZE)와 성장기회(GROW)가 클수록 주주들은 회사 지분을 보유할 유인이 높을 것이다. 반면에, 기업의 역사가 오래될수록 외부 자본을 이용한 자본 조달이 이루어졌을 것이므로 소유가 분산될 것이다. 따라서 설립 연수(AGE)와 지분율은 음의 관계를 가질 것으로 예상하였으며, 부채비율(LEV)이 높을수록 기업의 재무 위험을 나타내므로 지분율과 음의 관계를 가질 것이다.

  모형3을 이용하여 첫 번째 분석에서 도출된 예측변수를 모형1과 모형2에 포함하여 재분석하였다. 분석결과는 〈표 6〉에 보고하였다. 분석결과는 〈표 4〉와 〈표 5〉의 결과와 일관되게 나타났으며, 통계적 유의성은 더욱 높게 나타났다. 또한 최대주주지분율의 내생성에 대한 검정 결과는 Wu-Hausman과 Durbin의 검정통계량으로 보고하였다. 각 검정의 p-value가 모두 1% 수준에서 유의하기 때문에 귀무가설(최대주주지분율변수의 외생성)을 기각한다. 즉, 내생성을 통제한 결과가 일치추정량임을 보여준다.

〈표 6〉 2 SLS 분석결과

Variable	(1) DIV	(2) SDIV	(3) DIV	(4) SDIV
LAR^	0.250** (7.73)	0.267*** (7.87)	0.253*** (8.60)	0.268*** (8.67)
LAR^×TR			−0.231*** (−7.69)	−0.238*** (−7.52)
TR			0.094*** (7.17)	0.096*** (6.98)
통제변수들	포함	포함	포함	포함
연도 및 산업더미	포함	포함	포함	포함
Wu-Hausman	249.62*** (0.000)	236.97*** (0.000)	271.69*** (0.000)	258.19*** (0.000)
Durbin	235.39*** (0.000)	224.22*** (0.000)	254.78*** (0.000)	242.98*** (0.000)
Wald Chi2	259.79	333.09	298.36	381.36

주) ( )의 수치는 z-value이며, ***, **, *는 각각 1%, 5%, 10%, 수준에서 유의함을 나타냄. Wu-Hausman은 F값이며, ( )의 수치는 p-value임. Durbin은 LM 값이며, ( )의 수치는 p-value임.

V. 결론

본 연구는 중소기업을 대상으로 최대주주지분율이 배당의사결정에 미치는 영향에 대하여 검증하였다. 나아가 재무제약이라는 상황에서 최대주주가 배당의사결정에 어떠한 영향을 미치는지 분석함으로써 중소기업의 특수한 지배구조에 대한 이해를 높이고자 하였다. 2001년부터 2015년까지 3,573개의 표본을 대상으로 분석한 결과, 최대주주지분율이 높을수록 배당수익률이 높음을 발견하였다. 이는 중소기업의 배당의사결정에 영향을 미칠 수 있는 여러 변수들을 통제한 후에도 유의적으로 나타난 결과로써, 최대주주가 중소기업의 배당의사결정에 중요한 요인임을 보여준다. 이러한 결과는 최대주주가 배당의사결정에 유의한 영향을 미친다는 선행연구결과와 일관된 발견이다. 그러나 이러한 결과에 대하여 최대주주지분율이 높은 기업들이 외부이해관계자들과의 대리인비용을 감소시키기 위해 배당을 지급한다는 해석을 중소기업에 그대로 적용하는 것은 무리가 있을 것이다. 일부에서는 최대주주지분율이 높은 중소기업이 고배당정책을 실시함으로써 높은 배당수익을 최대주주에게 주고 있다는 비판이 제기되고 있기 때문이다. 따라서 본 연구는 재무제약이라는 조절변수를 추가하여 최대주주지분율과 배당정책 간의 관계를 검증하였으며, 분석결과, 재무제약 하에는 최대주주지분율이 높을지라도 배당수익률은 유의하게 낮게 나타나고 있음을 발견하였다. 이러한 결과는 특수 상황에서는 최대주주들도 기업의 장기적인 성과를 위하여 배당보다는 내부 유보를 지지하는 것으로 해석된다. 이는 중소기업에 있어서 최대주주는 외부 감시자로서의 역할뿐만 아니라 내부 이해관계자로서의 역할을 수행함으로써 장기적인 관점에서 기업의사결정에 영향력을 미치고 있음을 보여준다.

본 연구의 결과는 중소기업 관련 규제기관이나 학계, 실무계 등에 여러 공헌을 할 것으로 기대된다. 본 연구는 중소기업의 최대주주는 선행연구들이 주장하는 배당선호 현상으로 높은 배당을 요구하는 것이 아니며, 재무제약과 같은 특수 상황에서는 기업의 이해관계와 일치하여 배당을 축소하고 있음을 보였다는 점에서 공헌점을 가진다. 물론 대기업의 배당정책처럼, 배당에 영향을 미치는 내·외부의 지배구조 특성들을 종합적으로 고려하지는 못하였지만, 중소기업에 있어 최대주주의 영향력은 대기업의 최대주주와는 달리 매우 높을 것이기 때문에 최대주주의 영향을 분석한 본 연구의 결과는 의의가 있다고 판단된다. 따라서 관련 규제 기관은 중소기업의 배당 관련 정책 수립 및 지배구조 개선 방향에 본 연구의 결과를 고려할 수 있을 것이다. 학계에서도 대기업과 중소기업의 서로 다른 지배구조 특성이나 배당의사결정에 영향을 미치는 변수 등의 주제에 대한 연구를 더 수행해 볼 필요가 있다.

본 연구는 중소기업의 지배구조와 배당의사결정을 재무제약이라는 상황을 통하여 분석하였다는 점에서 의의가 있으며, 데이터의 한계로 중소기업의 경영자 특성을 고려하지 못하였다는 점이 한계점으로 남아있다. 중소기업의 경영자가 기업의사결정에 미치는 영향은 매우 크기 때문에 향후 연구에서는 이러한 특성이 고려되어 중소기업의 지배구조에 대한 연구가 진행되기를 기대해 본다.

02 손실기업의 배당정책

배당정책은 기업의 성과를 주주들에게 분배한다는 점에서 중요한 의사결정 중에 하나이다. 특히 배당지급이 기업의 미래성장성에 대한 정보를 전달한다는 점에서도 배당의사결정은 투자자들에게 중요한 사안이다. 일반적으로 배당은 기업의 성과배분으로 인식되고 있으나, 손실임에도 불구하고 배당을 지급하는 기업들이 있다.

◐ 손실기업의 배당의사결정에 대한 연구[*]

I. 서론

기업의 배당정책은 기업의 미래성과에 대한 정보를 전달한다는 면에서 중요한 경영의사결정 중에 하나이다. 그러나 매년 배당이 결정되는 연말

---

[*] 금융지식연구(2014, 남혜정과 김정태)에 게재된 논문입니다.

이 되면, 실적 대비 과도한 배당지급으로 인해 기업들의 배당지급이 과연 기업의 미래 전망에 유용한 정보인가에 대한 논의가 대두되고 있다. 특히 당기순손실을 보인 기업임에도 불구하고 과도한 배당지급을 결의하는 기업에 대하여 '배당 파티'라는 기사를 종종 볼 수 있다.[49] 다음의 기사는 적자를 보고한 기업들이 배당을 지급하는 행태에 대하여 최대주주들의 몫챙기기라는 지적을 제기하고 있다.

"배당을 결정한 798개 상장사 가운데 40개사가 지난해 적자 경영을 했다. -중략- 이들은 적자에도 불구하고 배당을 실시한 이유에 대해 '주주권익 보호 차원'이라고 말한다. 하지만 이들 기업의 공통점은 대주주지분율이 높다는 것…"

이러한 지적은 매년 배당 발표 시기에 반복되어 왔으며, 실제 적자임에도 배당지급결정을 한 기업들의 최대주주지분율은 상당히 높은 편임을 알 수 있다.[50] 배당은 기업의 성과를 주주들에게 배분한다는 측면에서 기업과 주주들 간의 이해상충을 완화시킬 수 있으나, 대주주 비중이 높은 기업에서 배당성향이 높다는 것은 배당이 주주 권리를 보호하는 차원이 아닌, 오히려 소수 주주들의 권리를 악용하는 수단으로 나타날 수 있다. 따라서 특정 주주의 무리한 배당요구는 기업성장과는 무관한 단기적 성과 배분에만 치중하게 되며, 특히 손실기업에 있어서 이러한 배당 요구는 장기 투자자 및 소수 투자자들과의 갈등을 야기 시킬 수 있다. 또한 장기적으로는 기업의 성장에도 악영향을 미칠 것이다.

---

[49] '적자에도 현금배당 상장사 꽤 있네' (매일경제, 2009.2.11.) '상장사들, 적자 내놓고 배당 파티' (파이낸셜뉴스, 2010.3.11.) '2022억 적자난 ** 기업, 대주주에 10억 배당' (머니투데이, 2013.3.29.) 등

[50] 2010년 기준으로 적자기업 배당 현황을 보면, 최대주주와 특수 관계인의 지분율은 최대 71.04%이며, 대부분 40%를 초과하고 있다. (파이낸셜뉴스, 2010.3.11.)

그러나 이러한 우려에도 불구하고 배당을 하는 손실기업의 특성에 대한 분석과 배당의사결정의 요인에 대한 경험적인 분석은 미미한 편이다.[51] 대부분의 관련 연구들은 이익기업들의 배당의사결정에 영향을 미치는 변수들에 대하여 고찰하였으며, 이와 함께 기업의 투자 결정이나 자본조달 결정과의 연관성에 대하여 분석하고 있다. 먼저, 배당정책에 영향을 미치는 변수들을 살펴보면, 경영자와 투자자 간의 정보비대칭(information asymmetry), 배당을 선호하는 기관투자자의 압력(institutional constraints), 배당지급의 거래 비용(transaction costs) 등이 제시되고 있다 (Allen and Michaely, 2002). 배당의 신호 효과에 대한 연구들은 일반적으로 경영자는 일반투자자들보다 우월한 정보를 가지고 있기 때문에 경영자는 기업의 미래영업 전망이 좋다는 것을 시장에 알리기 위하여 배당을 사용한다고 보고 있다. 따라서 배당이 증가할수록 기업성과에 대한 좋은 신호로 여겨지며 (Bhattacharya, 1979; Miller and Rock, 1985; John and Williams, 1985), 대리인이론의 관점에서 보면 대리인비용이 높을수록 경영자는 높은 배당을 통하여 대리인비용을 낮추려고 할 것이다. 그러나 대리인비용의 관점에서 본다면, 이익기업보다는 손실기업에 있어, 경영자와 외부 투자자 간의 정보비대칭으로 인한 대리인비용은 더욱 높게 나타날 것이다. 기업이 처한 상황이 어려울수록 경영자는 주주들과의 의사소통을 위하여 효과적인 신호를 전달하려고 노력할 것이므로, 손실기업에 있어 배당의사결정은 매우 중요한 의사결정이 될 것이다. 특히 일시적 손실기업들은 배당지급을 통하여 기업의 미래에 대한 분명한 신호를 전달하려는 인센티브를 가질 것이다.

또한 손실기업에 있어, 투자자들의 배당 압력은 이익기업보다 더 큰 부

---

[51] 재무보고 이익이 당기순손실이라고 배당을 하지 못하는 것은 아니다. 상법상(462조) 배당가능 이익은 대차대조표 상의 순자산액으로부터 자본의 액, 그 결산기까지 적립된 자본 준비금과 이익 준비금의 합계액, 그 결산기에 적립하여야 할 이익 준비금의 액 등을 공제한 액을 한도로 하여 이익 배당을 할 수 있도록 규정하고 있다.

담으로 작용할 수 있다. 무엇보다 투자자들의 입장에서도 손실을 보고한 기업에 대하여 자본이득 보다는 배당을 선호할 가능성이 높을 것이다. 반면에 손실기업에 있어 배당지급은 성과 향상에 대한 부담과 배당지급 비용으로 인하여 이익기업에 비해 배당의사결정이 상대적으로 어려운 경영의사결정이 될 것이다.

DeAangelo et al.(1992)는 배당감소와 당기손실은 유의적 관계가 있으나 손실 여부가 배당 감소 또는 배당 중단의 주요 요인은 아니며, 이익의 특성에 따라 배당의 정보 효과가 달라질 수 있음을 제시하였다. 즉 특별항목(unusual items)으로 인한 손실 보고 기업은 배당을 감소 혹은 중단하지만 현재이익의 미래이익에 대한 예측력은 유의적임을 보고하였다. 이는 일시적 손실이 배당의사결정에 영향을 미치지만, 손실기업은 이익기업과 다른 이익 특성을 보이기 때문에[52] 배당의 신호 효과에 있어서는 손실기업의 이익 특성을 살펴보는 것이 중요함을 시사하고 있다. 이처럼 손실기업은 이익기업과는 다른 특성을 나타내기 때문에 손실기업의 배당의사결정에 영향을 미치는 변수도 다를 수 있다.

그러나 대부분의 배당의사결정은 기업의 경영성과가 우수하여 이를 주주들에게 배분하는 과정으로 여겨지기 때문에 성과가 나쁜 기업들이 배당지급을 결정하는 것에 대한 논의는 미미한 편이다. 최근 적지 않은 손실기업이 배당을 지급하고 있으며, 배당지급을 하는 손실기업수는 매년 증가하는 추세이다.[53] 따라서 우리나라의 손실기업들이 어떠한 요인에 의

---

[52] 선행연구에 의하면, 이익기업과 손실기업의 이익 특성은 다르게 나타나고 있다. Basu(1997)는 음의 이익 변화는 양의 이익 변화보다 지속성이 낮으며, Hayn(1995)은 손실기업의 이익지속성이 이익기업의 이익지속성보다 낮다고 주장하였다. 또한 Joos and Plesko(2005)는 일시적 손실기업에 대하여 투자자들은 가치 관련성이 낮다고 판단하고 있음을 제시하였다.

[53] 본 연구의 표본을 대상으로 살펴보면, 전반적으로 배당지급 기업의 수는 증가하고 있으며, 배당을 지급한 손실기업의 비율은 2001년 3%에서 2007년 5%로 증가하였다.

하여 배당의사결정을 하는지 연구하는 것은 의미 있는 작업이 될 것이다.

본 연구는 손실기업의 배당의사결정에 영향을 미치는 변수들을 파악하기 위하여, 관련 선행연구들이 공통적으로 제시하였던 대주주지분율, 외국인투자자지분율, 과거 배당지급행태, 정보비대칭의 영향을 검증하였다. 2001년부터 2007년까지 2,074개의 표본을 대상으로 분석한 결과, 손실을 보고한 기업의 대주주지분율이 높을수록, 외국인투자자지분율이 높을수록 배당을 지급하는 경향이 높게 나타났다. 이러한 결과는 손실기업에 있어서도 특정 주주의 배당선호가 배당의사결정에 영향을 미치고 있음을 보여준다. 또한 전년도에 배당을 한 기업일수록 유의하게 올해에도 배당을 지급하는 경향이 높게 나타나, 손실기업들도 과거 배당행태를 유지하려는 경향이 있음을 알 수 있다. 그러나 정보비대칭이 높은 경우에는 배당을 지급하는 경향이 낮게 나타났으며, 이는 기존의 연구결과와는 상반된 결과이다. 일반적으로 정보비대칭수준이 높은 경우에는 배당을 통하여 기업의 내부정보를 시장에 전달하는 유인이 높을 것으로 예상하였으나, 분석결과는 오히려 배당을 하지 않는 것으로 나타났다. 이는 손실기업의 이익특성이 이익기업의 이익특성과 상이한 것처럼, 배당의사결정에 미치는 변수들이 이익기업의 그것과 다르게 나타날 수 있음을 보여주고 있다. 이러한 결과는 로짓분석을 하였을 때에도 유사하게 나타났다.

대부분의 연구들이 이익기업의 배당의사결정에 초점을 맞추고 있는 상황에서 손실기업의 배당의사결정에 영향을 미치는 변수들을 분석한 본 연구의 결과는 손실기업의 배당의사결정을 이해하는데 유용한 정보를 제공할 것으로 기대된다. 나아가 투자자들은 기업의 성과뿐만 아니라 배당에 대한 관심도 높기 때문에 어떠한 특성을 가진 기업들이 배당을 지급하는가에 대한 연구결과는 투자자들의 의사결정에 유용한 정보로 활용될 수 있을 것이다. 특히 손실기업의 경우에는 계속기업의 가정을 유지하느냐에 대한 판단으로 배당정보가 활용될 수 있기 때문에 본 연구의 결과는 투자자뿐만 아니라 관련 감독기관과 유관기관에도 시사점을 제공할 것이다.

이하 논문의 구성은 다음과 같다. 제II장에서는 관련 선행연구들을 검토하고, 이를 바탕으로 가설을 도출하였다. 제III장에서는 설정된 가설을 검증하기 위한 연구모형의 제시와 변수의 측정 및 표본의 선정 과정을 기술한다. 제IV장에서는 실증분석결과를 제시하고 그 결과를 논의하며, 제V장에는 연구결과를 요약하고 연구의 공헌점과 한계점을 기술한다.

II. 선행연구 검토 및 가설 설정

배당신호가설에 의하면 배당지급은 경영자와 투자자 간의 정보비대칭 문제를 완화시켜준다. 경영자는 일반투자자들보다는 미래 경영성과에 대한 우월한 정보를 가지고 있으며 이를 시장에 알리기 위하여 배당지급을 결정한다. 따라서 배당이 증가할수록 기업에 대한 좋은 신호로 여겨진다. 그러나 한편으로 배당의 증가는 기업의 투자 감소로 해석될 수 있기 때문에 배당의사결정은 대체로 배당지급을 통한 대리인비용의 감소와 자본조달비용의 증가를 최소화하는 수준에서 결정될 것이다. 일반적으로 기업의 배당의사결정에 영향을 미치는 요인으로 제시된 변수들은 기업외부 요인과 기업내부 요인으로 구분할 수 있다. 기업내부 요인을 보면, 미래 자금소요와 투자기회, 이익관련 지표추이, 잉여현금흐름수준, 재투자수익률 및 자본비용, 기업의 소유구조 및 지배구조, 배당지급 추이, 자본조달 능력 등이 고려될 수 있다.[54] 경영자는 이러한 요인들을 고려하여 기업가치를 극대화하기 위한 최적의 배당정책을 선택해야 할 것이다. 따라서 배당의사결정은 여러 가지 요인들의 영향을 받으며, 선행연구들도 배

---

[54] 한국기업의 배당정책의 변화, 최도성 김성민(2005).

당의사결정에 영향을 미치는 변수들로 미래경영 성과에 대한 전망뿐만 아니라 경영자의 선호, 과거 배당지급행태, 기업의 지배구조 등 다양한 변수들을 제시하고 있다. Baker, Farelly and Edelman(1985)는 미국 상장기업을 대상으로 한 설문조사를 통하여 미래 예상이익수준, 과거의 배당지급행태, 현금의 이용가능성, 주가 유지 및 주가상승 등이 배당결정에 영향을 미치고 있음을 발견하였다.

특히 기업의 배당의사결정이 지배구조에 영향을 받는다는 선행연구들의 결과가 많이 제시되고 있다(Zeckhauser and Pound, 1990; Eckbo and Verma 1994). Binay(2001)는 배당생략 후 기관투자자 비율이 유의적으로 감소하였으며 배당 개시 후 기관투자자 비율이 유의적으로 증가함을 보여줌으로써 기관투자자가 배당을 선호함을 발견하였다. 우리나라의 경우, 최대주주와 외국인투자자의 비중이 배당의사결정에 유의하게 영향을 미치고 있는 것으로 나타나고 있으나 결과의 방향성에 대해서는 혼재된 결과들을 제시하고 있다(설원식·김수정, 2006; 이만우·노준화, 2006; 신호영·정안수, 2007; 주재근·강길환, 2007; 정원섭, 2011). 일부연구들은 외국인투자자의 비율이 높을수록 배당지급에 유의적인 영향을 미치고 있음을 발견하였으며, 외국인투자자들이 고배당 압력을 행사함으로써 배당의사결정에 반영되었다는 해석을 제시하고 있다(박현수, 2004; 박창균, 2005). 반면에 박경서와 이은정(2006)은 수익성이 좋은 기업의 경우 외국인지분율의 증가가 오히려 배당을 유의적으로 줄이는 효과가 있음을 제시하고 있다.

그러나 대부분의 선행연구들은 배당성향을 종속변수로 분석하고 있기 때문에 이익기업들 대상으로 하고 있다. 또한 손실기업에 있어 배당의사결정은 배당지급 비용뿐만 아니라 다른 의사결정과의 우선 순위에 있어서도 큰 부담이 될 수 있기 때문에 지배구조의 영향은 다르게 나타날 수 있다. 기사에 의하면 배당지급을 하는 손실기업의 경우, 대주주지분율이 높아 나쁜 기업 실적에도 불구하고 배당지급을 통해 주주들의 이익을 추구하는 도덕적해이 문제가 지적되고 있다. 반면에 손실기업이라 할지라도 주요 주주들과의 우호적인 관계를 유지하기 위하여 배당지급을 결정할 수 있을 것이다. 따라서 선행연구의 결과를 손실기업에 그대로 적용하기에는 무리가 있을 것이다. 본 연구는 선행연구들의 결과와 실무에서 제기되고 있는 현상을 바탕으로 손실기업의 배당의사결정에 영향을 미치는 지배구조변수로 대주주지분율과 외국인투자자지분율의 영향을 분석하고자 한다.[55] 첫 번째 가설을 다음과 같이 설정하였다.

> **o 가설 1** 손실기업의 대주주지분율(외국인투자자지분율)이 높을수록 배당을 지급할 것이다.

배당신호가설과 달리 배당의사결정이 기업의 과거 배당행태에 의해 결정된다는 주장도 있다. 배당의 유연성을 위해서 일시에 이익이 크게 발생한 경우에 배당금을 비례적으로 증가시키지 않으며, 이익이 줄어든 경우에도 배당의 비례적인 감소를 하지 않는 것이다. 따라서 과거 배당을 지속적으로 지급해왔던 기업들은 당기 손실을 보고했을지라도 배당지급을 중단하지 않으려는 경향이 있을 것이다. 그러나 이러한 기업의 행태에 대한 국내 경험적 연구는 미미하며, 몇 편의 외국 연구들이 있다. Michaely and Roberts(2006)는 상장기업과 비상장기업의 배당정책을 비교한 결과,

---

[55] 본 연구는 기업의 배당의사결정에 영향을 미치는 주요변수로 대주주지분율과 외국인투자자지분율을 선정하였다. 이는 대주주의 경우 주요 경영의사결정에 결정적인 영향력을 행사할 수 있는 주주이기 때문이며, 외국인투자자의 경우에는 우리나라 주식시장에서 영향력이 큰 기관투자자들의 대부분이 외국인투자자이기 때문이다. 우리나라의 경우, 1998년 증권시장이 완전 개방되면서 외국인 주식 보유 비중의 시가총액은 18.6%가 되었으며, 2004년에는 40.10%로 급증하였다. 2007년에는 38%에 이르고 있어, 외국인투자자가 증시에서 차지하는 비중이 헝가리, 핀란드, 멕시코에 이어 세계 4위에 이를 정도로 높은 수준임을 알 수 있다(삼성경제연구소). 국내 연구의 경우 특히 외국인지분율과 배당성향에 대한 연구가 활발한데, 이는 국내 주식시장에서 외국인투자자가 차지하는 비중이 높기 때문이다.

상장기업은 배당유연화 경향이 높으며, 일시적 이익에 대한 배당변동이 낮은 반면에 비상장기업은 배당의 변동이 크고, 일시적 이익에 대한 배당변동이 크게 나타남을 보고하였다. Leary and Michaely(2011)는 배당유연화가 과거 80년 동안 지속적으로 증가하고 있으며, 미래성장 가능성이 낮고, 지배구조가 취약하고 기관투자자들의 비중이 높을수록 배당을 유연화하는 경향이 높음을 발견하였다. 또한 배당정책 결정요인에 대한 국내·외 설문조사의 결과에서도 과거 배당지급행태는 중요한 요인으로 나타나고 있다(Lintner 1956; Baker et al., 1985; 우춘식 1988; 오유선과 최운열 1992; 원정연과 김성민 1999). 이는 경영자가 배당여부(수준)를 결정할 때 현재의 성과가 나쁠지라도 과거에 꾸준히 배당을 지급하였던 행태를 유지하고자 하는 성향이 있음을 보여주고 있다. 배당지급은 기업의 미래성과에 대한 신호이기도 하지만, 과거 배당성향을 유지하려는 경영자의 성향을 나타내는 경우도 있다. 더불어 지속적으로 일관된 배당행태를 유지함으로써 투자자들의 기대에 부응하고, 기업 상태에 대한 좋은 인상을 제공할 수 있을 것이다. 따라서 본 연구는 손실기업의 배당의사결정에도 과거 배당지급여부가 중요한 요인으로 작용할 것으로 예상하였으며, 다음과 같은 가설을 설정하였다.

○ **가설 2** 전년도에 배당했던 손실기업은 올해에도 배당을 지급할 것이다.

DeAangelo et al.(1992)는 대부분의 손실기업이 배당을 중단하거나 감소시키고 있으나, 손실기업의 배당신호 효과는 이익 특성에 따라 영향을 받고 있음을 제시하였다. 이는 손실기업도 배당을 통하여 신호를 전달하고자 하며, 이는 이익특성에 따라 달라질 수 있음을 보여준다. Joos and Plesko(2004)는 양의 현금흐름을 가진 손실기업보다 음의 현금흐름을 가진 손실기업의 배당정보 효과가 더욱 유의적임을 발견하였다. 이는 음의 현금흐름을 가진 손실기업의 배당지급이 신호 비용이 높기 때문에 배당정보 효과가 유의하게 나타나고 있음을 의미한다. 본 연구는 손실기업의 배당의사결정에 영향을 미치는 변수로 정보비대칭(information asymmetry)을 분석하고자 한다. 손실기업의 경우, 기업의 당해 경영 성과에 대한 내부 정보를 적극적으로 시장에 알림으로써 기업에 대한 부정적인 평가를 해소하고자 노력할 것이며, 배당지급을 통하여 기업의 내부 정보를 시장에 알리려는 유인이 높을 것이다. 왜냐하면 배당은 경영자의 성과를 모니터링 할 수 있는 최적의 방법 중에 하나이기 때문이다(Rozeff 1982). 또한 이러한 유인은 기업의 정보비대칭이 높을수록 더욱 강하게 작용할 것으로 예상된다. 반면에 손실기업에 있어서 배당지급이 신호로 작용하기에 적절하지 않거나, 높은 비용을 수반한다면 배당 보다는 다른 신호 매체를 선택할 수도 있을 것이다. 따라서 손실기업에 있어 배당지급과 정보비대칭과의 방향성에 대해서는 검증 가능한 주제가 될 것이다. 다만 선행연구 결과를 바탕으로 논의한다면, 정보비대칭이 높은 손실기업일수록 정보비대칭을 완화하기 위하여 배당을 지급하려는 경향이 높을 것이기 때문에 본 연구는 다음과 같은 가설을 설정하였다.

> **가설 3** 손실기업의 정보비대칭이 클수록 배당을 지급할 것이다.

III. 연구모형

1. 연구모형

본 연구는 앞서 제시된 가설을 검증하기 위하여 다음과 같은 식(1)의 모형식을 이용하여 검증한다. 식(1)의 종속변수는 배당지급 여부를 나타내는 더미변수이며, 손실기업의 배당결정 요인으로 본 연구의 관심변수인 최대주주지분율(LARGE), 외국인투자자지분율(FOR), 과거배당지급여부(LDIV), 정보비대칭의 대용치인 주가(PRC)와 주가수익률의 변동성(VOL)을 포함하였다.[56] 통제변수로는 배당지급에 영향을 미치는 기업규모(SIZE), 이익수준(ROA), 부채비율(LEV), 매출액성장률(SGR), 성과조정재량적 발생액(PDAC), 감사의견(AOP)을 포함하였다.

배당결정 요인에 대한 연구는 활발하게 진행되어 왔으며, 배당결정에 영향을 미치는 변수들로 대리인비용, 투자 기회, 영업 및 재무 위험의 관점에서 다양한 변수들을 제시하고 있다. 먼저 해외 연구들의 결과를 살펴보면, 기업규모가 클수록 대리인문제가 발생하기 때문에 기업규모가 큰 기업일수록 배당지급결정을 하게 된다(Crutchley and Hansen, 1989; Jensen, Solberg and Zorn, 1992). 또한 Rozeff(1982)는 배당성향과 매출액증가율은 부(−)의 관계가 있으며, Jensen, Solberg and Zorn(1992)는 수익성과는 정(+)의 관계가 있음을 제시하였다. Fenn and Liang(2001)은 외부 자금조달 비용의 대용치인 부채비율과는 부의 관계가 있음을 보여주었다. 국내 연구로는 육근호(1989)가 매출액성장률, 최대주주지분율, 베타계수와의 음의 관계를, 주주의 수와는 양의 관계를 발견하였다.

그러나 대부분의 연구들은 이익기업들을 대상으로 하고 있기 때문에, 선행연구들이 제시한 변수들을 모두 통제변수로 사용하기에는 무리가 있다. 따라서 본 연구는 기업의 배당의사결정에 영향을 미치는 대표적인

---

[56] 정보비대칭의 대용변수(proxy)로 사용되는 변수들은 주식수익률 변동성, 주식거래량, 매도매수호가 스프레드, 재무분석가의 이익예측치 분산, 주가 등이 사용되고 있다. 주가의 경우, 주가수준이 높을수록 시장 참여자들의 관심이 높고, 이에 따라 관련 정보가 시장에 많이 제공되고 있다. 즉, 규모가 큰 기업일수록 유동성이 높고, 일반투자자들이 접할 수 있는 정보도 풍부하다. 반면에 주가수준이 낮은 경우에는 투자자의 관심이 상대적으로 낮아서 관련 정보를 접하기가 어렵고 이로 인하여 투자자와 기업 간의 정보비대칭수준도 높아지게 될 것이다.

변수들을 통제변수로 모형에 포함하였다. 기업규모(SIZE), 매출액성장률(SGR), 부채비율(LEV), 성과조정 재량적 발생액(PDAC), 그리고 감사 의견을 통제변수(AOP)로 고려하였다. 성과 조정 재량적 발생액(PDAC)과 감사 의견(AOP)의 경우, 기업의 재무 보고의 질에 대한 대용 변수로 포함하였다. 본 연구는 성과 조정 재량적 발생액이 낮고, 감사 의견이 적정이면 손실기업의 재무 보고의 질이 높다고 보았다. 이외에도 연도와 산업더미변수를 포함하여 특정 기간 및 산업의 영향을 통제하였다. 관심변수 및 통제변수들의 정의는 식(1)의 하단에 기술하였다.

$$DIV_t = a_0 + a_1 LARGE_t + a_2 FOR_t + a_3 LDIV_t + a_4 PRC_t + a_5 VOL_t \\ + a_6 SIZE_t + a_7 ROA_t + a_8 LEV_t + a_9 SGR_t + a_{10} PDACt + \\ a_{11} AOP_t + \Sigma a_j IND_j + \Sigma a_j IYD_j + \varepsilon_t \quad (1)$$

여기서,
- DIV = 당기배당금이 있으면 1, 아니면 0
- $LARGE$ = 대주주 비율
- FOR = 외국인투자자 비율
- $LDIV$ = 전년도 배당금이 있으면 1, 아니면 0
- PRC = 기말종가의 로그값
- VOL = 주가수익률의 표준편차
- $SIZE$ = 총자산의 로그값
- ROA = 당기순이익/평균총자산
- LEV = 부채총계/자산총계
- SGR = 매출액증가율
- $PDAC$ = 성과조정 재량적발생액
- AOP = 감사의견이 적정이면 1, 아니면 0

ΣIND = 산업별 더미변수
ΣYD = 연도별 더미변수
ε = 잔차항.

2. 표본의 선정

본 연구는 2001년부터 2007년까지 다음의 제 요건을 만족시키는 유가증권 및 코스닥 상장기업을 대상으로 선정하였다
(1) 12월 결산법인이며, 자본잠식 상태가 아닌 기업
(2) 금융업에 포함되지 않는 기업
(3) Kis-Value에서 필요한 자료가 있으며, 당기순손실을 보고한 기업

본 연구의 표본은 금융위기 이후인 2000년부터 추출하였으며, 이는 대부분의 선행연구들이 금융위기 기간의 재무제표 정보가 극단적이며 왜곡되어 있을 가능성이 높기 때문에 이 기간을 배제하고 있기 때문이다. 조건(1)과 (2)는 기업 간 비교가능성을 높이기 위해 동일 결산월과 자본잠식 상태가 아닌 기업으로 제한하였으며, 금융업의 재무제표의 양식, 계정과목의 성격 등이 일반 제조업과 상이할 수 있기 때문에 금융업을 제외하였다. 또한 변수들의 극단치가 결과에 미치는 영향을 완화하기 위하여, 변수들의 극단치 1%에서 winsorization[57]을 하여 최종 표본은 2,704 기업/년도 이다.[58]

---

[57] Winsorization은 표본의 극단치를 조정하는 방법 중에 하나로, 예를 들어 극단치 1% winsorization은 각 변수들의 1% 이상의 극단값을 1%의 값으로 대치하는 방법이다. 이는 표본의 손실없이 극단치를 조정하는 방법이기 때문에 표본수가 많지 않는 경우에 이용될 수 있다.
[58] 손실기업의 배당의사결정이 이익기업의 배당의사결정과 어떻게 다른가에 대한 논의는 흥미로운 주제이며, 배당지급 기업이라는 점에서 공통점이 있다. 다만, 배당을 지급한 손실기업과 유사한 특성을 가지는 이익기업을 매칭하여 표본을 설계하기에는 표본이

〈표 1〉 연도별 표본 분포

년도	전체	배당지급 이익기업(%)	손실기업(%)	전체	배당 미지급 이익기업	손실기업
2001	706	678(0.96)	28(0.03)	892	537	355
2002	765	738(0.96)	27(0.03)	859	482	377
2003	790	766(0.96)	24(0.03)	829	464	365
2004	857	830(0.96)	27(0.03)	716	427	289
2005	869	835(0.96)	34(0.04)	713	402	311
2006	873	833((0.95)	40(0.04)	717	358	359
2007	859	814(0.94)	45(0.05)	734	311	423
합계	5,719	5,494	225	5,460	2,981	2,479

1) 2001년부터 2007년까지 당기순손실을 보고하고 배당을 지급한 표본은 2,704개(2,479+225)임.

〈표 1〉은 2001년부터 2007년까지 배당지급 기업과 미지급 기업의 연도별 추이를 보여주고 있다. 전반적으로 배당지급 기업의 수는 증가하고 있으나 이익기업의 비율은 감소(96%→94%)하고 손실기업의 비율은 증가(3%%→5%)하고 있다. 반면에 배당 미지급 기업의 경우에는 여전히 손실기업의 비율이 평균 45%로 나타나 대부분의 손실기업들은 배당지급을 하지 않은 것을 알 수 있다.

Ⅳ. 실증분석결과

1. 기술통계량

〈표 2〉는 손실기업들의 주요변수들에 대한 기술통계량을 보여주고 있

많지 않기 때문에 본 연구에서는 매칭 표본을 사용하지 않았다.

〈표 2〉 기술통계량

	평균	중앙값	최소값	최대값	표준편차
DIV	0.08	0.00	0.00	1.00	0.28
LARGE	27.12	24.50	0.00	98.98	17.95
FOR	5.11	0.97	0.01	79.26	10.08
LDIV	0.20	0.00	0.00	1.00	0.40
VOL	61.47	68.00	0.00	140.00	35.04
PRC	7.24	7.30	5.46	12.14	1.34
SIZE	24.55	24.41	21.68	29.71	1.29
ROA	−0.20	−0.11	−0.81	0.00	0.22
LEV	0.50	0.51	0.05	0.92	0.24
SGR	−0.08	−0.03	−1.00	1.74	0.36
PDAC	−0.01	0.00	−0.18	0.17	0.06
AOP	0.93	1.00	0.00	1.00	0.25

1) 2001년부터 2007년까지 당기순손실을 보고한 2,704개의 표본을 대상으로 분석함.
2) 변수 정의
  DIV=당기배당금이 있으면 1, 아니면 0; LARGE=대주주비율; FOR=외국인투자자비율; LDIV=전년도 배당금이 있으면 1, 아니면 0; VOL=주가수익률의 표준편차; PRC=기말종가의 로그값; SIZE=총자산의 로그값; ROA=당기순이익/평균총자산; LEV=부채총계/자산총계; SGR=매출증가율; PDAC=성과조정재량적 발생액; AOP=감사의견이 적정의견이면 1, 아니면 0.

다. 배당지급(DIV)변수의 평균값이 0.08으로 나타나 손실기업 중에 약 8%가 배당금을 지급하였음을 알 수 있다. 대주주지분율(LARGE)과 외국인투자자지분율(FOR)변수의 평균값은 각각 27.12와 5.11로 나타나 손실기업의 대주주지분율이 평균적으로 약 27%, 외국인투자자지분율이 약 5%임을 알 수 있다. 또한 전년도 배당 여부(LDIV)의 평균값이 0.20으로 손실기업의 20% 정도가 전년도에 배당금을 지급하였던 것으로 나타났다. 기업규모(SIZE)를 살펴보면, 평균값이 24.55이며, 표준편차값이 1.29로 나타나 표본들의 기업규모가 크게 차이나지 않음을 알 수 있다. 또한 손실기업이기 때문에 이익수준(ROA)과 매출액 성장률(SGR)변수의 평균값이 음으로 나타나고 있으며, 부채비율(LEV)의 평균값은 0.50로 손실기업들은 평균적으로 총자산의 50%를 차지하는 부채를 보유하고 있음을 알 수 있다. 이외에도 성과 조정 재량적 발생액(PDAC)은 -0.01이며, 감사의견(AOP)의 93%가 적정 의견이었다.

〈표 3〉은 주요변수들 간의 상관관계를 나타내고 있다. DIV와 LARGE 간의 상관계수는 0.20으로 유의적인 양의 관계를 보이고 있어, 대주주지분율이 높을수록 배당지급을 하는 경향이 있음을 알 수 있다. 또한 FOR와 DIV 간의 상관관계도 유의적인 양의 관계를 나타내고 있으며, 특정투자자들의 비중과 배당지급 간에는 유의적인 양의 관계가 있음을 알 수 있다. VOL과 DIV는 유의적인 음의 관계를 나타내고 있으며, 이는 주식수익률의 변동성이 높을수록 배당지급을 하지 않는 경향을 의미한다. 일반적으로 배당신호이론에 의하면, 정보비대칭수준이 높을수록 배당지급을 통하여 기업의 미래에 대한 신호를 전달하지만, 손실기업의 경우에는 이러한 관계가 나타나지 않음을 보여준다. 더불어 정보비대칭의 다른 대용치인 PRC변수와 DIV는 유의적인 양의 관계를 보이고 있어, 주가수준이 높을수록 배당지급을 하는 것으로 나타났다. 일반적으로 주가수준이 낮으면, 시장 참여자들의 관심이 낮고 이로 인하여 정보요구수준이 낮아서 정보비대칭이 높다고 여겨진다. 따라서 VOL과 DIV의 음의 관계와 PRC와 DIV의 양의 관계는 가설3을 지지하지 않는 결과이다. 그러나 이러한 상관관계 결과는 두 변수들에 영향을 미칠 수 있는 여러 통제변수들의 효과가 고려되지 않는 결과이므로 다중 회귀분석을 통하여 재검증해야 할 것이다.

<표 3> 상관관계표

	DIV	LARGE	FOR	LDIV	VOL	PRC	SIZE	ROA	LEV	SGR	PDAC	AOP
DIV	1	0.20 <.0001	0.14 <0001	0.50 <0001	-0.09 <0001	0.24 <0001	0.23 <0001	0.23 <0001	-0.09 <0001	0.05 0.0116	0.06 0.0017	0.05 0.0065
LARGE		1	0.13 <0001	0.21 <0001	-0.15 <0001	0.17 <0001	0.16 <0001	0.30 <0001	-0.07 0.00	0.00 0.95	0.00 0.95	0.08 <0001
FOR			1	0.11 <0001	-0.17 <0001	0.22 <0001	0.27 <0001	0.10 <0001	-0.07 0.01	0.01 0.57	0.02 0.55	0.01 0.66
LDIV				1	0.00 0.89	0.34 <0001	0.25 <0001	0.28 <0001	-0.12 <0001	-0.01 0.61	0.09 <0001	0.12 <0001
VOL					1	0.40 <0001	-0.02 0.38	-0.12 <0001	-0.10 <0001	-0.02 0.33	0.08 <0001	0.30 <0001
PRC						1	0.40 <0001	0.23 <0001	-0.21 <0001	0.07 0.00	0.12 <0001	0.28 <0001
SIZE							1	0.39 <0001	0.17 <0001	0.14 <0001	0.30 <0001	0.23 <0001
ROA								1	-0.09 <0001	0.24 <0001	0.19 <0001	0.26 <0001
LEV									1	0.04 0.03	0.07 0.00	-0.10 <0001
SGR										1	0.38 <0001	0.10 <0001
PDAC											1	0.19 <0001
AOP												1

1) 2001년부터 2007년까지 당기순손실을 보고한 2,704개의 표본을 대상으로 분석함.
2) 변수 정의는 <표 2>를 참조

2. 단순 차이 분석

<표 4>의 결과는 손실기업들 중 배당지급 기업과 미지급 기업들 간에 주요변수들의 차이를 보여주고 있다. 먼저, 배당지급 기업과 미지급 기업들 간의 대주주지분율(LARGE)의 차이를 보면, 배당지급을 한 손실기업에

〈표 4〉 단순 차이분석

	배당지급	배당 미지급	t-test	Wilcoxon Z
LARGE	38.52	26.00	10.02***	9.53***
FOR	9.11	4.61	5.47***	3.49***
LDIV	0.87	0.14	30.26***	26.15***
VOL	51.05	62.42	4.68***	−8.34***
PRC	8.30	7.14	12.78***	11.16***
SIZE	25.53	24.45	12.41***	12.62***
ROA	−0.03	−0.22	12.03***	16.98***
LEV	0.43	0.50	4.45***	−4.56***
SGR	−0.02	−0.08	2.52***	2.87***
PDAC	−0.00	−0.01	3.14***	2.22*
AOP	0.97	0.93	2.73***	2.72**

1) 2001년부터 2007년까지 2,704개의 표본이 사용됨
2) 변수 정의는 〈표 2〉를 참조.
3) ***, **, * 는 각각 1%, 5%, 10%에서 유의함을 나타냄.

있어 대주주지분율인 38%로 배당을 지급하지 않은 기업들보다 유의적으로 높게 나타났다. 또한 외국인투자자지분율(FOR)도 9%과 4%로 배당을 지급한 기업들의 외국인투자자지분율이 높았다. 전년도 배당지급여부(LDIV)를 살펴보면, 올해 배당을 지급한 기업들은 약 87%가 전년도에도 배당을 지급한 것으로 나타났으며, 올해 배당을 지급하지 않은 기업들 중 14%만이 전년도에 배당을 지급했었다. 정보불균형의 대용치인 주가변동성(VOL)과 주가수준(PRC)은 배당을 지급한 기업일수록 주가변동성이 낮고, 주가수준은 높은 것으로 나타났다. 즉, 정보비대칭수준이 낮을수록 배당지급을 하고 있음을 보여준다.

이외에도 통제변수들의 차이를 살펴보면, 배당을 지급한 기업들은 배

당을 지급하지 않은 기업에 비하여 기업규모가 크고, 이익수준이 높으며, 부채수준이 낮고, 매출액 성장율이 높음을 알 수 있다. 또한 재량적 발생액의 수준은 낮게 나타났으며, 대부분 중앙값을 받은 것으로 나타났다. 주요변수들의 평균값뿐만 아니라, 중앙값의 차이도 통계적으로 유의하게 나타났다. 이러한 결과는 손실기업의 경우, 배당지급 기업과 배당미지급 기업 간의 기업 특성이 유의적으로 차이가 있음을 보여준다.

3. 회귀분석결과

⟨표 5⟩는 식(1)의 분석결과를 보여주고 있다. 모형1은 대주주지분율(LARGE)의 결과를, 모형2는 외국인투자자지분율(FOR)의 결과를, 모형3은 과거 배당지급행태(LDIV)의 결과를, 모형4와 모형5는 정보비대칭의 결과를 각각 나타내고 있다. 모형6은 모든 관심변수들을 함께 포함한 결과이다. 모형1에서 LARGE의 계수값은 0.002(t-value:5.91)로 나타나, 대주주지분율이 높을수록 배당을 지급하는 경향이 높음을 알 수 있다. 또한 FOR의 계수값도 0.002(t-value:2.59)로 외국인투자자지분율이 높을수록 배당을 지급하는 경향이 있음을 알 수 있다. 이러한 결과는 손실기업일지라도 특정 주주들의 배당요구가 배당의사결정에 중요한 영향을 미치고 있음을 보여준다. 따라서 손실기업에서 가설1이 지지되고 있음을 알 수 있다.

모형3은 과거 배당지급행태가 당기 배당의사결정에 영향을 미치는지 검증한 결과를 보여주고 있다. LDIV계수값이 0.316(t-value:25.88)로 나타나 통계적으로나 경제적으로도 매우 유의적인 영향을 미치고 있음을 알 수 있다. 즉, 손실기업들은 배당을 지급했던 관행을 지속하려는 경향이 높으며, 과거 배당을 지급하였으면 올해에 기업성과가 나쁘더라도 배당지급의 지속성을 유지하고 있었다. 이러한 결과는 가설2를 지지하는 것으로 판단된다.

모형4와 모형5는 정보비대칭수준에 따라 배당의사결정이 달라지는지 검증한 결과를 보여주고 있다. 일반적으로 주가수익률의 변동성이 높으면 이

〈표 5〉 회귀분석결과

	Model 1 Coeff. (t-stat.)	Model 2 Coeff. (t-stat.)	Model 3 Coeff. (t-stat.)	Model 4 Coeff. (t-stat.)	Model 5 Coeff. (t-stat.)	Model 6 Coeff. (t-stat.)
Intercept	-0.845*** (-6.16)	-1.036*** (-5.41)	-0.487*** (-4.60)	-0.759*** (-6.49)	-0.759*** (-6.47)	-0.564*** (-2.94)
LARGE	0.002*** (5.91)					0.317*** (18.29)
FOR		0.002*** (2.59)				0.001 (1.80)
LDIV			0.316*** (25.88)			0.001 (1.65)
PRC				0.032*** (6.52)		0.019*** (2.67)
VOL					-0.001*** (-5.86)	-0.001** (-2.19)
SIZE	0.041*** (7.78)	0.053*** (7.33)	0.025*** (5.87)	0.031*** (6.10)	0.042*** (9.14)	0.022*** (3.07)
ROA	0.140*** (4.64)	0.212*** (5.08)	0.060*** (2.51)	0.161*** (6.16)	0.137*** (5.15)	0.012 (0.29)
LEV	-0.125*** (-5.03)	-0.171*** (-5.00)	-0.064*** (3.18)	-0.099*** (-4.31)	-0.135*** (-6.01)	-0.038 (-1.21)
SGR	0.007 (0.41)	0.015 (0.61)	0.033*** (2.36)	0.004 (0.32)	-0.000 (-0.06)	0.051*** (2.26)
PDAC	-0.062 (-0.56)	-0.185 (-1.15)	-0.130 (-1.56)	-0.088 (-0.96)	-0.022 (-0.24)	-0.199 (-1.39)
AOP	-0.044 (-1.44)	-0.048 (-0.75)	-0.054*** (2.73)	-0.069*** (-3.11)	-0.023 (-0.97)	-0.041 (-0.73)
Year dummy	포함	포함	포함	포함	포함	포함
Industry dummy	포함	포함	포함	포함	포함	포함
Adj.R^2	0.1048	0.1215	0.2768	0.1103	0.1076	0.3195

1) 2001년부터 2007년까지 2,704개의 표본이 사용됨
2) 변수 정의는 〈표 2〉를 참조.
3) ***, **, * 는 각각 1%, 5%, 10%에서 유의함을 나타냄.

는 기업의 외부 정보이용자들에게 위험으로 인식된다. 따라서 높은 변동성은 기업과 정보이용자 간의 정보비대칭 정도를 높이게 되고, 이러한 상황에서 배당지급이 유용한 신호(signal)로 작용할 것으로 예상하였다. 그러나 PRC와 VOL의 계수값을 살펴보면, 0.032(t-value: 6.52)와 −0.001(t-value:−5.86)으로 나타나, 정보비대칭수준과 배당지급 간에는 유의적인 양의 관계가 있음을 보여준다. 즉, 주가수준이 높을수록 배당을 지급하려는 경향이 있으며, 주가수익률의 변동성이 낮을수록 유의적으로 배당을 지급하려는 경향이 있음을 알 수 있다. 이러한 결과는 가설3을 지지하지 않는 결과이며, 일반적으로 이익기업을 대상으로 한 연구결과와도 상반된 결과이다. 전통적인 배당신호이론에 의하면 손실기업일수록 배당지급을 통하여 투자자들에게 기업정보를 전달하려는 유인이 높을 것으로 예상되지만, 본 연구의 결과는 손실기업들은 정보비대칭수준이 높은 경우, 배당을 지급하지 않는 경향이 있다는 것을 보여준다. 이는 손실기업이라는 자체가 정보비대칭수준이 높다는 것을 감안하면 배당지급이 전달하는 신호에 대하여 기업들이 신중하게 의사결정하고 있음을 알 수 있다. 왜냐하면 손실기업이 배당을 지급하고, 이후에 기업의 성과가 회복되지 않는다면 배당의사결정이 기업성과에 대한 신호라기보다는 특정 주주들을 위한 의사결정이었다는 비난을 면하기 어렵기 때문이다. 다른 한편으로 모형4와 모형5의 결과는 손실기업의 경우, 정보비대칭수준이 높으면 성과 배분의 성격을 가진 배당보다는 좀 더 적극적이고 직접적인 다른 수단을 통하여 기업의 상태를 투자자들에게 전달하려는 유인이 있음을 보여준다고 할 수 있다.

마지막으로 모형6은 배당의사결정에 영향을 미치는 여러 변수들을 모두 포함한 결과이다. 분석결과를 살펴보면, 가설1, 2, 그리고 3에서 검증하였던 모든 변수들의 유의적으로 나타났으며, 특히 대주주지분율(LARGE)의 경우에는 모형1의 결과에서보다 통계적으로나, 경제적으로 매우 유의하게 나타나고 있다. 이러한 결과는 손실기업의 경우, 배당의사결정에 영향을 미치는 여러 변수들 중에서 대주주지분율의 영향이 매우 크며, 이는 서론에서 제기하였던 특정주주들의 배당선호가 기업성과와 무관하게 반영되고 있음을 보여주는 것으로 판단된다.

〈표 6〉은 종속변수가 배당지급여부인 더미변수이므로 로짓분석을 통하여 〈표 5〉의 결과를 재검증하였다. 분석결과는 〈표 5〉의 결과와 질적으로 차이가 없게 나타났으며, 흥미로운 것은 모형6의 결과에서 대주주지분율(LARGE)보다 과거 배당행태(LDIV)가 배당의사결정에 큰 영향을 미치는 변수로 나타난 것이다.

V. 결론

본 연구는 손실기업을 대상으로 배당의사결정에 영향을 미치는 변수들을 검증하였다. 일반적으로 배당은 기업의 성과를 주주들에게 배분하는 과정으로 여겨지며, 이와 함께 외부 정보이용자들에게 기업이 미래에 대한 정보를 전달하는 수단으로 활용되고 있다. 그러나 배당이 결정되는 연말이 되면, 실적 대비 과도한 배당지급으로 인해 기업들의 배당지급이 과연 기업의 미래성장 전망을 위한 유용한 정보인가에 대한 논의가 대두되고 있다. 특히 당기순손실을 보인 기업임에도 불구하고 과도한 배당지급을 결의하는 기업에 대하여 '배당 파티'라는 기사를 종종 볼 수 있다. 선행연구에 의하면, 배당의사결정에 영향을 미치는 변수들은 다양하며, 특히 기업지배 구조가 중요한 영향을 미치고 있다. 따라서 특정 주주의 배당 선호 현상이 기사화되고, 실증연구에서도 특정 주주의 지분율이 높을수록 배당을 지급하는 기업들이 많음을 제시하고 있다. 그러나 손실기업에 있어서 배당의사결정은 이익기업의 배당의사결정과 동일한 논리로 판단하기에는 무리가 있을 것이다. 손실기업은 기업의 성과가 나쁜 상황이

<표 6> 로짓분석결과

	Model 1 Coeff. (p-value)	Model 2 Coeff. (p-value)	Model 3 Coeff. (p-value)	Model 4 Coeff. (p-value)	Model 5 Coeff. (p-value)	Model 6 Coeff. (p-value)
Intercept	−10.21*** (<.0001)	−11.17*** (<.0001)	−8.56*** (<.0001)	−9.13*** (<.0001)	−8.79*** (<.0001)	−7.578*** (0.03)
LARGE	0.02*** (<.0001)					0.013** (0.04)
FOR		0.01* (0.06)				0.01 (0.18)
LDIV			3.37*** (<.0001)			3.27*** (<.0001)
PRC				0.34*** (<.0001)		0.24** (0.04)
VOL					−0.01*** (<.0001)	−0.01** (0.02)
SIZE	0.43*** (<.0001)	0.47*** (<.0001)	0.32*** (<.0001)	0.29*** (<.0001)	0.39*** (<.0001)	0.17 (0.17)
ROA	19.41*** (<.0001)	21.85*** (<.0001)	17.15*** (<.0001)	20.05*** (<.0001)	19.32*** (<.0001)	16.58*** (<.0001)
LEV	−2.27*** (<.0001)	−2.70*** (<.0001)	−1.43*** (0.00)	−1.90*** (<.0001)	−2.29*** (<.0001)	−0.88 (0.16)
SGR	−0.08 (0.80)	−0.27 (0.52)	0.73** (0.04)	−0.05 (0.86)	0.01 (0.96)	0.79 (0.12)
PDAC	1.93 (0.34)	0.59 (0.80)	1.20 (0.60)	2.39 (0.23)	2.56 (0.18)	−0.58 (0.85)
AOP	−0.81 (0.37)	0.07 (0.95)	−1.85*** (0.00)	−0.87 (0.12)	0.27 (0.65)	−0.49 (0.79)
Year dummy	포함	포함	포함	포함	포함	포함
Industry dummy	포함	포함	포함	포함	포함	포함
Log Likelihood	1026.01	701.86	803.52	1061.31	1066.00	492.23

1) 2001년부터 2007년까지 2,704개의 표본이 사용됨
2) 변수 정의는 <표 2>를 참조.
3) ***, **, * 는 각각 1%, 5%, 10%에서 유의함을 나타냄.

기 때문에 성과배분의 차원에서 배당을 해석하기 보다는 미래전망에 대한 신호로 배당의사결정을 판단하는 것이 적절할 수 있다. 따라서 손실기업의 배당지급 비용과 신호의 신뢰성 측면에서 배당의사결정이 어떠한 변수들에 영향을 받는지는 검증 가능한 주제일 것이다.

본 연구는 2001년부터 2007년까지 손실을 보고한 기업을 대상으로, 배당의사결정에 영향을 미친다고 제시된 주요변수들 중, 대주주지분율, 외국인투자자지분율, 과거 배당행태, 그리고 정보비대칭수준이 배당의사결정에 미치는 영향을 분석하였다. 분석결과, 대주주지분율이 높을수록, 그리고 외국인투자자지분율이 높을수록 손실기업에 있어서도 배당을 지급하는 경향이 높은 것으로 나타났다. 또한 과거 배당행태가 유지될 수 있도록, 전년도에 배당을 한 기업일수록 올해에도 배당을 지급하려는 경향이 높게 나타났다. 그러나 정보비대칭수준과 배당지급 간의 관계는 정보비대칭수준이 높을수록 배당을 지급하지 않는 경향이 높은 것으로 나타났다. 이러한 결과는 일반적인 논리와 상반된 결과로써, 이익기업에서 적용되는 정보비대칭이 높을수록 이를 해소하기 위하여 배당을 지급한다는 배당신호이론이 손실기업에서는 적용되지 않음을 보여준다. 이는 손실기업에 있어서는 배당의사결정에 미치는 변수들이 이익기업의 그것과 다르게 나타날 수 있음을 보여주고 있다.

본 연구의 결과는 다음과 같은 공헌점을 가지고 있다. 첫째, 대부분의 연구들은 이익기업들에 대한 배당의사결정에 초점을 맞추고 있으나, 최근에 손실기업임에도 불구하고 배당을 지급하는 기업들이 증가하는 추세다. 특히 회계상의 기업성과가 손실일지라도 상법상 배당가능이익은 다르기 때문에 배당의사결정은 손실기업에게도 중요한 의사결정 중에 하나이다. 따라서 손실기업의 배당의사결정에 영향을 미치는 변수들을 분석한 본 연구의 결과는 손실기업의 배당의사결정을 이해하는데 유용한 정보를 제공할 것으로 기대된다. 둘째, 투자자들은 기업의 성과뿐만 아니라 배당에 대한 관심도 높기 때문에 어떠한 특성을 가진 기업들이 배당을 지급하는가에 대한 연구결과는 투자자들의 의사결정에 유용한 정보로 활용될 수 있을 것이다. 특히 손실기업의 경우에는 미래 성과에 대한 신호로서 배당의사결정이 이루어지는지 또는 기업성과와는 무관한 다른 요인에 의하여 배당의사결정이 이뤄지는 가에 대한 분석결과는 투자자뿐만 아니라 관련 감독기관과 유관기관에도 시사점을 제공할 것이다.

이러한 공헌점에도 불구하고 본 연구의 결과는 다음과 같은 한계점이 있다. 본 연구는 배당의사결정에 영향을 미치는 여러 변수들을 통제하였으나, 미처 고려되지 못한 생략된 변수의 문제(omitted variable problem)가 여전히 남아 있을 수 있다. 본 연구는 배당을 지급한 손실기업을 중심으로 분석이 수행되었으며, 표본 선정에 있어 관심변수와의 내생성 문제가 있을 수 있다. 따라서 본 연구의 결과해석 상에 이를 반영할 필요가 있다. 하지만 이러한 한계들은 본 연구만의 문제라기 보다는 경험적 연구들이 공통적으로 가질 수 있는 사항일 수도 있다. 마지막으로 손실기업의 경우, 정보비대칭이 큰 경우에 왜 배당을 지급하지 않는가에 대한 구체적인 분석이 이뤄지지 않았기 때문에 이에 대한 추가적인 분석이 요구된다.

배당지급 손실기업의 이익의 질에 대한 연구*

I. 서론

배당의사결정은 기업의 미래성장성에 대한 정보를 전달하고, 주주에게

---

* 회계학 연구(2016, 남혜정)에 게재된 논문입니다.

부를 분배한다는 점에서 중요한 경영의사결정 중에 하나이다. 그동안 우리나라는 고성장 시기를 거쳐 왔기 때문에 투자자들에게 배당수입이 그리 중요하지 않았지만, 최근에는 배당수익률이 시중 금리를 넘어서고 있으며,[59] 정부에서는 기업의 배당을 늘리기 위해 기업소득환류 세제와 배당소득증대 세제를 본격으로 시행함으로써 배당에 대한 관심이 어느 때보다 높아지고 있다. 그러나 매년 배당이 결정되는 연말이 되면, 실적 대비 과도한 배당지급으로 인해 기업들의 배당지급이 과연 기업의 미래성장 예측에 유용한 정보인가에 대한 논의가 대두되고 있다. 특히 당기순손실을 보인 기업임에도 불구하고 배당을 지급하는 기업들이 늘어나고 있으며,[60] 과도한 배당지급을 결의하는 기업에 대한 우려가 기사에 종종 언급되고 있다. 이러한 기사들은 투자자들이 기업의 재무 상황에 대한 이해가 부족한 상황에서 배당지급 여부만을 가지고 투자의사 결정을 한다면 자칫 큰 손실을 부담할 우려가 있다고 지적하고 있다.[61] 그러나 손실기업

---

[59] 기준 금리가 사상 최저 수준인 1.5%까지 떨어지고, 국고채 3년 수익률은 1.6%대를 형성하고 있는 반면에, 2016년 상반기 국내 주요 상장기업들의 배당수익률은 1.5~1.78%에 달할 것으로 예상하고 있다.(조선일보, 2015.10.30.)

[60] 기업이 당기순손실을 보고했다고 할지라도 배당을 할 수 없는 것은 아니다. 상법 제462조(이익의 배당)에서 배당가능이익을 정의하고 있으며, 배당가능이익은 회사의 대차대조표의 순자산액으로부터 (1)자본금의 액 (2)그 결산기까지 적립된 자본준비금과 이익준비금의 합계액 (3)그 결산기에 적립하여야 할 이익준비금의 액 (4)일반적으로 공정하고 타당한 회계 관행에 따른 자산 및 부채에 대한 평가로 인하여 증가한 대차대조표 상의 순자산액(이하 미실현이익이라 함)으로 미실현손실과 상계하지 않은 금액을 공제한 액을 말한다. 따라서 일반적으로 투자자가 회사의 배당가능이익 규모를 확인하기 위해서는 피투자회사에 대한 정보뿐만 아니라 다양한 미실현이익에 대한 정보가 요구된다. 최근 기업들로 하여금 배당가능이익을 공시하게 하려는 움직임도 이러한 어려움이 있기 때문이다. 본 연구는 정확한 배당가능이익을 산정하는 것이 목적이 아니기 때문에, 회계 상 당기순손실을 보고한 기업들이 배당 여력이 미흡하다고 판단하고, 배당을 지급한 손실기업들의 이익특성을 살펴보고자 한다.

[61] **사는 지난해 결산 배당을 실시했는데, 2012년만 해도 1.8%이던 시가 배당률이 8.9%수준으로 높아졌다. 그런데 높은 배당성향과 달리 실적은 딴판이다. 2012년 165억원이었던 **사의 영업이익은 2013년 36억원, 2014년 9억원으로 줄다가 급기야 올

의 증가[62]와 이러한 우려에도 불구하고 손실기업의 배당의사결정에 대한 논의는 미미한 편이며, 특히 배당을 지급하는 손실기업의 회계 이익이 어떠한 특성을 가지고 있는가에 대한 실증적인 국내 연구는 진행된 바가 없다.

국외에서는 Hayn(1995)이 이익기업과 손실기업의 이익특성이 다르다는 결과를 보고한 이후, 손실기업에 대한 실증 연구들이 다양한 측면에서 꾸준히 진행되어 왔다(Conrad et al. 2002; Pinnuck and Shekhar 2013). 선행연구들은 손실기업의 이익지속성이 낮고, 가치 관련성이 낮으며, 시장에서 손실기업을 평가하는데 있어, 이익기업과 달리 청산가치를 고려해야 함을 제시하고 있다(DeAangelo et al.1992; Collins et al.1999). 이러한 결과들은 손실기업의 배당의사결정이 상대적으로 높은 비용과 혜택을 수반할 수 있음을 보여준다. 즉, 손실기업이 배당하는 경우에는 배당의 미래이익에 대한 신호 효과로 인하여 기업의 미래성과 향상에 대한 부담이 높을 것이다. 이와 함께 손실기업은 이익기업에 비해 배당을 지급할 여력이 충분하지 않고, 배당 보다는 기업성과를 높이는데 자원을 배분해야 하는 압력이 높을 수 있다. 반면에 손실기업임에도 배당을 지급한다면, 현재의 저조한 성과에도 불구하고 주주들에게 부를 환원한다는 측면에서 긍정적인 평가를 받을 수 있다. 또한 배당을 통하여 이해관계자들에게 기업의 미래현금흐름에 대한 신호를 보낼 수 있을 것이다. 따라서 손실기업임에도 배당을 하는 기업들은 이러한 비용과 혜택을 고려해야 할 것이다.

일반적으로 이익의 질[63]은 재무보고의 중요한 특성이며, 기업의 성과

상반기 11억 원 손실로 적자 전환했다. (뉴스토마토, 2015.11.1.)
62 모 연구소 조사에 의하면, 국내 2000대 기업 중 1996년 영업손실과 당기순손실을 보고한 기업 비중이 10.5%와 18.6%에서 지난해 영업손실 기업은 23.8%, 당기순손실 기업은 28.4%로 외환위기 보다 급증했다.
63 본 연구는 손실기업을 대상으로 하고 있으며, 손실기업이 보고한 당기순손실의 특성을 살펴보았다. 논문 제목에 '이익의 질'이란 'earnings quality'을 의미하는 것이다. 즉, 보고

를 배분하는데 있어 판단 기준이 된다. 왜냐하면, 이익은 투자자들과 재무분석가들이 기업가치를 판단하는데 있어 가장 기본적이고 핵심적인 정보이며, 이익의 질에 따라 자본비용도 달라질 수 있기 때문이다(Francis et al. 2004). 더불어 이익은 기업의 배당의사결정에 가장 중요한 요인으로 제시되고 있다(Lintner 1956). 그러나 당기순손실임에도 배당을 지급하는 기업들이 있으며, 이에 대하여 DeAangelo et al.(1992)는 손실 여부가 배당 감소 또는 배당 중단의 주요 요인은 아님을 발견하였다. 특히 기업의 이익 특성에 따라 배당의 정보 효과가 달라질 수 있음을 제시하였다. 즉 특별 항목(unusual items)으로 인한 손실보고 기업은 현재이익의 미래이익에 대한 예측력이 유의적임을 보고하였다. 이는 손실기업이 배당을 지급하는 경우에는 미래이익 예측력이 우수함으로 보여줌으로써, 손실기업들 중에서 배당을 지급한 기업은 배당을 지급하지 않은 기업과 이익의 질이 다를 수 있음을 제시하고 있다.

본 연구는 배당을 지급하는 손실기업의 이익 특성을 분석하기 위하여, 이익의 질을 Dechow and Dichev(2002)과 Francis et al.(2005)의 방법에 따른 발생액의 질과 양의 영업이익더미변수로 이용하였다.[64] 즉, 손실기업임

된 회계 이익의 질을 의미한다.

[64] 회계 정보를 이용한 이익의 질 변수들은 이익지속성, 예측가능성, 이익유연화, 발생액, 발생액의 질 등이 있으며, 시장 정보를 이용한 이익의 질 변수들은 적시성, 가치관련성 등이 있다. 그러나 각 변수들이 측정하는 이익의 질에 대한 속성이 다르기 때문에 여러 변수들을 모두 이용하더라도 어떤 속성이 이익의 질에 영향을 미치는지 파악하기 어렵다. 또한 각 변수들에 대한 선행연구들의 결과가 혼재되어 있으며, 각 변수들마다 결과 해석에 차이가 있기 때문에 다양한 이익의 질을 모두 사용하는 것이 반드시 바람직한 것은 아니다(Ewert and Wagenhofer 2012). 본 연구는 배당을 지급하는 손실기업의 이익의 질을 측정하는데 있어, 발생주의 회계에서 이익의 질을 대리할(proxy) 수 있는 변수들 중에서 가장 우수하다고 여겨지는 발생액의 질을 이용하였다(Francis et al. 2004). 이익의 질에 대한 대용치로 발생액의 질을 사용한 연구들은 김용태 외 2인(2006), 이세용(2009), 이영한·박주영(2014), Givoly et al.(2010), Peterson et al.(2015) 등이 있다.

에도 불구하고 발생액의 질이 우수하거나 양의 영업이익을 보고한 기업일수록 배당을 지급하는지 검증하였다. 발생주의 회계에서 발생액은 이익의 질을 결정하는 주요 요소로 여겨지고 있으며(Francis et al. 2004), 발생액의 질이 높을수록 미래이익 예측력이 높음을 보고하고 있다. 따라서 이익의 질이 우수한 손실기업이라면 경영자는 이러한 상황을 시장에 알리기 위하여 배당을 지급할 것으로 예상된다. 더불어 일시적 손실로 판단이 된다면, 경영자는 배당지급을 통하여 기업의 미래성과에 대한 신호를 보내려고 할 것이다. 본 연구는 이러한 예상을 검증하기 위하여, 손실기업의 배당의사결정에 이익의 질이 미치는 영향을 분석하였다.

2002년부터 2013년까지 손실을 보고한 상장기업을 대상으로 분석한 결과, 배당지급에 영향을 미치는 여러 변수들을 통제하고도 발생액의 질이 우수할수록 배당을 지급하려는 경향이 높게 나타났다. 또한 양의 영업이익을 보고한 기업일수록 배당을 지급하고 있음을 발견하였다. 이러한 결과는 당기순손실을 보고한 기업일지라도 발생액의 질이 우수하거나 일시적인 항목으로 인한 손실인 경우에는 배당지급을 통하여 기업의 이해관계자들에게 부를 배분하고, 미래성장성에 대한 신호를 보내고 있음을 알 수 있다. 이러한 결과들은 몇 가지 추가적인 분석에서도 일관되게 나타났다.

본 연구의 구성은 다음과 같다. 제1장에서는 본 연구의 동기와 연구목적에 대하여 기술하고, 제2장에서는 배당의사결정과 손실기업에 대한 선행연구를 검토하고, 이를 바탕으로 가설을 설정한다. 제3장에서는 가설을 검증하기 위한 연구 모형을 제시하고, 변수의 정의와 측정 및 표본에 대한 내용을 설명한다. 제4장에서는 가설에 대한 실증분석결과를 제시하고, 제5장에서는 본 연구의 연구결과 및 공헌점과 한계점에 대하여 기술한다.

II. 선행연구 검토 및 가설 설정

1. 배당의사결정에 대한 연구

배당에 대한 연구는 오랫동안 진행되어 왔으며, 대부분의 연구들이 배당을 지급하는 이익기업들을 대상으로 분석하였다.[65] 배당신호가설에 의하면, 배당지급은 경영자와 투자자 간의 정보비대칭 문제를 완화시켜주며, 경영자는 일반투자자들보다 기업의 미래성과에 대한 우월한 정보를 가지고 있기 때문에 이를 시장에 알리기 위하여 배당지급을 결정한다. 따라서 배당이 증가할수록 기업의 미래성과에 대한 좋은 신호로 여겨진다 (Ambarish et al.1987; Nissim and Ziv 2001). 그러나 한편으로는 배당의 증가가 기업의 투자 감소로 해석될 수 있기 때문에 일반적으로 배당의사결정은 배당지급을 통한 대리인비용의 감소와 자본조달비용의 증가를 최소화하는 수준에서 결정될 것이다. 따라서 배당의사결정에는 여러 가지 요인들이 영향을 주며, 선행연구들도 배당의사결정에 영향을 미치는 변수들로 미래경영성과에 대한 전망뿐만 아니라 경영자의 선호, 과거 배당지급행태, 기업의 지배구조 등 다양한 변수들을 제시하고 있다. 기업의 배당의사결정이 지배구조에 영향을 받는다는 선행연구들의 결과가 많이 제시되고 있으며(Zeckhauser and Pound, 1990; Eckbo and Verma 1994), 우리나라의 경우에는 외국인투자자의 비율이 높을수록 배당지급이 유의적으로 높다는 결과들이 제시되고 있다. 반면에 박경서와 이은정(2006)은 수익성이 좋은 기업의 경우 외국인지분율의 증가가 오히려 배당을 유의적으로 줄이는 효과가 있음을 제시하고 있다. 이와 함께 배당의사결정이 기업의 과거 배당행태에 의해 결정된다는 주장도 있다. 배당의 유연성을 위해서 일시에

---

[65] 대부분의 선행연구들이 배당성향을 이용하여 연구하였으며, 배당성향을 계산하기 위해서는 당기순이익 정보가 필요하기 때문에 손실기업들을 표본에서 제외하고 분석하였다.

이익이 크게 발생한 경우에 배당금을 비례적으로 증가시키지 않으며, 이익이 줄어든 경우에도 배당의 비례적인 감소를 하지 않는 것이다. 따라서 과거 배당을 지속적으로 지급해왔던 기업들은 당기 손실을 보고했을지라도 배당지급을 중단하지 않으려는 경향이 있을 것이다. 또한 배당정책 결정 요인에 대한 국내·외 설문조사 및 실증 결과에서도 과거 배당지급행태는 중요한 요인으로 나타나고 있다(Baker et al. 1985; 우춘식 1988; 오유선과 최운열 1992; 원정연과 김성민 1999; 남혜정과 김정태 2014). 이는 경영자가 배당 여부(수준)를 결정할 때 현재의 성과가 나쁠지라도 과거에 꾸준히 배당을 지급하였던 행태를 유지하고자 하는 성향이 있음을 보여주고 있다. 또 배당지급은 기업의 미래성과에 대한 신호이기도 하지만, 과거 배당성향을 유지하려는 경영자의 성향을 나타내는 경우도 있다. 이렇듯 배당의사결정에 영향을 미치는 변수들은 다양하게 나타나고 있으나, 기업의 가장 중요하고 기본적인 성과 정보는 회계이익이다. 즉, 대부분의 투자자들은 이익기업에 있어 배당을 기대하고 있으며, 이익기업의 배당은 기업성과의 배분이라는 측면에서 대리인문제를 완화시켜주는 역할을 한다. 반면에 손실기업의 경우에는 경영자가 배당지급을 통해 기업의 미래영업 성과에 대한 사적 정보를 전달할 유인이 있으며, 이때 기업성과의 대용치인 이익 여부 보다는 이익의 질이 배당의사결정에 중요한 요인으로 작용될 것이다. 그러나 손실기업의 배당의사결정에 대한 경험적 연구는 활발하지 않으며, 배당을 지급하는 손실기업의 이익 특성에 대한 연구 역시 미미한 상황이다.

2. 손실기업에 대한 연구

Hayn(1995)이 손실기업의 이익 특성이 이익기업의 이익 특성과 다르다는 연구결과를 제시한 이후, 손실기업에 대한 연구가 활발하게 진행되어 왔다. 특히 과거 몇 년 동안 손실기업이 시장경제에서 차지하는 비중이 커짐에 따라, 손실기업에 대한 연구가 중요성을 가지게 되었다. Joos and Plesko(2005)의 연구는 2000년대에 들어 손실기업이 표본의 40%를 넘어가고 있음을 보고하고 있다. 또한 선행연구들에 의하면, 손실기업을 단순히 기업실적이 나쁜 기업으로 간주하는 것이 아니라 당기순손실의 특성을 구체적으로 파악함으로써, 기업의 경영의사 결정에 대한 다각적인 분석이 필요함을 제시하고 있다. 투자자들은 손실기업을 이익기업과 같은 방법으로 평가하지 않으며, 손실기업의 가치를 평가하기 위해서는 전통적인 이익기업 평가 방법과는 다른 평가 요인이 필요함을 주장하고 있다. Collins et al.(1999)은 전통적인 기업가치 평가 방법들은 이익기업만을 대상으로 하고 있으나, 손실기업의 비중이 증가함에 따라 손실기업의 특성을 반영한 기업가치 평가 방법이 필요함을 주장하였다. 이에 손실기업의 청산가치를 기업가치 평가모형에 반영하는 새로운 평가모형을 제시하였다. Baker and Wurgler(2006)는 투자심리(sentiment)에 따라 이익기업과 손실기업의 미래수익률이 다르게 나타나며, 주가 변동에 있어 심리적 영향이 큰 집단은 손실기업이라고 보고하였다. Pinnuck and Shekhar(2013)은 투자자들이 기업을 구분하는데 있어, 기본적으로 이익과 손실기업으로 나누려는 경향이 있으며, 이러한 경향으로 투자자들의 심리적 의사결정이 주가에 미치는 영향은 손실기업에서 더 크게 나타난다고 보았다.

손실기업에 대한 이러한 선행연구들을 종합하면, 이익기업과 손실기업의 회계 정보는 다른 특성을 가지고 있으며, 나아가 투자자들 역시 이익기업과 손실기업을 평가하는데 있어 다른 기준과 평가 방법을 적용하고 있음을 알 수 있다.

3. 가설 설정

손실기업의 배당의사결정에 대한 연구들은 손실기업들이 기업의 미래 영업 성과에 대한 신호를 알리기 위해 배당을 지급하고 있으며, 이익 특성에 따라 배당지급의 정보 효과가 달라짐을 보고하고 있다. DeAangelo et al.(1992)은 대부분의 손실기업이 배당을 중단하거나 감소시키고 있으나, 손실기업의 배당신호 효과는 이익 특성에 따라 영향을 받고 있음을 제시하였다. 즉, 특별항목으로 당기순손실을 보고한 기업의 경우에는 배당의 미래이익 예측능력이 유의적으로 높음을 보여주었다. 이는 손실기업일지라도 일시적 항목으로 인한 손실은 경영자로 하여금 배당을 통하여 기업의 미래이익 창출 능력을 신호하려는 유인이 높음을 보여준다. Joos and Plesko(2004)는 양의 현금흐름을 가진 손실기업보다 음의 현금흐름을 가진 손실기업의 배당정보 효과가 더욱 유의적임을 발견하였다. 이는 음의 현금흐름을 가진 손실기업의 신호비용이 높기 때문에 배당정보 효과가 유의하게 나타나고 있음을 의미한다. Skinner와 Soltes(2011)는 손실기업 중 특별 손실이 손실에서 차지하는 비율이 높을수록 배당을 지급할 가능성이 높음을 보였다. 이 연구들은 배당지급에 기업의 이익특성이 영향을 미치고 있음을 의미하는 것으로, 이익 특성 중 하나인 이익의 질이 기업의 배당에 영향을 미칠 수 있음을 시사하고 있다.

  국내 연구들은 손실기업을 대상으로 하지 않았지만, 이익의 질이 배당에 미치는 영향을 분석하고 있다. 이화진 외 2인(2005)은 배당을 지급하는 기업의 이익지속성이 배당을 지급하지 않는 기업의 이익지속성보다 크게 나타나고 있음을 발견하였다. 류주연과 전진규(2015)도 발생액의 질이 우수할수록 배당개시 및 고배당 기업임을 보고하고 있다. 이러한 연구결과들은 배당지급 기업의 이익 특성이 배당미지급 기업의 이익 특성과 다름을 제시하고 있다. 또한 이화진과 이계원(2007)은 높은 배당을 지급하는 손실기업의 경우 이익지속성에 대한 배당신호 효과가 더욱 유의하게 나타나고 있음을 발견하였다. 이러한 선행연구결과들은 손실기업의 경우 기업의 경영 성과에 대한 내부 정보를 적극적으로 시장에 알림으로써 기업에 대한 부정적인 평가를 해소하고자 노력하며, 이익의 질을 나타내는 지표 중 하나인 이익지속성이 높을수록 배당지급을 통하여 기업의 미래이익성과에 대한 정보를 시장에 알리려는 유인이 높음을 보여준다.

반면에 손실기업은 이익기업에 비하여 배당을 지급할 여력이 충분하지 않고, 배당 보다는 기업성과를 높이는데 자원을 배분해야 하는 압력이 높을 수 있다. 이처럼 손실기업은 배당의사결정에 있어서 혜택과 비용이 상대적으로 높기 때문에 배당지급에 좀 더 신중해질 것이다. 따라서 손실을 보고한 기업임에도 불구하고 배당을 지급하는 기업들은 단기적인 경영성과보다는 이익지속성이나 이익의 질이 우수하다고 판단하는 경우, 배당지급을 결정할 수 있을 것이다. Demerjian et al.(2013)은 이익의 질은 경영자의 능력과 비례하며, 경영자는 기업의 보고이익의 질을 결정하는 중요한 요인임을 발견하였다. 이는 경영자가 이익의 질에 대하여 판단할 수 있으며, 나아가 배당의사결정에도 영향을 미칠 수 있음을 보여준다. 따라서 본 연구는 손실기업임에도 불구하고 배당을 지급하는 기업들은 배당을 지급하지 않는 손실기업들과 비교하여 이익의 질이 우수할 것으로 예상된다. 이를 검증하기 위하여, 본 연구는 다음과 같은 가설을 설정하였다.

> **○ 가설** 이익의 질이 높은 손실기업일수록 배당을 지급할 것이다.

III. 표본 및 연구 방법

1. 연구모형 및 주요변수

이익의 질

이익의 질은 재무보고의 중요한 특성이며, 높은 이익의 질을 판단하는 기준도 다양하다. 일반적으로 관련 연구들은 이익의 질(EQ)에 대하여 여러 가지 대용치(proxy)들을 제시하고 있지만, 발생액의 질을 회계 정보를 이용한 다른 측정치들보다 우수한 측정치로 보고 있다(Francis et al.,2004). 발생주의 회계(accrual accounting)에서 발생액이 과거, 현재, 그리고 미래의 현금흐름과 얼마나 잘 매핑 되는가는 기업의 성과를 나타내는 적절한 대용치로 여겨지며, Dechow and Schrand(2004)는 높은 품질의 이익이란 기업의 현 경영 성과를 정확하게 반영하는 것이라고 하였다.

이와 함께 발생액의 질은 이익의 지속성에도 영향을 미치는 것으로 보고되고 있다. Sloan(1996)은 동일한 수준의 이익일지라도 발생액 수준이 높은 경우 이익의 지속성이 낮음을 보고하였다. Xie(2001) 역시 경영자의 이익조정 의도가 개입된 재량적 발생액은 미래 지속성이 낮음을 발견하였다. 오태겸(2015)은 발생액의 변동성이 이익의 질에 음의 영향을 미치며, 이익의 질의 대용치로 발생액이 유의적임을 보고하였다. 이는 발생액이 이익의 지속성에 미치는 영향이 중요하며, 발생액의 질이 높을수록 이익의 지속성도 높을 것으로 기대된다. 또한 이세용(2012)은 DD(2002)모형으로 측정한 발생액의 질에 따라 회계 이익의 미래현금흐름 예측 능력이 어떻게 달라지는지 분석한 결과, 회계 이익의 미래현금흐름 예측 능력은 발생액의 질이 높아짐에 따라 증가하고 있음을 발견하였다. 권수영 외 2인(2012)은 발생액의 질이 높을수록 미래이익 반응계수가 유의하게 높아짐을 발견하였다. 이는 발생액의 질이 높을수록 정보의 불확실성이 감소하기 때문에 미래이익에 대한 투자자들의 예측 능력을 높이고 있음을 보여준다. 이러한 선행연구결과들은 발생액의 질이 높을수록 이익지속성이 높고, 미래현금흐름 예측력도 높아짐을 제시하고 있다. 따라서 손실기업임에도 불구하고 발생액의 질이 높은 기업이라면, 이러한 회계 정보의 우수성을 시장에 알리기 위하여 배당을 지급할 것으로 예상된다.

본 연구는 이익의 질에 대한 대용치로 발생액의 질과 양의 영업이익 더미변수를 이용하였다.[65] 먼저, 발생액의 질은 선행연구인 Dechow and Dichev(2002)와 Francis et al.(2005)의 연구모형을 이용하여 발생액이 영업현금흐름으로 실현되는 정도로 측정하였다. 즉, 발생액이 과거, 현재, 그리고 미래에 현금흐름으로 잘 전환되는 경우에 발생액의 질이 높은 것으로 보았다. 따라서 잔차의 표준편차가 낮을수록 발생액의 질이 높은 것으로 해석된다.[67] 이러한 발생액의 질은 잔차의 변동성을 이용함으로써 이익조정이 심한 이익은 좋은 이익으로 보지 않는 회계유관기관들의 의견과 일관된다. 식(1)은 Dechow and Dichev(2002) 모형이며, 식(2)는 Francis et al.(2005) 모형이다. 각 식의 모든 변수들은 전기총자산으로 표준화하였다.

$$ACC_{it} = b_0 + b_1 CF_{it-1} + b_2 CF_{it} + b_3 CF_{it+1} + \varepsilon_{it} \qquad (1)$$

여기서,

ACC = 총 발생액(회계이익에서 영업현금흐름을 차감하여 계산되는 발생액),
CF   = 영업현금흐름,
ε = 잔차항.

$$ACC^{68}_{it} = b_0 + b_1 CF_{it-1} + b_2 CF_{it} + b_3 CF_{it} + 1 + b_4 \triangle REV + b_5 PPE_{it} + \varepsilon_{it} \qquad (2)$$

---

[66] 이익의 질에 대한 대용치로 이익지속성이 이용될 수 있다. 일반적으로 배당지급은 미래이익에 대한 신호로 여겨지기 때문에, 배당을 하는 기업들의 이익의 지속성이 높을 것으로 예상한다. 그러나 본 연구는 당기순손실을 보고한 기업을 대상으로 하고 있기 때문에 이익의 지속성을 측정하는 것이 적절하지 않다고 판단되어, 이익지속성에 영향을 미치는 발생액의 질을 이용하였다.

[67] 각 모형의 잔차의 표준편차를 계산하기 위하여 3년의 기간을 이용하였다. 이로 인해, 자료의 추출은 2000년부터 하였으나, 분석은 2002년부터 시작된다. 또한 DD모형의 t+1의 CFO변수가 필요하기 때문에 2014년까지 자료를 추출하였으나, 분석은 2013년까지만 시행되었다.

[68] 식(1)과 식(2)에서 사용된 ACC와 각 모형에서 산출된 잔차의 기술통계량은 다음과 같다.

	평균값	중간값	STD	Q1	Q3
ACC	-0.152	-0.089	0.374	-0.191	-0.024
Residual 1	0.155	0.074	0.331	0.030	0.167
Residual 2	0.145	0.070	0.263	0.028	0.162

여기서,
ACC = 총 발생액(회계이익에서 영업현금흐름을 차감하여 계산되는 발생액),
CF   = 영업현금흐름,
△REV = 매출액변화,
PPE = 유형자산−토지−건설중인 자산,
ε   = 잔차항.

이익의 질에 대한 대용치로 발생액의 질과 함께 양의 영업이익더미변수를 포함하였다. DeAangelo et al.(1992)은 배당을 지급한 손실기업들의 이익 특성을 살펴본 결과, 특별이익으로 인한 손실보고 기업은 배당의 미래이익 예측능력이 유의적으로 높음을 보여주었다. 이는 손실기업일지라도 일시적 항목으로 인한 손실은 경영자로 하여금 배당을 통하여 기업의 미래이익 창출 능력을 신호하려는 유인이 높음을 보여준다. 따라서 당기순손실일지라도 이러한 손실이 주요 영업 활동인 영업이익에서 나온 것이 아니라 비경상적이고 비반복적인 영업외 활동으로 인해 발생한 것이라면, 기업은 배당의사결정시 당기순손실에 대한 부담이 적을 것이다. 본 연구는 비록 당기순손실을 보고하였지만, 양의 영업이익을 보고한 기업들일수록 배당을 지급하는지 검증하고자 양의 영업이익더미를 관심변수로 포함하였다.[69] AQ1과 AQ2는 Dechow and Dichev(2002)모형과 Francis et al.(2005)모형의 잔차의 표준편차이며, 해석상의 편의를 위하여 로짓분석 시에는 각 변수들의 값에 −1을 곱하여 사용하였다. OID는 당기순손

---

[69] DeAangelo et al.(1992)에 따라 손실기업의 당기순손실에서 특별항목의 비중을 이용하여 분석하고자 하였으나, 우리나라는 2007년부터 특별항목이익(손실)에 대한 구분 공시가 없어져, 특별항목에 대한 분석이 어려웠다. 본 연구는 양의 영업이익더미변수를 이용하여 분석하였으며, 추가 분석에서 당기순손실에서 영업이익이 차지하는 비율(절대값)을 이용하여 재분석하였다.

실을 보고하였으나, 양의 영업이익을 보고한 기업더미변수이다.

연구모형

배당을 지급하는 손실기업의 이익의 질을 파악하고자 다음과 같은 연구모형을 이용하였다. 식(3)의 종속변수는 배당지급여부를 나타내는 더미변수이며, 본 연구의 관심변수인 이익의 질 변수들(AQ1, AQ2 그리고 OID)을 모형식에 포함하였다.

$$DD_{it} = a_0 + a_1EQ(OID)_{it} + a_2SIZE_{it} + a_3ROA_{it} + a_4LEV_{it} + a_5SVOL_{it} + a_6CASH_{it} + a_7MSD_{it} + a_8RNE_{it} + a_9LDIV_{it} + a_{10}LARS_{it} + \Sigma a_jIND_j + \Sigma a_jYD_j + \varepsilon_{it} \quad (3)$$

여기서, DD_{it} = 현금배당지급여부를 나타내는 더미변수, 현금배당을 하였으면 1, 아니면 0,

EQ_{it} = 이익의 질을 나타내는 발생액의 질 변수(AQ1, AQ2), 여기서 AQ1은 Dechow and Dichev(2002)모형의 잔차의 표준편차로 측정하였으며, AQ2는 Francis et al.(2005)모형의 잔차의 표준편차로 측정하였음,

OID_{it} = 양의 영업이익 더미변수, 영업이익이 양이면 1, 아니면 0,

$SIZE_{it}$ = 기업규모(총자산의 로그값),

ROA_{it} = 총자산이익률(당기순이익/총자산),

LEV_{it} = 부채비율(총부채/총자산),

$SVOL_{it}$ = 매출액변동성((매출액/총자산)의 3년 표준편차),

$CASH_{it}$ = 현금비중(현금 및 현금등가물/총자산),

MSD_{it} = 자기주식취득더미변수,

RNE_{it} = 배당지급여력(이익잉여금/총자산),
$LDIV_{it}$ = 전년도 배당지급여부를 나타내는 더미변수,
$LARS_{it}$ = 최대주주지분율,
ΣIND = 산업별 더미변수,
ΣYD = 연도별 더미변수,
ε = 잔차항.

통제변수로는 일반적으로 기업의 배당의사결정에 영향을 미치는 요인으로 제시된 대표적인 변수들을 고려하여 모형에 포함하였다. 구체적으로 기업규모(SIZE), 수익성(ROA), 부채비율(LEV), 매출액변동성(SVOL), 현금비중(CASH), 자기주식취득여부(MSD), 최대주주지분율(LARS), 그리고 전기배당지급여부(LDIV)를 통제변수로 고려하였다. 이는 기업규모가 클수록 대리인문제가 발생하기 때문에 기업규모가 큰 기업일수록 배당지급 결정을 하게 된다는 선행연구결과에 따른 것이다(Crutchley and Hansen 1989; Jensen, Solberg and Zorn 1992). 또한 Jensen, Solberg and Zorn(1992)는 수익성과는 양(+)의 관계가 있음을 제시하였으며, 이에 수익성의 대용치인 ROA변수를 포함하였다. Fenn and Liang(2001)은 외부자금 조달비용의 대용치인 부채비율과 배당은 음(-)의 관계가 있음을 보여주었다. 즉, 기업규모(SIZE)가 크고, 수익성(ROA)이 높은 기업일수록 배당을 지급하는 경향이 높으며 부채비율(LEV)이 높은 경우에는 배당지급이 어려울 것으로 보았다. 이와 함께 기업이 배당지급 능력을 통제하기 위하여 현금비중(CASH)과 이익잉여금(RNE)변수를 포함하였다. 김성신(2013)은 우리나라 배당지급 기업들을 대상으로 수명주기가 주요 요인임을 제시하였으며, 수명주기는 장부가에서 유보이익(이익잉여금)이 차지하는 비율로 측정하였다. 본 연구에서는 배당지급 여력의 대용치로 이익잉여금변수를 이용하였으나, 이 변수가 김성신(2013)의 연구처럼 기업의 수명주기를 대용할

수도 있다. 자기주식취득여부(MSD)는 배당과의 대체적인 효과를 통제하기 위하여 포함하였다. Skinner(2008)는 배당을 지급하여왔던 기업들의 자기주식취득이 최근 급격히 증가하고 있다고 보고하였다. 우리나라 역시 기업들이 배당보다 자사주를 취득하여 소각함으로써 세제 혜택과 주주환원의 효과를 기대하고 있다. 따라서 배당의사결정에 자사주 취득은 중요한 대체안으로 영향을 미칠 것으로 예상된다. 최대주주지분율이(LARS) 높으면 배당을 지급하는 경향이 높다는 선행연구들의 결과를 바탕으로 최대주주지분율변수를 포함하였다.[70] 마지막으로 전년도 배당지급여부(LDIV)는 과거 배당행태를 반영하기 위하여 포함하였다. Michaely and Roberts(2012)는 상장기업과 비상장기업의 배당정책을 비교한 결과, 상장기업은 배당유연화 경향이 높으며, 일시적 이익에 대한 배당변동이 낮음을 발견하였다. 특히 현재의 성과가 나쁠지라도 경영자는 지속적으로 일관된 배당행태를 유지함으로써 투자자들의 기대에 부응하고 기업의 미래 성과에 대한 좋은 인상을 제공할 수 있을 것이다. 이외에도 연도별 산업별 효과를 통제하기 위하여, 연도 및 산업더미변수들을 포함하였다. 통제변수들의 정의는 식(3) 하단에 기술하였다.

2. 표본의 선정

본 연구는 2002년부터 2013년까지 다음의 제 요건을 만족시키는 유가증권 및 코스닥 상장기업을 대상으로 선정하였다.
(1) 12월 결산법인이며, 자본잠식 상태가 아닌 기업
(2) 금융업에 포함되지 않는 기업
(3) Fn-Guide에서 필요한 자료가 있으며, 당기순손실을 보고한 기업

---

[70] 기업의 배당의사결정에 영향을 미치는 지배구조변수로 외국인투자자비율이 주요변수로 여겨지고 있으나, 데이터베이스에 외국인지분율 정보가 2003년까지만 제공되고 있어서 변수로 포함하지 못하였다.

본 연구의 표본은 금융위기 이후인 2000년부터 추출하였으며,[71] 이는 대부분의 선행연구들이 금융위기 기간의 재무제표 정보가 극단적이며 왜곡되어 있을 가능성이 높다는 이유로 이 기간을 배제하고 있기 때문이다. 조건(1)과 (2)는 기업 간 비교가능성을 높이기 위해 동일 결산월과 자본잠식 상태가 아닌 기업으로 제한하였으며, 금융업의 재무제표의 양식, 계정 과목의 성격 등이 일반 제조업과 상이할 수 있기 때문에 금융업을 제외하였다. 또한 변수들의 극단치가 결과에 미치는 영향을 완화하기 위하여, 주요변수들의 극단치 1%에서 winsorization을 하여 최종표본은 5,128 기업/년이다.[72]

〈표 1〉은 2002년부터 2013년까지 연도별 배당지급 기업($DIVID$)과 손실기업($LOSS$), 그리고 손실기업이면서 배당을 지급한 기업($LOSSD$)들의 수와 비율을 보여주고 있다. 전반적으로 배당을 지급하는 기업들의 비율은 증가하고 있으며, 손실기업 역시 25%정도 수준이었다가 2010년 이후에 28~30%로 증가하고 있음을 알 수 있다. 즉 우리나라도 전체 기업에 손실기업이 차지하는 비중이 증가하고 있음을 보여준다. 배당을 지급한 기업들 중에 손실기업이 차지하는 비중은 2000년대에는 10% 수준을 유지하다가, 2010년 이후에는 꾸준히 증가하는 추세이다. 2013년에는 배당지급 기업들 중에 약 16%의 기업들이 당기손실을 보고하였다. 이는 배당을 지급한 기업들 중에 손실기업의 비중이 꾸준히 증가하고 있음을 보여준다. 더불어 LOSSD/LOSS는 손실기업들 중에 배당을 지급하는 기업들의 비율을 나타낸다. 즉, 손실기업들 중에 배당을 지급하는 기업들은 평균적

---

[71] 이익의 질을 측정하기 위하여, 재량적 발생액의 변동성을 산출해야하기 때문에 데이터는 2000년부터 추출하여 사용하였으나, 분석은 2002년 데이터부터 이용하였다.
[72] 손실기업의 배당의사결정이 이익기업의 배당의사결정과 어떻게 다른가에 대한 논의는 흥미로운 주제이며, 배당지급 기업이라는 점에서 공통점이 있다. 다만, 배당을 지급한 손실기업과 유사한 특성을 가지는 이익기업을 매칭하여 표본을 설계하기에는 표본의 손실이 크기 때문에 본 연구에서는 매칭 표본을 사용하지 않았다.

〈표 1〉 Observations Distribution by year

Year	N	DIVID	DIVID/N	LOSS	LOSS/N	LOSSD	LOSSD/DIVID	LOSSD/LOSS
2002	1,308	589	0.450	356	0.272	84	0.143	0.235
2003	1,353	653	0.483	364	0.269	74	0.113	0.203
2004	1,413	692	0.490	319	0.226	59	0.085	0.185
2005	1,399	737	0.527	326	0.233	74	0.100	0.227
2006	1,508	812	0.538	387	0.257	81	0.100	0.209
2007	1,596	860	0.539	453	0.284	97	0.113	0.214
2008	1,654	885	0.535	598	0.362	191	0.216	0.319
2009	1,717	813	0.474	420	0.245	95	0.117	0.226
2010	1,718	880	0.512	405	0.236	69	0.078	0.170
2011	1,718	940	0.547	485	0.282	131	0.139	0.270
2012	1,713	919	0.536	483	0.282	117	0.127	0.242
2013	1,717	909	0.529	532	0.310	145	0.160	0.273
	18,814	9,689		5,128		1,217		

1) The firms that pay dividends are included in the sample regardless of positive or negative earnings.
2) DIVID represents the firms that pay dividends by year. LOSS represents the firms that report negative earnings. LOSSD represents the firms that report negative earnings and pay dividends.

으로 약 23% 정도 차지하고 있음을 알 수 있다.

Ⅳ. 실증분석결과

1. 기술통계량

〈표 2〉는 표본의 범위를 손실기업으로 한정하여, 분석에 사용된 주요

변수들의 기술통계량을 보여주고 있다. 패널A는 주요변수들의 기술통계량이며, 패널B는 배당지급여부에 따른 주요변수들의 평균값과 차이값에 대한 통계적 유의성을 보여주고 있다.

먼저, 발생액의 질을 나타내는 $AQ1$와 $AQ2$의 평균값은 각각 0.144, 0.138로 나타났다. 이는 발생액의 질을 이용한 선행연구들의 평균값보다 다소 높게 나타났다. 이세용(2012)의 연구에서는 손실기업이 아닌 전체 기업을 대상으로 할 때, $AQ1$의 평균값이 0.0346이였다. OID는 0.272로 나타나, 손실기업일지라도 약 27%의 기업들이 양의 영업이익을 보이고 있음을 알 수 있다. 우리나라 기업 규모를 나타내는 $SIZE$는 총자산의 로그값으로 평균값이 18.168로 나타났다. LEV는 0.570으로 손실기업의 부

⟨표 2⟩ Descriptive Statistics

Panel A: Descriptive Statistics (N=5,128)

Variable	Mean	STD.	Min	Q1	Median	Q3	Max
AQ1	0.144	0.153	0.005	0.048	0.092	0.177	0.736
AQ2	0.138	0.145	0.004	0.047	0.088	0.168	0.683
OID	0.272	0.445	0.000	0.000	0.000	1.000	1.000
SIZE	18.168	1.474	15.904	17.157	17.905	18.853	23.630
ROA	−0.257	0.708	−19.229	−0.236	−0.095	−0.033	0.000
LEV	0.570	0.266	0.061	0.386	0.566	0.733	1.266
SVOL	0.821	0.648	0.000	0.429	0.700	1.053	16.817
CASH	0.002	0.013	0.000	0.000	0.000	0.000	0.128
MSD	0.186	0.389	0.000	0.000	0.000	0.000	1.000
LARS	33.592	18.027	0.000	19.320	32.010	45.640	100.000
RNE	0.226	0.231	0.000	0.000	0.173	0.400	0.793
LDIV	0.291	0.454	0.000	0.000	0.000	1.000	1.000

Panel B: Difference test for loss firms

Variable	Dividend Payout (N=1,217)	Non-dividend (N=3,911)	Differ.	t-value	Wilcoxon (z-static)
NI(1,000won)	−53,830,000	−28,030,000	25,798,510	4.24***	2.092 (0.036)*
OI(1,000won)	501,696	−6,277,661	−6,779,357	1.93*	12.02 (<.0001)***
AQ1	0.083	0.163	0.080	16.27***	21.04 (<.0001)***
AQ2	0.080	0.156	0.076	16.30***	20.38 (<.0001)***
OID	0.424	0.225	0.199	13.89***	13.64 (<.0001)***
MSD	0.271	0.159	0.112	8.80***	8.74 (<.0001)***

1) This table reports the mean value of main variables for loss firms.
2) Definition of variables :
NI=net income; OI=operating income; $AQ1$=a accruals quality measured by the standard deviation from DD(2002)'s model; $AQ2$=a accruals quality measured by the standard deviation from Francis et al(2005)'s model; OID=a dummy variable equal to 1 if operating income is positive, otherwise 0; $SIZE$=the natural log of total assets; ROA=return on Assets measured by net income divided by total assets; LEV=leverage ratio measured by total liabilities divided by total assets; $SVOL$=a volatility of sales measured by the standard deviation from the previous three years; $CASH$=sum of cash and cash equivalents divided by total assets; MSD=a dummy variable equal to 1 if a firm repurchases treasury stocks, otherwise 0. $LARS$=a ratio of largest shareholders; RNE=a ratio of retained earnings measured by retained earnings divided by total assets; $LDIV$=a dummy variable equal to 1 if a firm pay dividends in year t-1, otherwise 0.
Note3) ***, **, and * indicate significance of 1%, 5%, and 10% level (two-tailed).

채비율이 평균적으로 50%가 넘어가고 있음을 알 수 있다. 성과변동성을 나타내는 매출액변동성변수인 $SVOL$은 0.821로 나타나, 매출액의 변동성이 다소 높은 편임을 보여준다. MSD의 평균값은 0.186으로 전체 표본의 약 18%가 자기주식을 취득하였음을 알 수 있다. 최대대주주지분율은 약 33%로 나타나고 있으며, 약 29%의 손실기업이 전년도에 배당을 지급한 것으로 나타났다.

패널B는 배당지급 여부에 따라 주요변수들의 차이를 살펴보았다. 먼저, 당기순손실의 수준을 살펴보면, 배당을 지급한 손실기업의 당기순손실의 평균적인 수준은 배당을 지급하지 않은 손실기업보다 더 높게 나타난 반면에, 배당을 지급한 기업들의 영업이익은 평균적으로 양의 값을 보였다. 이는 당기순손실수준만을 보고, 기업의 배당지급 여부를 판단한다거나, 배당 여부만을 가지고 기업의 성과를 판단하는 것은 부적절함을 보여준다. 관심변수들인 발생액의 질에 대한 변수들 역시 배당을 지급한 손실기업이 배당을 지급하지 않은 손실기업보다 유의적으로 낮게 나타났다. 배당을 지급한 기업들의 $AQ1$은 0.083인 반면에 배당을 지급하지 않은 기업들의 $AQ1$은 0.163으로 약 2배의 차이를 보이고 있으며, 통계적 유의성을 나타내는 t값도 16.27로 나타났다(중간값 차이의 통계적 유의성 값인 Wilcoxon z-statistic도 21.04로 유의적이다). 즉, 배당을 지급한 손실기업의 발생액의 질이 높음을 알 수 있다. 양의 영업이익 더미변수인 OID는 배당을 지급한 손실기업에서 유의하게 높게 나타나고 있다. 이는 비록 당기순손실을 보고하였지만, 영업이익이 양의 값을 가진다면 기업들은 일시적인 당기순손실로 판단하여 배당지급을 결정하는 것으로 판단된다. 따라서 배당의사결정을 이해하기 위해서는 기업의 당기순손실 여부보다 영업이익수준을 살펴보는 것이 필요함을 알 수 있다. 또한 배당을 지급한 기업일수록 자기주식 취득을 더 많이 하는 것으로 나타났다. 그러나 이러한 차이는 단순 차이분석이기 때문에, 배당지급여부에 영향을 미치는 변수들을 통제한 다변량분석을 통하여 확인해야 할 것이다.

〈표 3〉은 주요변수들의 상관관계를 보여주고 있다. 배당지급여부(DD)와 $AQ1$, $AQ2$, 그리고 OID변수 간의 상관관계는 유의적인 양의 관계를 나타내고 있어, 발생액의 질이 높고, 양의 영업이익을 보고한 기업일수록 배당을 지급하고 있음을 보여준다. 그러나 이러한 관계는 두 변수 간의 단순 상관관계이므로, 배당지급의사 결정에 영향을 미치는 통제변수들의 효과를 고려한 다변량분석의 결과를 살펴봐야 할 것이다. 다른 통제변수들과의 상관관계는 DD와 $LDIV$의 상관관계 0.65로 가장 높았다. 이는 배

⟨표 3⟩ Correlations among variables

	DD	AQ1	AQ2	OID	SIZE	ROA	LEV	SVOL	CASH	MSD	RNE	LDIV	LARS
DD	1.00												
AQ1	0.22 <.0001	1.00											
AQ2	0.22 <.0001	0.97 <.0001	1.00										
OID	0.19 <.0001	0.16 <.0001	0.15 <.0001	1.00									
SIZE	0.33 <.0001	0.29 <.0001	0.27 <.0001	0.33 <.0001	1.00								
ROA	0.24 <.0001	0.52 <.0001	0.52 <.0001	0.27 <.0001	0.38 <.0001	1.00							
LEV	-0.08 <.0001	-0.13 <.0001	-0.13 <.0001	0.10 <.0001	0.23 <.0001	-0.27 <.0001	1.00						
SVOL	0.11 <.0001	0.06 <.0001	0.03 0.03	0.12 <.0001	0.02 0.15	0.01 0.52	0.18 <.0001	1.00					
CASH	-0.01 0.55	-0.00 0.73	-0.00 0.99	-0.03 0.03	-0.02 0.26	0.01 0.41	-0.09 <.0001	-0.01 0.49	1.00				
MSD	0.12 <.0001	-0.04 0.01	-0.03 0.02	0.01 0.49	-0.01 0.43	0.00 0.96	-0.08 <.0001	-0.01 0.55	0.01 0.71	1.00			
RNE	0.20 <.0001	0.30 <.0001	0.29 <.0001	0.16 <.0001	0.36 <.0001	0.3 <.0001	0.06 <.0001	-0.03 0.05	-0.02 0.16	-0.05 0.00	1.00		
LDIV	0.65 <.0001	0.22 <.0001	0.22 <.0001	0.15 <.0001	0.34 <.0001	0.22 <.0001	-0.05 0.00	0.10 <.0001	0.00 0.74	0.08 <.0001	0.21 <.0001	1.00	
LARS	0.26 <.0001	0.25 <.0001	0.24 <.0001	0.16 <.0001	0.288 <.0001	0.34 <.0001	0.01 0.44	0.09 <.0001	-0.02 0.21	0.00 0.79	0.25 <.0001	0.26 <.0001	1.00

1) Refer to table 2 for definition of variables.

당지급에 있어 전년도 배당지급 여부가 매우 중요한 영향을 미치고 있으며, 우리나라의 손실기업들도 전년도 배당지급을 유지하려는 행태를 보이고 있음을 알 수 있다. 이외에 *ROA*와 *AQ1*, *AQ2* 간의 상관관계가 0.52로 나타나, *ROA*가 높을수록 발생액의 질이 높은 것으로 나타났다. 이외의 변수들 간의 상관관계는 0.4이하의 상관관계를 보이고 있다. 일반적으로 독립변수들 사이에 0.4이상의 상관관계가 존재하면, 회귀분석 시 다중공선성이 발생할 수 있다. 따라서 본 연구는 이를 확인하기 위하여 분산팽창계수(Variance Inflation Fator, VIF)를 조사하였다. 검증 결과, 모든 분석에서 VIF값이 3보다 낮은 값을 나타내어 다중공선성이 분석결과에 유의적인 영향을 미치지 않음을 확인하였다.[73]

2. 로짓분석

본 연구는 손실기업을 대상으로 배당지급을 한 기업의 이익의 질이 배당지급을 하지 않은 기업들의 이익의 질과 유의적으로 다른지 분석하였다. 〈표 4〉는 배당지급여부를 종속변수로 한 로짓분석결과를 보여주고 있다. 이익의 질에 대한 대용치인 발생액의 질에 대한 변수들을 각각 독립변수로 한 결과들을 살펴보면, *AQ1*은 경우, 계수값이 0.547(z-value:2.09)로 나타나고 있다. 이는 발생액의 질이 좋을수록 손실기업일지라도 배당을 지급하려는 경향이 높음을 보여준다. 발생액의 질에 대한 대체적인 측정치인 *AQ2*도 유사한 결과를 보이고 있어, 이러한 결과를 재확인하고 있다.[74] 또한 *OID*의 계수값 역시 유의적인 양의 값을 보이고 있다(계수

---

[73] 3개의 산업더미만 VIF가 높게 나타났으며, 다른 변수들의 평균 VIF는 1.85로 나타났다.
[74] 본 연구는 DD(2002)모형과 Francis et al(2005)에 따라 발생액의 질을 측정하였기 때문에, 잔차의 변동성이 낮을수록 발생액의 질이 높다고 보고, 이는 이익지속성과 미래이익 예측력에 긍정적인 신호로 배당의사결정에 영향을 미칠 것으로 보았다. 즉, 발생액의 질이 높을수록 정보의 불확실성이 감소하기 때문에 미래이익 정보에 대한 가중치가 높아질 것이라는 Francis et al.(2005)의 주장과 일관된다. 그러나 잔차의 낮은 변동성이

값:0.173, z-value:2.94). 이러한 결과는 당기순이익이 음인 기업일지라도 영업이익이 양인 경우에는 배당을 지급하려는 경향이 높음을 보여 준다.

⟨표 4⟩ Logit regression results for Hypothesis

$DD_{it} = a_0 + a_1EQ(OID)_{it} + a_2SIZE_{it} + a_3ROA_{it} + a_4LEV_{it} + a_5SVOL_{it} + a_6CASH_{it} + a_7MSD_{it} + a_8RNE_{it} + a_9LDIV_{it} + a_{10}LARS_{it} + \Sigma a_j IND_j + \Sigma a_j YD_j + \varepsilon_{it}$

Variable	Pred.	AQ1 Coeff. (z-value)	AQ2 Coeff. (z--value)	OID Coeff. (z-value)
EQ	+	0.547 (2.09)***	0.644 (2.36)***	0.173 (2.94)***
SIZE	+	0.171 (7.55)***	0.173 (7.64)***	0.163 (7.11)***
ROA	+	0.748 (4.00)***	0.720 (3.83)***	0.797 (4.53)***
LEV	−	−0.759 (−5.61)***	−0.763 (−5.64)***	−0.816 (−6.02)***
SVOL	?	0.187 (4.96)***	0.194 (5.11)***	0.181 (4.77)***
CASH	?	−1.958 (−1.03)	−1.931 (−1.02)	−1.747 (−0.92)
MSD	?	0.422 (6.86)***	0.422 (6.86)***	0.414 (6.73)***
RNE	?	0.075 (0.57)	0.078 (0.60)	0.120 (0.92)
LDIV	+	1.705 (32.09)***	1.701 (31.96)***	1.715 (32.30)***
LARS	+	0.008 (5.20)***	0.008 (5.22)***	0.008 (5.25)***

기업의 배당지급 여력을 보여줌으로써 배당을 지급하려는 경향이 높아질 수 있을 것이다. 이러한 가능성을 최소화하기 위하여, 본 연구는 모형에서 본질적인 발생액의 질에 영향을 미칠 수 있는 기업규모, 매출액변동성과 함께 배당지급 여력을 나타내는 현금비중, 이익잉여금비중 등을 통제함으로써 재량적 발생액의 질이 이익의 질에 대한 신호로 유의적임으로 보여 주었다.

Variable	Pred.	AQ1 Coeff. (z-value)	AQ2 Coeff. (z-value)	OID Coeff. (z-value)
Intercept	?	-4.659 (-10.46)***	-4.696 (-10.58)***	-4.577 (-10.24)***
Industry dummy		Included	Included	Included
Year dummy		Included	Included	Included
Pseudo R²		0.4317	0.4319	0.4325
Wald Chi		1515.36	1514.69	1513.33

1) The sample consists of firm-year observations from 2002 to 2013 with available data.
2) Refer to Table 2 for definition of variables.
3) Pseudo R² represents model specification and Wald Chi represents goodness of fit.
4) ***, **, and * indicate significance of 1%, 5%, and 10% level (two-tailed).

통제변수들의 결과를 살펴보면, 손실기업의 경우에도 기업규모가 크고 ROA가 높은 기업일수록 배당을 지급하고 있으며, 부채비율이 높을수록 배당을 지급하지 않는 것으로 나타났다. 또한 변동성을 나타내는 매출액변동성(SVOL)의 경우에는 높을수록 배당을 지급하는 것으로 나타났다. 이는 손실기업에 있어서는 변동성이 배당의사결정에 유의적인 영향을 미치는 변수임을 보여준다.[75] 현금비중(CASH)은 음의 값을 보이고 있으나 통계적으로 유의적이지는 않았다. 배당지급 여력을 나타내는 다른 변수인 이익잉여금비중(RNE)은 양의 값을 보이고 있으나 유의하지는 않았다. 반면에 자기주식취득여부(MSD)의 계수값은 모든 모형에서 유의적인 양의 값을 보이고 있다. 이는 손실기업에 있어 배당의사결정은 자기주

---

[75] 매출액변동성변수(SVOL)대신에 영업현금흐름변동성변수(SCFO)를 포함하여 분석하였을 때에도 결과는 일관되게 나타났다. 현금흐름변동성변수는 과거 3년간의 영업현금흐름의 표준편차를 이용하여 측정하였으며, SCFO변수를 이용하였을 때에는 AQ1은 1,275(z-value: 2.44), SCFO는 0.611(z-value: 1.05)로 나타났다.

식취득 의사결정과 대체적인 관계가 아닌 보완적인 관계임을 보여준다. 즉, 배당을 지급하는 기업일수록 자기주식을 취득하는 비율이 높음을 알 수 있다. 최대주주지분율(*LARS*)의 경우에는 선행연구들의 결과와 일관되게 최대주주지분율이 높을수록 배당을 지급하려는 경향이 높게 나타나, 손실기업에 있어서도 특정주주의 배당선호가 배당의사결정에 영향을 미치고 있음을 알 수 있다. 마지막으로 전년도 배당 여부(*LDIV*)는 유의적인 양의 값을 보이고 있다. 이는 손실기업들도 과거 배당행태를 유지하려는 유인이 높으며, 비록 당기성과가 나쁠지라도 배당지급하던 행태를 유지함으로 투자자들에게 기업성과에 대하여 긍정적인 신호를 보내려는 유인이 높음을 알 수 있다. 각 모형의 적합도를 나타내는 Pseudo R^2 역시 0.4317~0.4325로 나타나 본 연구의 모형이 배당의사결정을 설명하는데 유의함을 보여준다.

3. 강건성 분석
영업이익의 수준에 따른 추가 분석

본 연구는 이익의 질의 대용치로 양의 영업이익더미변수를 이용하였다. 그러나 영업이익이 양의 값인지 여부보다는 당기순손실에서 영업이익(*OI*)이 차지하는 비중에 따라 배당의사결정에 미치는 영향이 다를 수 있다. 즉, 당기순손실에서 영업이익의 비중이 클수록 기업의 성과가 주요 경영 활동에서 발생한다고 볼 수 있기 때문에, 이 비중이 높을수록 경영자는 배당을 통하여 기업의 성과를 알리고자 할 것이다. 이를 검증하기 위하여 영업이익의 비중에 따른 더미변수를 이용하여 추가 분석하였다. 즉, *OID1* 변수는 (영업이익/당기순손실)의 절대값이 1보다 크면 1, 아니면 0인 더미변수이다. 분석결과 *OID1*의 계수값은 유의적인 양의 값을 보였다. *OID1*의 계수값은 0.210(z-value: 3.59)으로 *OID*(0.173, z-value: 2.94)의 결과와 비교하면, 계수값의 크기와 유의성이 모두 증가하였음을 알 수 있다. 이러한 결과는 당기순손실에서 영업이익이 차지하는 비중이 클수록 손실기업들은 배당을 지급함으로써 기업의 내부적 정보를 시장에 알리고자 함을 알 수 있다. 지면상 결과를 보고하지 않았지만, 통제변수들의 결과들도 〈표 4〉와 유사하게 나타났다.

영업이익의 지속성에 따른 추가 분석

일반적으로 이익의 지속성이 높을수록 미래현금흐름에 대한 긍정적인 신호를 나타내므로, 지속성이 높은 이익은 이익의 질이 높다고 여겨진다. 그러나 본 연구의 표본은 손실기업이기 때문에 이익의 지속성을 측정하기에는 적합하지 않으므로, 영업이익을 이용하여 영업이익의 지속성을 측정하였다. 영업이익의 지속성이 높을수록 배당지급의사결정을 하는지 검증한 결과, 지속성의 계수값은 0.005(z-value : 0.27)로 나타나 유의하지 않았다. 즉, 손실기업에 있어 영업이익의 지속성은 배당의사결정에 미치는 영향이 미미한 것으로 나타났다. 그러나 이러한 결과는 영업이익지속성 변수의 한계가 있음을 고려해야 한다. 본 연구는 이익지속성변수 측정시, 당기순손실의 문제점을 보완하기 위하여 영업이익을 이용한 지속성 변수를 측정하였으나, 영업이익 역시 약 27%만이 양의 값을 가지고 있음을 감안해야 할 것이다(표 2 참고).

전년도 손실 여부에 따른 추가 분석

본 연구는 손실기업의 배당의사결정에 있어 이익의 질이 미치는 영향을 살펴보기 위하여, 발생액의 질을 대용치로 사용하였다. 분석결과, 이익의 질이 우수할수록 기업의 실적이 좋지 않음에도 불구하고 배당을 지급하고 있음을 발견하였다. 나아가 기업의 손실이 일회성이 아닌 지속적인 경우에는, 즉 배당의 신호 비용이 높을수록 배당의사결정에 이익의 질이 미치는 영향이 더욱 클 것으로 예상된다. 따라서 본 연구는 전년도 손

⟨표 5⟩ Logit regression results

$DD_{it} = a_0 + a_1EQ(OID)_{it} + a_2SIZE_{it} + a_3ROA_{it} + a_4LEV_{it} + a_5SVOL_{it} + a_6CASH_{it} + a_7MSD_{it} + a_8RNE_{it} + a_9LDIV_{it} + a_{10}LARS_{it} + a_jIND_j + \Sigma a_jYD_j + \varepsilon_{it}$

Group	AQ1 Coeff. (z-value)	AQ2 Coeff. (z-value)	OID Coeff. (z-value)
Group with net loss in year t-1	2.016 (2.08)*	2.080 (2.16)***	0.392 (2.10)**
Group with net income in year t-1	0.946 (1.37)	0.640 (0.85)	−0.016 (−0.11)

1) The sample consists of firm−year observations from 2002 to 2013 with available data. This table reports only the coefficient of EQ for brevity.
2) Refer to Table 2 for definition of variables.
3) ***, **, and * indicate significance of 1%, 5%, and 10% level (two-tailed).

실 여부에 따라 표본을 두 개의 그룹으로 나누고 재분석하였으며, 분석결과는 ⟨표 5⟩에 보고하였다. ⟨표 5⟩의 결과를 보면, 전년도에 손실을 보고한 그룹에 있어, 이익의 질이 배당의사결정에 미치는 영향이 더욱 유의한 것으로 나타났다. *AQ1*, *AQ2*, 그리고 *OID*의 계수값이 각각 2.016, 2.080, 그리고 0.392로 유의적이며, 이는 ⟨표 4⟩의 결과와 비교하였을 때보다 큰 값이다. 예를 들면, *AQ1*의 계수값은 0.547%→2.016%으로 증가하여, 이익의 질이 배당의사결정에 미치는 영향은 손실이 지속될수록 더욱 유의하게 나타나고 있음을 보여준다.

손실금액의 크기에 따른 추가 분석

본 연구는 추가 분석으로 손실금액의 크기에 따라 5개의 그룹으로 나누고 각 그룹별로 발생액의 질이 배당지급 여부에 미치는 영향을 살펴보았다. ⟨표 6⟩의 결과를 보면, 당기순손실의 수준이 낮은 그룹1~3에서는

〈표 6〉 Logit regression results for groups with different level of net losses

$DD_{it} = a_0 + a_1EQ(OID)_{it} + a_2SIZE_{it} + a_3ROA_{it} + a_4LEV_{it} + a_5SVOL_{it} + a_6CASH_{it} + a_7MSD_{it} + a_8RNE_{it} + a_9LDIV_{it} + a_{10}LARS_{it} + \Sigma a_jIND_j + \Sigma a_jYD_j + \varepsilon_{it}$

Group	AQ1 Coeff. (z-value)	AQ2 Coeff. (z-value)	OID Coeff. (z-value)
G1 (Low)	0.132 (0.13)	−0.622 (−0.63)	0.803 (2.31)**
G2	0.247 (0.22)	0.536 (0.46)	0.535 (1.43)
G3	1.504 (1.22)	1.899 (1.46)	−0.148 (−0.44)
G4	3.731 (2.62)***	4.627 (2.92)***	0.296 (0.13)
G5 (High)	3.760 (2.57)**	3.898 (2.49)**	0.211 (1.01)

1) The sample consists of firm-year observations from 2002 to 2013 with available data. G1 indicates the firms with the lowest net loss while G5 indicates the firms with the highest net loss. This table reports only the coefficient of EQ for brevity.
2) Refer to Table 2 for definition of variables.
3) ***, **, and * indicate significance of 1%, 5%, and 10% level (two-tailed).

이익의 질이 배당지급에 미치는 영향이 유의적이지 않은 반면에 그룹4와 5에서는 이익의 질이 높을수록 배당을 지급하는 경향이 높은 것으로 나타났다. 이는 당기순손실의 수준이 미미한 경우에 발생액의 질보다는 다른 요인들이 미치는 영향이 유의적인 반면에, 당기순손실의 규모가 일정 수준 이상이 되면, 배당의사결정은 기업의 이익의 질에 영향을 받고 있음을 알 수 있다.

반면에 양의 영업이익더미변수(OID)로 살펴본 그룹별 결과는 당기순손실의 크기가 작을수록 배당을 지급하고 있음을 알 수 있다. 즉, 손실기업들은 양의 영업이익을 보고할지라도 일정 규모 이상의 당기순손실이 나타나면 배당지급을 결정하지 않고 있음을 보여준다.

K-IFRS 도입 이전 표본만으로 재분석

2011년 K-IFRS의 도입으로 회계 정보의 질적 특성이 달라졌다는 선행연구들의 결과를 바탕으로, 이러한 영향을 최소화하기 위하여 2011년 이전 표본을 이용하여 〈표 4〉의 분석을 재검증하였다. 지면 상 결과를 보고하지 않았지만, 모든 분석에서 일관된 결과를 확인할 수 있었다. 따라서 본 연구의 결과는 K-IFRS 도입 효과로 인한 결과가 아님을 알 수 있다.

V. 결론

본 연구는 손실기업의 이익의 질이 배당의사결정에 영향을 미치는지 살펴보았다. 일반적으로 배당지급은 성과 배분의 하나로 여겨지고 있으나, 실증연구 결과에 의하면 경영자들의 배당의사결정에 영향을 미치는 변수들은 매우 다양하게 나타나고 있다. 특히 이익은 기업성과의 중요한 지표이며, 투자자들뿐만 아니라 이해관계자들이 기업가치를 평가하는 요인이다. 그러나 손실을 보고한 기업들 중에 배당을 지급하는 기업들이 증가하고 있음에도, 이에 대한 연구는 미미한 상황이다. 손실기업에 있어서 배당의사결정은 성과의 분배 차원보다는 기업의 미래성과에 대한 정보를 시장에 알리려는 유인이 높을 것이다. 이익기업과 달리 기업성과에 대한 높은 부담과 충분한 배당 재원이 없는 상황에서 배당의사결정은 보고이익 자체보다는 이익의 질이 중요한 판단 기준이 될 것이다. 본 연구는 2002년부터 2013년까지 손실기업을 대상으로 분석한 결과, 발생액의 질이 우수한 기업일수록 배당을 지급하고 있음을 발견하였다. 또한 손실기업임에도 양의 영업이익을 보고한 기업일수록 배당을 지급하였다. 추가분석에서는 당기순손실에서 영업이익이 차지하는 비율이 높을수록, 전년도에 손실을 보고한 기업일수록 배당의사결정에 이익의 질이 유의하게 영향을 미치고 있음을 발견하였다. 이러한 결과는 상대적으로 신호 비용이 높은 손실기업에 있어서 이익의 질이 높은 기업일수록 배당을 지급하고 있음을 보여주었다.

본 연구의 결과는 다음과 같은 공헌점을 가질 것으로 기대된다. 첫째, 배당의사결정에 대한 관련 연구는 투자 및 자본조달의사 결정에 대한 연구들에 비하여 활발하게 진행되지 못하였다. 이는 과거 우리나라의 배당성향이 다른 나라에 비하여 높지 않았고, 배당의사결정에 영향을 미치는 변수들이 예측가능하지 않기 때문일 것이다. 즉, 국내 기업들이 비효율적인 외부자본 조달시장의 문제점과 초과자금 수요의 문제를 극복하기 위하여 내부 유보를 선호하였으며, 이에 따라 소극적인 배당행태로 나타나게 되었다. 그러나 최근에는 배당수익률이 시중금리를 넘어서면서, 배당에 대한 관심이 높아지고 있다. 이에 본 연구는 손실기업이라도 이익의 질이 우수한 경우에는 배당을 지급하는 경향이 높다는 실증 결과를 제시하였다는 점에서 의의가 있다. 이러한 연구결과는 기업의 중요한 의사결정 중에 하나인 배당의사결정에 대한 이해도를 높이고, 투자자들뿐만 아니라 잠재적인 투자자인 자본시장 참여자들에게 기업의 배당행태에 대한 유용한 정보를 제공할 것이다. 둘째, 일반적으로 투자자들은 주식투자를 통하여 이익을 얻을 뿐만 아니라 배당을 통하여 이익을 실현시킬 수 있기 때문에 기업의 배당의사결정에 많은 관심을 가지고 있는 것이 사실이다. 그러나 배당의사결정은 내부적인 의사결정이기 때문에 투자자들이 이를 예측한다는 것은 매우 어려운 상황이다. 특히 손실기업의 경우에는 배당보다는 기업성과에 대한 부담이 상대적으로 더 높기 때문에 배당의사결정이 더욱 신중해져야 할 것이다. 본 연구는 손실기업의 배당의사결정에 있어, 이익의 질이 중요한 요인임을 발견하였다. 이는 손실기업의 경우에는 경영자가 미래성과를 판단하는데 있어, 이익의 질을 중요요인으로 여기고 있으며 이익의 질이 높다고 판단되면 당기손실일지라도 배당을 통하여 기업의 잠재력을 시장에 알리고자 함을 알 수 있다. 마지막으로 본 연구의 결과는 배당의사결정과 관련된 후속 연구뿐만 아니라 손실기업에 대한 연구에도 유용한 시사점을 제공할 것으로 기대된다. 국내 손실기업이 증가하고 있는 추세임에도 불구하고 손실기업에 대한 연구는 미미한 상황이다. 따라서 본 연구의 결과는 손실기업에 대하여 관심을 가지고 있는 학계 및 유관기관에게도 중요한 시사점을 제공할 수 있으리라 판단된다. 다만, 본 연구에서 배당의사결정에 영향을 미치는 여러 변수들을 통제하였음에도 불구하고, 생략된 통제변수들이 있을 수 있다. 이러한 문제는 경험적 연구들의 공통적인 한계이기도 하다. 본 연구의 결과를 토대로 향후에는 손실기업에 대한 이해를 높일 수 있는 다양한 분야의 연구들이 진행되기를 기대해본다.

03 배당예측에 대한 논의

 최근 기업의 배당정책에 대한 투자자들의 관심이 높아지면서, 배당주에 대한 관심도 높아지고 있다. 물가상승 압박에 따른 금리인상 등 긴축기조로 증시가 불안한 상황에서 배당을 꾸준히 지급하거나 늘리는 고배당주의 매력은 더욱 높아지고 있다. 미국 역시 S&P500 소속 기업 중 25년 이상 연속으로 배당액을 늘려온 귀족 배당주가 안정적인 투자처로 주목받고 있다. 투자자들의 배당주에 대한 높은 관심에 부응하고, ESG 활동에 대한 일환으로 배당정책에 대한 미래계획을 제시하는 기업들이 나타나고 있다. 그러나 여전히 대부분의 기업들은 미래 배당정책을 공시하는 것을 주저하고 있으며, 이는 투자자들에게 배당에 대한 예측가능성을 낮추고 있다.
 만약 기업의 미래 배당정책에 대한 예측 정확성을 높힐 수 있다면, 투자자 관점에서 배당수익률을 높이고, 적절한 배당 포트폴리오를 구성하는데 도움이 될 것이다.

재무분석가의 배당예측정확성에 대한 연구*

I. 서론

재무분석가의 예측 정보는 기업가치 평가뿐만 아니라 투자자들의 여러 의사결정에 유용한 정보로 활용되고 있음에도 불구하고, 대부분의 연구들은 이익예측치에 집중되어 있다. 재무분석가의 이익예측치는 기업의 가치 평가뿐만 아니라 미래성장성 예측에 유용한 정보로 활용되고 있기 때문에 이익예측치에 대한 관련 연구들이 활발하게 진행되었다(O'brien 1988;Hwang et al. 1996; Das 1998; Eames and Glover 2003; Daniel and Titman 2003; Drake and Myers 2007). 이익정보가 유용한 정보임에는 틀림없지만, 배당정보 역시 주가 변동에 영향을 미치는 정보 원천으로 알려져 있다 (Foster and Vickrey 1978; 우춘식 1989). 최근 배당정보에 대한 중요성이 높아지고 있는 상황에서 배당예측 정보에 대해 투자자들의 요구는 증가할 것이며,[76] 예측정확성이 높은 배당예측치는 유용한 정보로 활용될 수 있을

---

* 세무와 회계저널(2017, 남혜정)에 게재된 논문입니다.

[76] Harris et al.(2015)은 투자자들의 배당소득이 증가하고 있음을 보고 하였다. 연구자들은 mutual funds가 배당지급 전에 주식을 구입하는데 있어 프리미엄을 기꺼이 지급하고 있음을 발견하였다. 이는 투자자들에게 높은 배당수익을 가져다 주기 때문이라고 주장하였다.

이와 함께 다음 기사는 국내 기업들의 배당지급 및 배당성향이 높아지고 있으며, 국내 투자자들의 배당주에 관심도 높아지고 있음을 보여준다.

"한국거래소에 따르면, 유가증권시장 12월 결산법인의 최근 5년간 현금배당 공시를 분석한 결과 지난해 배당금 총액(결산배당 기준, 우선주 포함) 규모는 5년 연속 증가해 지난해 20조 9000억 원을 기록하면서 전년 대비 9.5% 늘었다. 전체 상장법인의 72%가 현금 배당을 실시, 전체 현금배당 법인 522개사 중 70%(69.2%)에 해당하는 361개사는 5년 연속 현금 배당을 한 것으로 드러났다. 특히, 2015년 현금 배당 법인 중 95%의 법인이 지난해에도 배당을 시행, 매년 현금 배당을 공시한 법인의 약 90%는 2년 이상 연속 배당을 한 기업이었다. 거래소는 "정부의 배당 유도정책 및 배당에 대한 사회

것이다. 우리나라는 2010년부터 FnGuide가 재무분석가의 배당예측 정보를 제공하고 있으나 배당예측치 특성에 대한 경험적 연구결과는 찾아보기 어렵다. 본 연구는 우리나라 재무분석가가 제공하는 배당예측치의 예측정확성에 대하여 분석하고, 배당예측정확성에 영향을 미치는 변수들을 검증하였다.

최근 기업의 배당을 늘리기 위해 기업소득 환류세제와 배당소득 증대세제를 본격적으로 시행함으로써 배당에 대한 관심이 높아지고 있다. 저성장 시기로 진입하고 배당수익률이 시중 금리를 넘어서고 있는 상황에서[77] 배당성향과 배당수익률에 대한 투자자들의 관심은 어느 때보다 높은 상황이다. 자본시장연구원(2016)에 따르면 지난해 코스피시장 배당금은 총 19조원으로 전년 대비 27.1% 높았다. 코스피 상장기업의 배당금 규모는 2012년부터 증가세를 보이고 있으며, 최근 2년간 평균 27.2%의 높은 배당금 증가율을 기록하고 있다. 이는 향후 기업의사 결정에서 배당의사 결정의 중요성이 높아질 것이며, 배당지급이 시장에 미치는 영향도 높아질 것으로 예상된다. 그러나 그동안 우리나라 기업들의 배당성향은 다른 나라와 비교하여 상대적으로 낮은 수준이었기 때문에,[78] 배당에 대한 관심이 높지 않았으며 배당정보에 대한 논의는 활발하지 못하였다. 특히 배당예측치에 대한 국내 연구는 미미하며, 몇편의 국외 연구들은 호주 및 국제 자료를 이용하여 배당예측치의 정확성에 대하여 검증하였다. Brown et al.(2000)은 호주 자료를 이용하여 신규 상장기업의 경영자가 제공하는

적 관심이 증대함에 따라 기업들도 주주가치 제고를 위해 안정적인 배당정책을 유지하려고 노력하는 것으로 보인다"고 분석했다".(헤럴드경제, 2017.4.11.)
[77] 한국거래소에 따르면 올해 코스피 및 코스피200 기업의 예상배당수익률은 1.7% 이상을 기록할 것으로 추정했다. 반면, 6월 금통위가 기준 금리를 25bp 인하 하면서 국내 기준금리는 사상 최저 수준(1.25%)으로 떨어졌다.(아시아경제, 2016.6.29.)
[78] 주요 19개 국가의 2005~2011년까지 배당성향을 비교한 연구에 따르면 우리나라의 배당성향은 약 22% 내외로 선진국 평균 배당성향인 49% 보다 낮은 수준이다.

배당예측치를 검증했다. 분석결과 배당예측치가 이익예측치 보다 정확하며, 지분율이 높을수록, 상장 규모가 클수록 배당예측정확성이 높아짐을 발견하였다. Clarke et al.(2002) 역시 호주 자료를 이용하여 재무분석가의 배당예측치를 분석한 결과, 재무분석가의 배당예측치가 이익예측치보다 정확하며, 편의가 작음(less biased)을 발견하였다. 또한 Brown et al.(2016)은 미국뿐만 아니라 39개 국가의 배당예측치 자료를 이용하여, 대부분의 나라에서 배당예측치가 이익예측치보다 정확함을 보여주었다. 이러한 연구결과들은 재무분석가의 배당예측치가 이익예측치와 함께 투자자들에게 유용한 정보로 활용될 수 있음을 보여주고 있다.

국내의 경우에는 재무분석가가 제공하는 배당예측치에 대한 분석은 연구자가 아는 범위에서는 진행된 바가 없다. 또한 재무분석가의 배당예측치에 대한 국외 연구들도 초기 단계로, 대부분의 연구들이 호주 자료를 이용하고 있으며, 여러 나라의 자료를 이용한 연구에서는 나라별로 재무분석가의 배당예측정확성에 차이가 있음을 보고하고 있다. Bilinski and Bradshaw(2015)은 16개국의 배당예측 정보를 이용하였는데, 재무분석가의 배당예측정확성이 일본은 0.19%인 반면에 미국은 45%, 스페인은 89%로 나타나 나라별로 배당예측정확성에 편차가 큼을 발견하였다. 이는 나라별로 재무분석가의 분석 환경과 예측 정보의 신뢰성에 차이가 있음을 보여주고 있다. 권수영과 김정국(1997)도 국내 재무분석가들의 분석 환경이 미국의 경우와 상당히 다르기 때문에 우리나라 재무분석가들의 예측 능력이 다를 수 있음을 시사하고 있다. 예를 들면, 미국 재무분석가들은 평균적으로 34종목을 담당하고 있는 반면에 우리나라는 59종목을 담당하고 있었다. 또한 우리나라 재무분석가들이 이익 예측 업무를 담당하는 기간도 50%가 3~4년, 30%는 2년 미만으로 나타나, 업무의 전문성이 낮을 수 있음을 보여주었다.

본 연구는 우리나라 재무분석가가 제공하는 배당예측 정보의 예측 정확성에 대하여 검증하였다. 구체적으로 재무분석가의 배당예측치가 시계열적 방법에 의한 배당예측치보다 우수한지 검증하고, 재무분석가의 배당예측정확성에 영향을 미치는 요인이 무엇인지 분석하였다. 2011년부터 2015년까지의 배당예측 정보를 이용하여 분석하였으며, 시계열추정치에 의한 배당예측치는 네 가지 방법에 의하여 측정하였다. 그리고 재무분석가의 배당예측정확성(FDA)과 시계열추정치에 의한 배당예측정확성(TDA)을 계산한 후, 두 변수 간의 차이(FDA-TDA)가 '0'과 유의하게 다른지 Wilcoxon signed rank test로 검증하였다. 분석결과, 재무분석가의 배당예측치의 정확성이 네 가지 방법의 시계열추정치에 의한 배당예측치의 정확성보다 높게 나타났다. 또한 두 변수 간의 차이값은 유의하게 음의 값(FDA-TDA<0)을 보였으며, 이는 재무분석가의 배당예측정확성이 시계열추정치에 의한 배당예측정확성 보다 우수함을 보여준다. 이와 함께, 재무분석가의 배당예측정확성에 영향을 미치는 변수들을 파악하기 위하여, 이익예측정확성 관련 선행연구들이 제시한 변수들을 바탕으로 회귀분석을 실시하였다. 분석결과, 배당성향이 낮을수록, 기업규모가 클수록 배당예측정확성이 높은 것으로 나타났다. 이와 함께 이익예측정확성이 배당예측정확성에 유의적인 양의 영향을 미치고 있음을 확인하였다. 이러한 실증분석결과는 재무분석가의 배당예측정확성이 시계열 방법에 의한 배당예측정확성보다 우수하며, 기업 특성에 따라 배당예측정확성이 달라질 수 있음을 보여준다.

  본 연구의 구성은 다음과 같다. 다음 장에서는 선행연구를 검토하고 연구 문제를 제기한다. 제III장에서는 분석에서 사용한 연구 방법을 기술하며, 제IV장에서는 실증분석에서 사용한 표본을 설명하고, 연구결과를 제시하고 분석한다. 마지막으로 제V장에서는 본 연구의 결론을 기술한다.

II. 선행연구 및 연구 목적

1. 재무분석가의 이익예측정확성

재무분석가의 예측정확성에 대한 초기연구들은 이익예측 정보의 우수성을 검증하기 위하여, 재무분석가의 예측 정보와 시계열적 방법에 의한 예측 정보 간의 유의적인 차이가 있는지 검증하였다. 분석결과, 재무분석가의 이익예측 정보는 시계열모형인 랜덤웍(random walk)모형보다 우월함을 제시하였으며, 이는 재무분석가들이 이익예측 시 다양한 회계 및 비회계 정보를 활용하기 때문이라고 해석하였다(Fried and Givoly 1982, Brown et al 1987). 국내 연구로는 1990년대에 재무분석가의 이익예측 능력에 대한 검증이 이루어졌으며, 재무분석가의 이익예측치와 랜덤웍모형의 이익예측치를 비교 분석하였다. 분석결과, 이남주와 나인철(1992), 이경주와 장지인(1992)은 재무분석가의 예측 능력이 우수함을 제시한 반면에 윤성준과 허성관(1991)은 재무분석가의 이익예측정확성이 랜덤웍모형에 의한 이익예측정확성보다 우수하다는 결과를 발견하지 못하였다. 김권중(1998)은 대표본을 사용하여 재무분석가의 이익예측 능력을 재검증하였으며, 분석결과 재무분석가의 예측 능력이 랜덤웍모형에 비해 우월하지 않은 것으로 제시하였다. 이처럼 재무분석가의 예측 정보에 대한 초기 연구들은 재무분석가의 이익예측 우월성에 대하여 일관된 결과를 제시하지 못하였다. 선행연구들은 재무분석가의 예측 정보에 대한 초기 연구이기 때문에 대우경제연구소의 제한된 자료만을 이용하였으며, 대용량 데이타베이스에 의한 재무분석가의 예측 자료를 이용하여 분석하지 못하였다. 비교 대상이 되는 시계열모형도 랜덤웍모형만을 이용하여 비교함으로써, 다양한 시계열적 가정을 고려하지 못하였다는 한계점이 있다. 특히 재무분석가가 예측하는 중요 정보에는 이익예측치뿐만 아니라 배당예측치가 있음에도 불구하고 대부분의 선행연구들은 재무분석가의 이익예측 능력에 초점을 맞추고 있다.

2. 배당정보와 재무분석가의 이익예측

일반적으로 배당에 대한 연구는 Miller and Modigliani(1961)의 배당무관련 주장 이후 기업의 배당지급이 기업가치에 미치는 영향에 대한 논의들이 주를 이루고 있다. 실증분석결과는 시장이 불완전한 경우, 기업의 배당지급은 비록 거래비용 및 세금 등 유리하지 못한 요인들에도 불구하고 경영자의 내적 정보를 전달하는 긍정적인 역할을 하는 것으로 평가되고 있다. 즉, 기업 이해관계자들 간의 계약이 불완전할 경우 배당의 증가를 통해 경영자와 주주 간 이해 불일치를 극복할 수 있으며, 미래이익 전망에 대한 정보의 비대칭성이 문제될 경우에는 배당지급이 효과적인 정보전달 수단이 될 수 있다(Nissim and Ziv, 2001). 국내 연구로는 조영석 외 2인(2007)이 배당변화와 미래실적 사이의 관련성을 분석한 결과 배당이 미래 기업이익에 유의적인 영향을 미치고 있음을 발견하였다. 특히 외환위기 이후에 배당과 미래이익과의 관련성이 높게 나타나고 있음을 보여주었다.

이와 함께, 재무분석가가 이익을 예측할 때 배당정보를 사용하고 있다는 연구결과도 있다(Ofer and Siegel 1987; Denis et al, 1994). Denis et al.(1994)은 기업의 배당변화 이후 재무분석가의 이익예측치 수정(revision)이 유의적으로 나타남을 발견하였으며, Carroll(1995) 역시, 당기이익을 통제한 후에도 기업의 배당변화와 재무분석가의 이익예측치 수정이 유의적인 관계가 있음을 제시하였다. 국내 연구로는 남혜정(2012)이 기업의 배당성향이 높을수록 재무분석가의 낙관적 이익예측편의가 유의적으로 나타나고 있음을 발견하였다. 이는 재무분석가의 예측 특성에 배당정보가 유의적인 영향을 미치고 있음을 보여준다. 홍춘욱 외 2인(2013)은 재무분석가의 추정치가 배당변화와 동일한 방향으로 수정되는 경향이 있으며, 추정오차는 배당 공시 후 상당히 감소하였음을 발견하였다. 이러한 선행연구들의 결과는 배당정보가 재무분석가가 제공하는 기업 분석 보고서와 매수, 매도 의견에 자주 나타나는 항목일뿐만 아니라 재무분석가의 예측치 특성에도 영향을 미치는 정보임을 제시하고 있다.

3. 재무분석가의 배당예측정확성

재무분석가의 배당예측 정보에 대한 연구는 초기 단계로서 호주 및 해외 자료를 이용한 몇편의 연구결과가 제시되고 있다. Clarke et al.(2002)은 호주 재무분석가의 배당예측치를 이용하여 재무분석가의 배당예측치가 이익예측치보다 정확하며, 편의가 작음을(less biased) 발견하였다. Brown et al.(2016)은 해외 39개 국가의 재무분석가의 배당예측치 자료를 이용하여 대부분의 나라에서 배당예측치가 이익예측치보다 정확함을 보여주었다. 또한 common-law 국가에서 이익과 배당예측 오차의 관계가 약하게 나타났다. 연구자들은 이러한 결과에 대하여 경영자들의 보고 이익보다 배당의사결정에 대한 재량권이 더 높기 때문으로 해석하고 있다. 최근에는 Bilinski and Bradshaw(2015)가 재무분석가의 배당예측치가 투자자에게 매우 유용한 정보임을 제시하였다. 연구자들은 재무분석가의 배당예측치가 시장의 배당 기대와 연관되어 매우 정확하며, 재무분석가의 배당예측정확성이 일본은 0.19%인 반면에 미국은 45%, 스페인은 89%로 나타나 나라별로 배당예측정확성에 편차가 크게 나타나고 있음을 발견하였다. 이는 나라별로 재무분석가의 분석 환경과 예측 정보의 신뢰성에 차이가 있음을 보여주고 있다. 이러한 연구결과들은 재무분석가의 배당예측치가 이익예측치와 함께 예측 정확성이 우수하지만, 배당예측정확성은 나라별로 다르게 나타날 수 있음을 보여주었다.

본 연구는 우리나라 재무분석가가 제공하는 배당예측 정보의 우수성을 살펴보기 위하여, 다양한 시계열모형을 이용하여 재무분석가가 제공하는 배당예측정확성이 시계열 추정에 의한 배당예측정확성보다 우수한지 검증하고자 한다. 만약 재무분석가의 배당예측치가 과거 자료를 이용한 단순한 예측치라면 재무분석가의 배당예측치와 시계열추정치간 정확성에는 유의적인 차이가 없을 것이다. 그러나 재무분석가의 배당예측치가 시장의 정보 요구에 반응하고 전문가적 분석 능력을 반영하여 더 정교한 예측치를 제공한다면 시계열추정치를 이용한 배당예측정확성과는 유의적인 차이가 나타날 것이다. 일반적으로 재무분석가는 일반투자자보다는 정보의 접근성 및 분석 능력이 우수하다고 여겨지기 때문에 시계열추정치에 의한 배당예측치보다 우수할 것으로 예상된다. 다만, 우리나라 재무분석가들의 분석 환경이 다른 나라와 상이할 수 있고(권수영과 김정국, 1997), 최근 들어 우리나라 기업들의 배당규모가 증가[79]하였기 때문에 재무분석가의 배당예측정확성이 시계열 방법에 의한 배당예측정확성보다 우수한지는 검증 가능한 문제일 것이다. 본 연구는 우리나라 재무분석가들이 제공하는 배당예측정확성과 네 가지 방법에 의한 시계열추정치의 배당예측정확성을 비교하였다.[80] 더불어 재무분석가의 배당예측정확성에 영향을 미치는 요인을 파악함으로써 배당예측 정보에 대한 이해를 높이고자 한다.

Ⅲ. 연구 방법

1. 재무분석가의 배당예측정확성

본 연구는 재무분석가의 배당예측정확성을 살펴보기 위하여 재무분석

---

[79] 자본시장연구원(2016)에 따르면, 코스피시장 배당금은 총 19조 원으로 전년 대비 27% 높았으며, 배당금 규모는 2012년부터 증가세를 보이고 있다.
[80] 구체적인 시계열추정치에 대한 설명은 Ⅲ.2단락에 기술하였다.

가의 배당예측치와 시계열적 방법에 의한 배당예측치들을 비교하였다. 이를 위하여 배당예측치와 실제배당금의 차이의 절대값인 예측 정확성을 계산하여 재무분석가의 배당예측치가 시계열적 방법에 의한 배당예측치들과 비교하여 얼마나 정확성이 높은지 검증하였다.

재무분석가의 배당예측정확성은 선행연구들의 방법에 따라 다음과 같이 측정한다. 구체적으로 배당예측정확성은 배당예측 오차의 절대값을 전기주가로 나눈 값으로 측정한다.[81] 따라서 배당예측정확성의 값이 0에 가까울수록 재무분석가의 배당예측정확성이 높다고 할 수 있다.

$$FDA(배당예측정확성) = |실제배당금 - 배당예측치| / 주가$$

이러한 변수 측정은 이익예측정확성변수의 측정과 동일하다(Das et al.1998; Hope 2003; Richardson et al. 2004). 이익예측정확성은 선행연구와 동일하게 다음과 같이 측정한다.[82]

$$EA(이익예측정확성) = |실제이익 - 이익예측치| / 주가$$

2. 시계열추정치를 이용한 배당예측정확성

재무분석가의 배당예측정확성(FDA)과 시계열 추정치를 이용한 배당예측정확성(TDA)을 비교하여 FDA가 우수한 예측치인지 검증하였다. 본 연구는 선행연구에서 사용하고 있는 네 가지 시계열추정치를 이용하여 재

---

[81] 재무분석가의 배당예측치는 회계연도 마지막에 예측된 합의치의 평균을 이용하였다.
[82] 재무분석가의 이익예측치를 디플레이트하는 방법에는 실제 주당순이익과 주가를 이용하는 방법이 있다. 그러나 실제 주당순이익을 이용하게 되면 주당순이익이 '0' 또는 음수인 경우 추정치 변화의 크기가 과대평가되는 위험이 있기 때문에, 대부분의 재무분석가의 이익예측정확성 관련 선행연구들은 주가를 디플레이트로 사용하고 있다.

무분석가의 배당예측치와 비교하였다. 시계열추정치에 의한 배당예측치는 다음과 같이 측정하였다.

(1) TD1: 내년의 배당은 과거의 배당과 같을 것이라는 마팅게일 배당예측치(martingale dividend forecast)를 이용한다.

(2) TD2: 과거 5년간의 평균 배당률과 전기 이익을 고려하여 배당을 지급할 것으로 가정하여 차기 배당을 예측한다.

(3) TD3: Lintner's 부분조정모형 (brown et al. 2008)을 이용하여 차기 배당은 전년도 배당과 목표 배당의 조정율에 따라 결정된다고 가정한다. 목표 배당의 조정율은 과거 5년간의 자료로 추정하였다.[83]

(4) TD4: 3번에 의해 추정된 목표 배당율과 재무분석가의 eps추정치를 이용하여 계산한다.

이러한 방법에 의하여 산정된 네 가지 시계열추정 배당예측치들을 이용하여, 다음과 같이 시계열 방법에 의한 배당예측정확성(TDA1~4)을 각각 계산하였다.

$$TDA(1\sim4) = |실제배당금 - 시계열추정배당예측치(TD1\sim4)|/주가$$

FDA와 TDA의 상대적 정확성은 Wilcoxon signed rank sum test 방법을 사용한다. FDA의 분포가 정규성 가정을 충족하지 않으므로 비모수 검증인 Wilcoxon signed rank sum test 검증이 적절하며, 관측치의 순위를 사용하는 검증 방법이므로 이는 극단적 관측치에 대한 조정이 필요 없다는 이점도 있다. 먼저, 두 변수 간의 배당예측정확성의 차이를 다음과 같이 정

---

[83] Brown et al.(2016) Lintner's 모형에 따른 계수 추정 시 과거 5년간의 자료를 바탕으로 추정하였다.

의한다.[84]

$$DIF = FDA - TDA$$

여기서, FDA = 재무분석가의 배당예측정확성
TDA = 시계열측정치를 이용한 배당예측정확성(TDA1~4)

만약, *FDA*가 *TDA*보다 정확하다면 DIF는 음의 값을 가질 것이며, 두 값 간에 유의적인 차이가 없다면 DIF는 0에 가까운 값을 나타날 것이다. 따라서 DIF=0에 대하여 검증하였으며, 통계적 유의성은 Wilcoxon S(Pr〉=|S|)에 의하여 검증하였다.

3. 배당예측정확성에 대한 회귀분석

재무분석가의 배당예측정확성에 영향을 미치는 변수를 파악하기 위하여, 모형(1)을 이용하여 회귀분석을 시행하였다. 배당예측정확성에 대한 선행연구가 미미하여 재무분석가의 배당예측정확성에 영향을 미치는 변수들을 선정하는데 있어 이익예측정확성에 영향을 미치는 것으로 나타난 변수들을 우선적으로 고려하였다(Lang and Lundholm, 1996; Ahmed, et al. 2001; 최원욱 외, 2008; 남혜정, 2015 등). 먼저, 배당예측을 하는데 있어 영향을 미칠 것으로 예상되는 배당성향(*DIVR*)을 고려하였다. 배당성향이 높을수록 재무분석가의 배당예측정확성이 높아질지 아니면 낮아질지에 대

---

[84] 재무분석가의 배당예측치와 시계열방법에 의한 배당예측치를 비교하기 위해서는 예측 시점에 대한 통제가 필요하다. 이익예측정확성에 대한 선행연구들은 랜덤웍모형과 재무분석가의 예측치를 비교하였으며, 전년도 이익이 공시된 직후를 예측 시점으로 설정하여 비교하였다(김권중, 1988). 그러나 이익공시일에 예측치가 발표되는 경우는 없으므로 선행연구들은 대부분 4월 중 발표된 예측치를 랜덤웍모형과 비교하였다. 본 연구는 배당예측 시점에 대한 정확한 자료를 확보하기 어려워 연결 재무제표기준으로 3개월 이내 발표된 증권사별 최근 배당추정치값(DPS, E3)을 사용하였다.

해서는 선행연구가 미미하여 예측하기 어렵다. 다만, 남혜정(2012)의 연구에 의하면, 배당성향이 높을수록 재무분석가의 낙관적 예측편의가 유의적으로 나타나고 있음을 발견하였다. 이는 재무분석가의 낙관적 편의에 배당성향이 영향을 미치고 있음을 보여주는 것으로, 예측 정확성에는 부정적인 영향을 미칠 것으로 예상된다. 이와 함께 기업규모($SIZE$), 수익성(ROA), 부채비율(LEV), 성장성($GROWTH$, BM), 재무분석가의 수(COV)를 통제변수로 하는 식(1)을 이용하여 다변량 회귀분석을 실시하였다. $SIZE$는 기업규모가 클수록 시장에 공시되는 정보가 많으므로 재무분석가의 예측 정확성이 높아진다는 연구결과에 따라 포함하였으며(Eames and Glover, 2003), ROA는 수익성이 좋은 기업일수록 재무분석가의 예측 정확성이 높아진다는 연구결과에 따라 모형식에 포함하였다(Eames and Glover, 2003; 선우혜정 외 2010). LEV는 부채비율이 높은 기업은 이익조정 유인이 클 수 있으므로 재무분석가의 예측 정확성이 낮아질 수 있다(선우혜정 외. 2010). 또한 $GROWTH$와 BM은 기업 성장성이 높을수록 예측 정확성이 낮아진다는 선행연구결과에 따라 고려하였다. COV는 재무분석가의 수가 많을수록 예측 정확성이 높아진다는 주장에 따라 모형식에 포함하였다(Lang and Lundholm, 1996; 최원욱 외, 2008). 이와 함께 이익예측정확성(EA)과 연도 및 산업더미를 포함하여 분석하였다.

$$FDA_t = a_0 + a_1 DIVR_{t-1} + a_2 EA_t + a_3 SIZE_t + a_4 ROA_t + a_5 LEV_t + a_6 GROWTH_t + a_7 BM_t + a_8 COV_t + \Sigma a_j IND_j + \Sigma a_j YD_j + \varepsilon_t \quad (1)$$

여기서, FDA = 재무분석가의 배당예측정확성(|실제배당금−배당예측치|/주가)

$DIVR$ = t−1기 배당성향(현금배당금/당기순이익)

EA = 재무분석가의 이익예측정확성(|실제이익−이익예

측치│/주가)
$SIZE$ = 기업규모(총자산의 로그값)
ROA = 총자산이익률(당기순이익/총자산)
LEV = 부채비율(총부채/총자산)
$GROWTH$ = 매출액성장률((매출-전기매출)/전기매출)
BM = 성장성(순자산/시가총액)
COV = 재무분석가의 수(재무분석가수의 로그값)
ΣIND = 산업별 더미변수
ΣYD = 연도별 더미변수
ε = 잔차항.

4. 표본

본 연구는 2011년부터 2015년까지 유가증권과 코스닥 시장에 상장되어 있는 12월 결산법인을 연구 대상으로 한다. 배당예측 정보에 대한 자료 수집을 위하여 FnGuide의 배당예측 정보를 이용하며, 다음 조건을 만족하는 기업이다.

(1) 금융업에 속하지 않는 기업

(2) FnGuide에서 재무분석가의 배당예측 자료 및 재무 자료를 수집할 수 있는 기업

조건(1)은 재무제표의 비교가능성을 제고하기 위하여, 조건(2)는 재무제표 자료 및 배당예측 자료를 이용할 수 있는 기업으로 한정한다. 선행연구에서 언급한 금융위기 기간의 재무제표 정보의 왜곡 가능성을 최소화하고, 배당예측 정보의 충실성을 확보하기 위하여 표본의 시작 연도는 2011년[85]으로 하였다. 이러한 표본 선정 과정을 통하여 선정된 기업을 대

---

[85] FnGuide에서 제공하는 배당예측치는 2010년부터 제공되고 있으나, 2010년 배당예

상으로 극단치(outliers) 제거를 하여 최종 표본은 1,411이다.[86]

Ⅳ. 실증분석결과

1. 표본

〈표 1〉은 연도별 표본 구성을 보여주고 있다. 배당예측 정보가 있는 2011년부터 2015년까지 표본수를 살펴보면, 최근 연도로 갈수록 표본수가 증가하고 있어, 재무분석가가 제공하는 배당예측 정보가 늘어나고

〈표 1〉 연도별 표본 구성

표에 제시된 수치는 2011년부터 2015년까지 FnGuide에서 추출한 재무분석가의 배당예측치가 있는 표본의 수를 연도별로 분류한 결과이다. 분석에 사용된 최종 표본은 배당예측치가 있는 1,411개이며, 주당배당금과 주당배당금예측치, 배당성향, 재무분석가수는 1,411 표본을 대상으로 측정한 연도별 평균값을 나타낸다.

년도	전체 표본	배당지급 기업	배당예측치가 있는 표본	주당배당금 (DPS)	주당배당금예측치(FDPS)	배당성향 (%)	재무분석 가수
2011	1,689	869	159	1,135.06	1,140.57	24.39	1.28
2012	1,715	867	185	1,019.70	1,014.84	24.38	1.29
2013	1,742	846	276	810.96	810.97	32.17	1.25
2014	1,767	901	357	792.13	724.07	32.94	1.12
2015	1,784	936	434	817.43	737.52	27.82	0.97
합계	8,697	4,119	1,411	872.07	830.26	29.11	1.14

측치는 18개로 매우 적은 숫자였다. 따라서 본 연구는 표본의 충분한 확보를 위하여 2011년부터 표본을 구성하였다.

86 동일 표본 기간에 재무분석가가 이익예측치 정보를 제공하는 표본은 2,505개였으며, 이중에서 배당예측치 정보를 가지고 있는 표본은 1,411개로, 재무분석가 예측 정보를 가진 기업의 약 56%가 배당예측 정보도 가지고 있었다. 본 연구의 분석에 사용된 배당예측치는 연간 배당예측치만을 이용하였다.

있음을 알 수 있다. 특히 2011년도와 비교하여 2015년에는 약 3배가 증가하였다. 먼저 배당을 지급한 기업의 비중을 살펴보면, 전체 표본의 약 47%가 배당을 지급하는 기업이며, 배당예측치 정보가 있는 표본은 이중에서도 약 34%에 해당된다. 또한 배당예측 정보가 최근으로 갈수록 급격하게 늘어나고 있으며, 2011년에 비하여 3배 정도 증가하였음을 알 수 있다. 배당예측치가 있는 표본을 대상으로 기업들의 실제 주당배당금(DPS)과 주당배당금 예측치(FDPS)를 연도별로 살펴보면, 두 변수 간에 차이가 크지 않음을 알 수 있다. 또한 재무분석가가 제공하는 배당예측치가 실제 배당금보다 대체로 낮게 나타나고 있어, 평균적으로는 배당예측치의 낙관적 성향이 나타나지는 않았다. 최종 표본의 배당성향은 꾸준히 증가하는 추세를 보이고 있어, 최근 배당에 대한 높은 관심을 반영하고 있음을 알 수 있다. 또한 재무분석가의 수는 평균적으로 약 1.14명으로 나타나고 있다.[87] 최종 분석에는 배당예측치가 있는 표본만을 사용하였기 때문에 1,411개의 표본이 분석에 이용되었다.

2. 기술통계량

〈표 2〉는 주요변수들에 대한 기술통계량을 보여주고 있다. 먼저, 재무분석가의 배당예측정확성과 시계열추정치에 의한 배당예측정확성변 수들을 비교하면, FDA는 평균값이 0.003으로 시계열추정치에 의한 배당예측정확성 변수들($TDA1$~4)의 평균값보다 낮게 나타나고 있다. 이는 재무

---

[87] 〈표 1〉에 보고한 재무 분석의 수는 분석에 사용한 표본의 연도별 재무분석가 수를 나타낸다. FnGuide의 consensus에서는 이익예측치를 제공하는 재무분석가의 수를 제공하고 있으나, 그외 예측치별로(배당, 매출 등) 재무분석가의 수를 제공하고 있지 않다. 다만, house별로 개별 재무분석가의 예측치를 파악하여 배당예측치를 제공하는 재무분석가의 수를 확인할 수 있겠으나, 본 연구의 목적이 재무분석가의 배당예측 정보의 정확성과 시계열 방법에 의한 배당예측 정확을 비교·검증하는 것이기 때문에 개별 재무분석가의 예측치 특성에 대한 연구는 별도의 연구로 남겨둔다.

〈표 2〉 주요변수들의 기술통계량

표에 제시된 수치는 2011년부터 2015년까지 1,411개의 표본을 대상으로 재무분석가의 배당예측정확성(FDA)과 시계열추정치에 의한 배당예측정확성(TDA1~4), 재무분석가의 이익예측정확성(EA)에 대한 기술통계량이다.

변수	평균	중위수	표준편차	최소값	최대값
FDA	0.003	0.001	0.006	0.000	0.034
TDA1	0.003	0.001	0.006	0.000	0.038
TDA2	0.016	0.010	0.020	0.000	0.142
TDA3	0.006	0.001	0.014	0.000	0.096
TDA4	0.007	0.001	0.021	0.000	0.181
EA	0.027	0.009	0.052	0.000	0.347

분석가의 배당예측정확성이 평균적으로 우수함을 보여준다. 우리나라 재무분석가의 배당예측정확성인 FDA의 평균은 0.30%으로 나타나, Bilinski et al.(2015)의 16개국 평균인 0.76%보다는 낮은 수준이며, 일본의 0.19% 보다는 높다.

배당예측정확성 변수인 FDA의 표준편차는 0.006로 시계열추정치에 의한 배당예측정확성 변수들인 TDA1, TDA2, TDA3, TDA4의 표준편차(0.006~0.021)보다 낮게 나타나고 있어, 재무분석가의 배당예측치 정확성에 편차가 낮음을 알 수 있다. 흥미로운 것은 내년의 배당은 과거의 배당과 같을 것이라는 마팅게일 예측에 의한 TDA1의 평균 및 표준편차값이 FDA와 거의 유사하게 나타나고 있다는 점이다. 이는 기업들이 매년 일정 수준의 배당을 유지할 것이라는 배당예측이 재무분석가의 배당예측에도 나타나고 있음을 보여준다.

이익예측정확성인 EA의 평균값은 0.027으로 FDA값의 약 9배의 차이를 보이고 있다. 이러한 경향은 호주 데이타를 이용한 Brown et al.(2012)의 연구와 유사한 결과이다. Brown et al.(2012)은 호주의 경우 배당예측정확성이 이익예측정확성보다 약 2배정도 높다고 보고하였으나, 우리나라의 경우에는 배당예측정확성이 월등하게 높게 나타나고 있다. Brown et al.(2016)은 여러 나라들의 배당예측정확성에 대해서도 분석하였는데, 이러한 경향은 대부분의 나라에서 나타나고 있는 현상임을 제시하였다.

〈표 3〉은 변수들 간의 피어슨 상관관계를 보여주고 있다. FDA와 $TDA1$, $TDA2$, $TDA3$, $TDA4$와의 관계는 모두 양의 관계를 보이고 있으며, 이는 재무분석가의 배당예측치와 시계열추정치에 양의 상관관계가 존재함을 나타낸다. 가장 높은 상관관계를 보이고 있는 변수는 FDA와 $TDA1$으로 0.70(<.0001)이며 과거 배당예측치로 측정한 배당예측정확성이 재무분석가의 배당예측치로 측정한 배당예측정확성과 가장 밀접한 것으로 나타났다. 그 외 시계열추정치로 인한 배당예측정확성들과의 상관관계는 약 20%로 나타났다. 또한 배당예측정확성과 이익예측정확성 간

〈표 3〉 변수들의 상관관계

표에 제시된 수치는 2011년부터 2015년까지 1,411개의 표본을 대상으로 재무분석가의 배당예측정확성(FDA)과 시계열추정치에 의한 배당예측정확성(TDA1~4), 재무분석가의 이익예측정확성(EA)의 상관관계이다.

	FDA	TDA1	TDA2	TDA3	TDA4
TDA1	0.70	1.00			
	<.0001				
TDA2	0.24	0.39	1.00		
	<.0001	<.0001			
TDA3	0.29	0.28	0.14	1.00	
	<.0001	<.0001	<.0001		
TDA4	0.26	0.21	0.03	0.90	1.00
	<.0001	<.0001	0.33	<.0001	
EA	0.32	0.20	0.17	−0.01	0.01
	<.0001	<.0001	<.0001	0.65	0.67

에도 유의적인 양의 상관관계를 보이고 있어, 이익예측정확성이 높으면 배당예측정확성도 높을 수 있음을 알 수 있다.

3. 재무분석가의 배당예측정확성과 시계열 방법에 의한 배당예측정확성

본 연구는 재무분석가의 배당예측치가 시계열에 의한 추정치로 산정한 배당예측치보다 우월한지 검증하기 위하여, 네 가지 배당예측 추정치를 산정하여 각각 배당예측정확성(TDA1~4)을 계산하였다. 이후 재무분석가의 배당예측정확성과 시계열추정치에 의한 배당예측정확성을 비교하였다. 즉, *FDA*와 *TDA1~4*의 차이값을 구하여, 이 값이 '0'과 유의하게 다른지 검증하였다. 만약, 재무분석가의 배당예측정확성이 시계열추정치에 의한 배당예측정확성보다 우수하다면, 두 변수간의 차이는 유의하게 '0'과 다르게 나타날 것으로 예상된다. 분석결과, *FDA*와 *TDA1*과의 차이가 −0.0001로 나타났으며, 통계적 유의성은 낮았다. 이는 *DIF1*의 값이 음수이기 때문에 *FDA*가 *TDA1*보다는 정확성이 높음을 의미하지만, 두 값의 차이는 통계적으로 유의하지 않음을 의미한다. 즉, 재무분석가의 배당예측정확성은 마팅게일 배당예측치에 의한 배당예측정확성 보다 우수하지만, 두 예측치 간의 차이는 유의하지 않음을 보여준다. 반면에 DIF2, DIF3, 그리고 DIF4의 경우에는 모두 음의 값으로 통계적으로 유의하게 나타났다. 이는 각 값들이 '0'과 유의하게 같은가에 대한 검증(MU=0)을 기각하는 결과이다. 즉, 과거 5년 간의 평균 배당률과, 리트너의 부분조정모형을 이용한 배당 등에 의한 배당예측 정보는 재무분석가의 배당예측 정보보다 정확성이 낮음을 보여준다. 특히 재무분석가의 배당예측정확성과 시계열에 의한 추정치로 산정한 배당예측치 간의 차이는 DIF2(FDA−TDA2)가 가장 높게 나타났다. TDA2는 기술통계량에서 예측정확성의 평균값이 가장 높았으며(예측 정확성이 가장 낮음), 표준편차 역시

〈표 4〉 배당예측정확성의 차이 검증

2011년부터 2015년까지 1,411개의 표본을 대상으로 재무분석가의 배당예측정확성(FDA)과 시계열 추정치에 의한 배당예측정확성(TDA1~4) 간의 차이가 유의적인지 검증하였다.

Panel A: 배당예측정확성의 차이

Test $DIF1\sim4=0$ (Pr>=|S|)	DIF1 (FDA-TDA1)	DIF2 (FDA-TDA2)	DIF3 (FDA-TDA3)	DIF4 (FDA-TDA4)
	−0.000 (0.155)	−0.013*** (<.0001)	−0.002*** (<.0001)	−0.004*** (<.0001)

Test $MDIF1\sim4=0$ (Pr>=|S|)	MDIF1 (MFDA-TDA1)	MDIF2 (MFDA-TDA2)	MDIF3 (MFDA-TDA3)	MDIF4 (MFDA-TDA4)
	−0.000 (0.496)	−0.012*** (<.0001)	−0.002*** (<.0001)	−0.003*** (<.0001)

Panel B: 산업별 배당예측정확성의 차이

	DIF1	DIF2	DIF3	DIF4
농업·임업 및 어업	0.000 (1.00)	−0.013** (0.01)	0.001 (0.68)	0.001 (0.57)
제조업	−0.000 (0.76)	−0.012*** (<.0001)	−0.003*** (0.01)	−0.003*** (<.0001)
전기·가스·증기 및 수도사업	−0000 (0.67)	−0.002 (0.18)	0.002 (0.31)	−0.008 (0.55)
건설업	0.001 (0.57)	−0.015*** (<.0001)	−0.000 (0.44)	−0.001 (0.29)
도매 및 소매업	−0.000 (0.29)	−0.013*** (<.0001)	−0.001 (0.21)	−0.001 (0.51)
운수업	0.000 (0.94)	−0.014*** (<.0001)	0.00025 (0.89)	−0.000 (0.98)
출판·영상·방송통신 및 정보서비스업	−0.001*** (0.00)	−0.014*** (<.0001)	−0.006*** (<.0001)	−0.010*** (<.0001)
전문과학 및 기술서비스업	−0.000 (0.80)	−0.012*** (<.0001)	−0.000* (0.03)	−0.002 (0.14)
사업시설관리 및 사업지원서비스업	−0.001 (0.39)	−0.018*** (<.0001)	−0.0021 (0.08)	−0.002* (0.02)
교육서비스업	0.001 (1.00)	−0.029*** (0.00)	−0.003 (0.20)	−0.006* (0.08)

예술·스포츠 및 여가 관련 서비스업	−0.002* (0.01)	−0.019*** (<.0001)	−0.014*** (0.00)	−0.013*** (0.00)
협회 및 단체·수리 및 기타개인 서비스업	−0.005 (0.50)	−0.012 (0.25)	−0.006 (0.62)	−0.009 (0.62)

DIF1=(FDA−TDA1), DIF2=(FDA−TDA2), DIF3=(FDA−TDA3), DIF4=(FDA−TDA4). 재무분석가의 배당예측치의 중간값을 이용한 예측 정확성 변수는 MDIF로 측정하였으며, 중간값을 이용한 재무분석가의 배당예측정확성*(MFDA)*와 시계열 추정치에 의한 배당예측정확성 간의 차이값은 다음과 같다. *MDIF1=(MFDA−TDA1), MDIF2=(MFDA−TDA2), MDIF3=(MFDA−TDA3), MDIF4=(MFDA−TDA4).* 패널 A는 전체 표본에 대한 분석결과이며, 패널 B는 산업별 배당예측정확성의 차이에 대한 분석결과이다. 산업 분류는 한국표준산업분류의 대분류 기준을 이용하였다. *, **, ***는 각각 10%, 5%, 그리고 1% 수준에서 통계적으로 유의하다.

높게 나타났다. FDA와 TDA2의 차이값인 DIF2 역시 가장 큰값을 보이고 있어, 과거 5년간의 평균 배당률과 전기 이익을 고려하여 배당을 지급할 것으로 가정한 배당예측치가 가장 예측 정확성이 낮고, 재무분석가의 배당예측정확성과도 차이가 있음을 알 수 있다.

전반적으로 분석결과는 *FDA*가 시계열 추정치에 의한 배당예측정확성보다 유의하게 우수함을 보여 주고 있다. 재무분석가는 경영진의 배당의사결정과 관련된 배당정보를 이용하여 배당을 예측하는 방법 등이 일반투자자들보다 우수하기 때문에, 시계열적 방법에 의한 배당예측치 보다 정확한 배당예측치를 제공하는 것으로 판단된다. 만약 재무분석가가 과거 정보만을 가지고 배당을 예측한다면 시계열 방법에 의한 배당예측치와 유사한 정확도를 가질 것이다. 그러나 본 연구의 결과에서 재무분석가는 예측 전문가로서 배당정보 역시 정확하게 예측하는 것으로 나타났으며, 시계열 추정치에 의한 배당예측정확성보다 우수함을 보여주었다.

추가적으로 재무분석가의 배당예측정확성을 측정하는데 있어, 중간값을 이용한 분석결과도 함께 제시하였다. MDIF1~4는 FDA 대신에 중간값을 사용한 MFDA를 사용한 값이다. 분석결과는 평균값을 이용한 결과와 일관되게 나타났으며, 이는 재무분석가의 배당예측정확성이 시계열 방법에 의한 배당예측정확성 보다 우수함을 확인하고 있다.

본 연구는 배당예측정확성의 차이가 산업별로 차이가 있는지 살펴보기 위하여, 한국표준산업분류(대분류)를 기준으로 배당예측정확성을 분석하였다. 제조업의 경우에는 DIF2, DIF3, DIF4가 유의하게 나타났으며, 서비스업(출판·영상·방송통신 및 정보서비스업, 예술·스포츠 및 여가 관련 서비스업)의 경우에는 모든 변수들이 유의적으로 나타났다. 반면에 굴뚝산업인 전기·가스·증기 및 수도사업, 건설업, 도매 및 소매업, 운수업의 경우에는 DIF2를 제외하고 배당예측정확성 간에 유의적인 차이가 나타나지 않았다. 이는 재무분석가의 배당예측 시 배당 관련정보 획득 및 정보 분석 기술에 있어 산업별로 차이가 있음을 보여준다.

4. 재무분석가의 배당예측정확성에 대한 회귀분석

재무분석가의 배당예측정확성에 영향을 미치는 변수들을 파악하기 위하여, 다변량 회귀분석을 실시하였다. 재무분석가의 배당예측정확성에 대한 선행연구들이 미미하여, 통제변수들은 재무분석가의 이익예측정확성 연구들의 모형을 이용하여 설정하였다. 구체적으로 기업규모($SIZE$)와 수익성(ROA), 부채비율(LEV), 성장성($GROWTH$, BM), 그리고 재무분석가의 수(COV)를 포함하였다. 더불어 연도와 산업 차이에 의한 영향을 통제하기 위하여 연도더미와 산업더미를 고려하였다. 이와 함께 재무분석가의 배당예측치에 영향을 미칠 것으로 예상되는 배당성향($DIVR$)을 추가로 포함하여 분석하였다.

회귀분석결과, 배당성향과 배당예측정확성 간에 유의적인 음의 관계가 나타났다. 배당성향을 나타내는 $DIVR$의 계수값은 -0.029이며, 5% 수준에서 유의한 결과가 나타났으며, 이익예측정확성인 EA를 통제한 후에도

〈표 5〉 배당예측정확성에 대한 회귀분석결과

$FDA_t = a_0 + a_1 DIVR_{t-1} + a_2 EA_t + a_3 SIZE_t + a_4 ROA_t + a_5 LEV_t + a_6 BM_t + a_7 COV_t + a_8 CASH_t + a_9 PDA_t + a_{10} SCFO_t + \Sigma a_j IND_j + \Sigma a_j YD_j + \varepsilon_t$

변수	(1)	(2)
DIVR	−0.029*	−0.033**
	(−1.85)	(−2.13)
EA		0.036***
		(3.73)
SIZE	0.029*	0.008
	(1.85)	(0.59)
ROA	−0.137	0.271
	(−0.51)	(1.19)
LEV	−0.058	0.111
	(−0.57)	(1.10)
BM	−0.112***	−0.009
	(−2.92)	(−0.28)
COV	0.019	0.008
	(0.96)	(0.43)
CASH	−0.170	−0.175
	(−0.79)	(−0.87)
PDA	0.138	0.080
	(0.23)	(0.13)
SCFO	−1.589***	−1.234**
	(−2.59)	(−2.15)
Intercept	−0.573	−0.250
	(−1.62)	(−0.78)
연도 및 산업더미	포함	포함
Adj. R^2	0.081	0.155

변수 정의는 다음과 같다. FDA=재무분석가의 배당예측정확성(|실제배당금−배당예측치|/주가), DIVR=t−1기 배당성향(현금배당금/당기순이익), EA=재무분석가의 이익예측정확성(|실제이익−이익예측치|/주가), SIZE=기업규모(총자산의 로그값), ROA=총자산이익률(당기순이익/총자산), LEV=부채비율(총부채/총자산), BM=성장성(순자산/시가총액), COV=재무분석가의 수(재무분석가수의 로그값), CASH=현금보유수준(현금및현금성자산/총자산), PDA=성과조정 재량적 발생액, SCFO=영업현금흐름의 변동성(3년간의 영업현금흐름의 변화).
괄호안의 수치는 t-value이며, clustered standard errors(firm-level)를 이용하여 측정하였다.
*, **, ***는 각각 10%, 5%, 그리고 1% 수준에서 통계적으로 유의하다.

배당성향의 계수값은 −0.033(t vlaue: 2.13)으로 유의하게 나타나고 있다.[88] 이는 배당성향이 높을수록 재무분석가의 배당예측정확성은 낮아짐을 보여준다. 통제 변수들의 결과를 살펴보면, 기업규모가 클수록 배당예측정확성은 높아지는 것으로 나타났다. 이러한 결과는 기업규모가 클수록 배당의사결정에 관심이 높은 이해관계자들이 많아지고, 이는 재무분석가의 배당예측에도 영향을 미치고 있음을 알 수 있다. 또한 성장성을 나타내는 BM(book to market ratio)의 계수값은 유의적인 음의 값으로 나타나 가치주 기업일수록 재무분석가의 배당예측정확성이 낮아짐을 보여준다. 이러한 기업들은 배당보다는 자금조달 및 투자의사 결정에 비중을 두기 때문에 배당의사결정의 불확실성이 높아져 재무분석가의 배당예측에도 영향을 미치고 있음을 알 수 있다.

재무분석가의 이익 예측치 특성이 배당예측치에도 영향을 미칠 수 있기 때문에 모형(2)에서 이익예측정확성을 통제한 결과, 이익예측정확성과 배당예측정확성은 유의적인 양의 관계를 나타내었다. 그러나 계수값은 0.036(t-value: 3.73)로 나타나고 있어, 우리나라 재무분석가들의 이익예측정확성이 배당예측정확성에도 유의적인 영향을 미치고 있음을 보여주고 있으나, 계수값의 크기는 크지 않음을 보여준다. 이러한 결과는 보통법(common-law) 국가에 이익 예측치와 배당예측치 간의 관계가 약하다는 Brown et al.(2016)의 결과와 일관된 발견이다.

2011년부터 2015년까지 1,411개의 표본을 대상으로 재무분석가의 배당예측정확성(FDA)에 영향을 미치는 변수들에 대한 다변량 회귀분석결과이다.

---

[88] 변수의 해석상의 용이성을 위하여, FDA에 (−1)을 곱하여 회귀분석에 이용하였다. 즉, FDA값이 클수록 배당예측정확성이 높아짐을 의미한다. 따라서 배당성향과 배당예측정확성 간의 음의 관계는 배당성향이 높을수록 배당예측정확성이 낮아지는 것으로 해석할 수 있다. 또한 EA변수도 동일한 방법으로 회귀식에 포함하였다.

V. 결론

　일반적으로 재무분석가는 일반 정보 이용자와는 달리 기업에 대한 정보의 접근성과 분석능력에 있어 우월하다고 여겨지며, 재무분석가가 제공하는 예측 정보는 기업가치 평가에 유용한 정보로 활용되고 있다. 선행연구에 의하면, 재무분석가들이 예측치를 제공할 때, 배당을 포함한 재무 사항을 중요한 정보로 판단하고 있으며 배당정보가 재무분석가의 이익예측치에도 영향을 미치고 있다 (Ofer and Siegel 1987; Lang and Litzenberger 1989; Denis et al. 1994). 이는 재무분석가가 이익을 예측할 때 배당정보를 중요하게 여기고 있음을 시사하며, 배당예측 정보도 기업가치의 중요한 정보로 활용되고 있음을 보여준다. 그러나 재무분석가가 제공하는 배당예측치가 우수한 예측 정보인지는 실증의 문제일 것이다.

　최근 배당에 대한 관심이 높아짐에 따라, 배당차익 거래에 대한 기대감으로 투자자들의 배당예측 정보에 대한 요구가 높아지고 있는 상황이다. 이익정보가 투자의사 결정에 유용한 정보 원천임에는 틀림없으나, 배당정보 역시 여러 가지 정보들 중에서 주가변동에 영향을 미치는 정보로 여겨지고 있다(Foster and Vickrey 1978; 우춘식 1989). 그러나 배당정보의 유용성에 대한 연구가 활발한 반면에 배당예측치에 대한 연구는 미미한 상황에서 본 연구는 재무분석가가 제공하는 배당예측 정보의 정확성에 대해 검증하였다. 분석결과, 재무분석가의 배당예측정확성은 다양한 시계열 방법에 의한 배당예측정확성보다 우수한 것으로 나타났다. 이익예측정확성과 비교했을 때에는 배당예측정확성의 편차가 낮게 나타나고 있어 전반적으로 재무분석가의 배당예측정확성이 이익예측정확성보다 우수함을 시사하고 있다. 이와 함께 재무분석가의 배당예측정확성에 영향을 미치는 변수들을 파악하기 위하여 다변량 회귀분석을 시행하였으며, 분석결과 이익예측정확성이 높을수록, 배당성향이 낮을수록 배당예측정확성이 높아짐을 알 수 있었다.

　본 연구의 결과는 다음과 같은 공헌점을 제공할 것으로 기대된다. 첫째, 최근 배당주에 대한 관심이 높아지면서 배당예측치는 중요한 정보로 여겨지고 있다. 특히 배당을 실시하는 연말이나 중간 배당 시기에는 배당예측치에 대한 정보 요구가 높아지고 있다. 그러나 배당예측치에 대한 높은 관심에도 불구하고, 우리나라 재무분석가가 제공하는 배당예측치에 대한 연구는 거의 진행되지 않았다. 최근 기업소득 환류세제 및 배당소득 증대세제 등과 같은 배당 장려정책과 함께 배당에 대한 논의가 활발한 시점에서 배당지급 기업들의 특성에 대한 이해를 높이는 것도 중요하지만, 기업의 미래 배당에 대한 예측력을 높이는 것도 필요할 것이다. 본 연구는 재무분석가의 배당예측치에 대한 초기 연구로 배당예측정확성에 대한 경험적 증거들을 제시함으로써 배당예측 정보에 대한 이해도를 높이는데 기여할 것으로 본다.

　둘째, 재무분석가의 배당예측치에 대한 분석결과는 자본시장 참여자들에게 유용한 정보를 제공할 것으로 기대된다. 최근 저금리 시대에 배당주에 대한 관심이 어느 때보다 높은 상황이며, 배당예측치에 대한 관심도 높아지고 있다. 특히 배당을 지속적으로 지급한 기업일수록 주가가 다른 기업에 비해 높았으며, 이익도 증가하였다는 결과가 제시되고 있다. 따라서 정확한 배당예측 정보는 투자자들의 투자의사 결정에 무엇보다도 유용한 정보임에 틀림없을 것이다. 그러나 배당예측치에 대한 국내 연구는 진행된 바가 없기 때문에 배당예측치에 대한 논의는 필요하며, 재무분석가의 배당예측정확성과 시계열추정치에 대한 실증분석결과는 투자자들에게 의미있는 정보를 제공할 것으로 예상된다.

　셋째, 본 연구는 재무분석가의 예측 정확성에 대한 연구로, 이익예측 정보에 한정되어 있었던 선행연구의 범위를 배당정보로 확대하였다는 점에서 의의가 있다. 특히 예측 정확성에 대한 선행연구들은 시계열 방법을 랜덤워크모형만으로 한정하여 재무분석가의 예측 정보를 비교하였으나(김권중 1988), 본 연구는 네 가지 방법에 의한 시계열 추정치를 이용하여 재무분석가의 배당예측정확성을 비교하였다는 점에서 결과의 강건성을 가지고 있다.

마지막으로 배당예측 정보의 정확성에 대한 연구는 기업가치 평가에도 유용한 정보를 제공한다. 기업가치를 분석하는 연구에서는 재무분석가의 이익예측 자료뿐만 아니라 배당예측 자료를 시장기대치 대리변수로 활용하고 있다. 특히 기업가치 평가모형에서 자기자본 비용을 추정할 경우 배당예측 정보가 필요한데, 우리나라에서는 배당예측 정보가 제공된 지 얼마 되지 않아 사후적 관측치인 배당성향을 이용하였다. 또한 재무분석가의 배당예측 정보에 대한 국내 선행연구결과가 미흡하기 때문에 배당예측정보에 대한 논의도 거의 진행되지 못하였다. 따라서 본 연구의 결과는 기업가치를 산정하거나 기업의 미래 배당을 예측하는데 있어, 좀 더 정확한 시장 기대치를 산정하는데 도움을 줄 것으로 기대된다.

본 연구는 재무분석가의 배당예측치에 대한 초기 연구이기 때문에 이익 예측치 관련 선행연구에서 언급한 통제변수들을 고려하였다는 한계점이 있으나, 향후 연구에서는 재무분석가의 배당예측치에 영향을 미치는 변수들에 대한 추가 연구들이 진행될 수 있기를 기대한다. 또한 본 연구는 재무분석가의 배당예측정확성을 측정하는데 있어 현금배당만을 고려하였으며, 이는 향후에 주식배당을 고려한 추가 연구가 필요함을 시사한다.

기업의 배당성향과 재무분석가의 낙관적 이익예측편의[*]

I. 서론

본 연구는 기업의 배당성향이 재무분석가의 낙관적 이익예측편의 (optimistic forecast bias)에 영향을 미치는지 실증 분석하였다. 구체적으로 전년도에 배당성향이 높은 기업일수록 재무분석가의 이익예측치가 낙관적인 이익예측편의를 나타내는지 검증하였다. 일반적으로 재무분석가는 일반 정보 이용자와는 달리 기업에 대한 정보의 접근성과 분석능력에 있어 우월하다고 여겨지며, 재무분석가가 제공하는 이익예측치는 기업가치 평가에 유용한 정보로 활용되고 있다. 또한 2002년 시행된 공정공시제도 이후, 재무분석가의 정보 제공자로서의 역할을 약화시킬 것이라는 일각의 의견과는 달리 복잡해진 금융 환경과 정보의 홍수 속에 재무분석가의 역할은 더욱 중요해지고 있다(오원정·손성규, 2006). 이는 재무분석가가 제공하는 정보의 중요성을 더욱 강화시키며 재무분석가의 이익예측치 특성에 대한 관심도 증가되고 있다. 이와 같이 재무분석가가 제공하는 이익예측치에 대한 정보의 중요성이 증가하고 있음에도 불구하고, 재무분석가의 이익예측치에 영향을 미치는 변수들에 대한 국내 연구는 미미한 편이다.

일반적으로 재무분석가가 활용하는 가장 기본적이고 중요한 정보 중에 하나는 기업이 시장에 발표하는 회계 정보일 것이다.[89] 또한 재무분석가의 분석 보고서와 매수(매도) 추천 보고서를 살펴보면, 기업의 배당 관련 정보가 중요한 항목으로 제시되고 있다.

---

[*] 세무와 회계저널(2012, 남혜정)에 게재된 논문입니다.
[89] 선행연구에 의하면, 재무분석가는 기업이 이익 정보를 공시할 때 이익예측치를 수정(revision)하며 이는 회계 정보가 유용한 정보로 사용되고 있음을 의미한다(Imhoff 1992).

"…중략…한국기업들의 이익에 대한 기대치가 낮아지고 있지만 절대적인 규모는 유지되고 있어 '배당이 기업이익의 함수'라는 점을 고려할 필요가 있다. 배당금 총액 규모는 올해도 증가할 전망이다." (**증권 애널리스트, 2011.10.14.)

"**투자증권은 국내 증시가 급락세를 거듭하고 있는 가운데 시장 대비 배당수익률 높은 종목이 변동성이 높아진 시장의 대안이 될 것이라고 조언했다. **애널리스트는 '주식시장 하락으로 배당지수 배당수익률이 2.26%까지 상승, 지난 2009년 5월 이후 최고 수준까지 상승했다'면서 배당수익률 2%이상이면서, 2008년 이후 꾸준한 배당을 실시했으며 흑자가 예상되는 종목을 선정해야 한다'고 강조했다." (2011.8.11.)

증권거래소에서 실시한 설문조사에 의하면, 재무분석가는 배당을 포함한 재무 사항을 중요한 정보로 응답하였다.[90] 또한 재무분석가에 대한 선행연구들을 살펴보면, 배당정보가 재무분석가의 이익예측치에 영향을 미치는 중요한 정보임을 제시하고 있다(Ofer and Siegel 1987; Lang and Litzenberger 1989; Denis et al. 1994). Denis et al.(1994)은 기업의 배당변화 이후 재무분석가의 이익예측치 수정(revision)이 유의적으로 나타남을 발견하였으며, Carroll(1995) 역시 당기이익을 통제한 후에도 기업의 배당변화와 재무분석가의 이익예측치 수정이 유의적인 관계가 있음을 제시하였다. 그러나 기업의 배당의사결정이 재무분석가에게 중요한 정보 중에 하나임에도 불구하고, 배당정보가 재무분석가의 이익예측치 특성에 어떠한 영향을 미치는지에 대한 연구는 미미하다.

---

[90] 공정공시제도 도입 이후, 증권거래소에서 실시한 설문조사에 의하면, 상장법인은 신사업과 장래 계획에 대한 정보 공시가 중요하다고 생각하는 반면에 재무분석가는 배당 등 재무 사항을 중요한 정보로 응답하였다.(매일경제, 2003.6.4.)

재무분석가의 이익예측치 특성에 대한 선행연구들은 재무분석가의 예측에 낙관적편의가 나타나고 있음을 제시하고 있다(O'brien 1988; Das et al. 1998; Daniel and Titman 2003; Baik 2006; Drake and Myers 2007; 윤성준·허성관 1991; 한봉희 1996). 특히 재무분석가가 특정 상황에 있어서는 낙관적인 이익예측편의를 나타내고 있으며, 이러한 이익예측치편의에 대한 설명으로 이익예측의 비대칭성에 대한 연구들이 진행되어 왔다. 선행연구에 의하면, 재무분석가들은 성과가 좋은 기업들의 성장률을 과대평가하는 반면에, 성과가 나쁜 기업들의 성장률을 과소평가하는 경향이 있으며, 긍정적인 정보에 대해서는 과대 반응하는 반면, 부정적인 정보는 과소평가한다(Easterwood and Nutt 1999; Elton et al. 1984). Amir and Ganzach(1998)는 재무분석가들이 양의 이익예측치는 과대평가하는 반면 음의 이익예측치는 과소평가함으로서 이익예측치가 낙관적 성향을 나타냄을 주장하였다. 만약 재무분석가가 전년도 배당성향이 높은 기업에 대하여 좋은 신호(good news)로 평가하고, 나아가 이러한 정보에 과대 반응하여 이익예측치를 제공한다면, 재무분석가의 이익예측치는 체계적으로 낙관적인 편의(optimistic bias)를 나타낼 것이다. 반면에 재무분석가가 기업의 전년도 배당성향에 대하여 적절하게 반응하거나 과소 반응한다면, 재무분석가의 이익예측치는 체계적인 편의가 없거나, 과소예측편의(pessimistic bias)를 가질 것이다. 그러나 재무분석가의 이익예측편의에 배당정보가 미치는 영향에 대한 경험적 증거(empirical evidence)는 미미하며, 이는 검증가능한 주제이다.

본 연구는 기업의 배당정보가 재무분석가의 이익예측치에 미치는 영향을 분석하기 위하여, 2000년부터 2007년까지 배당정보가 있는 1,724개 기업-년도의 표본을 대상으로 하였다. 다변량 회귀분석을 실시한 결과, 기업의 전년도 배당성향이 높을수록 재무분석가의 낙관적 이익예측편의가 유의적으로 나타나고 있음을 발견하였다. 배당성향을 총배당과 현금배당으로 분석한 결과는 모두 일관되게 나타났으며, 재무분석가의 이익예측치 특성에 영향을 미치는 여러 변수들을 통제한 후에도 결과는 유의적이었다.

또한 기업의 배당성향과 재무분석가의 낙관적 이익예측편의 간의 양의 관계가 외국인투자자 비중에 따라 달라지는지 분석한 결과, 외국인투자자지분율이 높은 기업일수록 이러한 관계는 유의적으로 감소함을 알 수 있었다. 또한 외국인투자자지분율이 높을수록 재무분석가의 낙관적 이익예측편의는 증가하는 반면에, 배당성향이 높고 외국인투자자지분율이 높은 기업에 대하여는 오히려 비관적 예측편의를 보이고 있음을 알 수 있다. 이러한 결과는 외국인투자자지분율이 높은 기업일수록 재무분석가들이 낙관적인 예측을 하지만, 외국인투자자지분율이 높으면서 배당성향이 높은 기업에 대해서는 부정적임을 나타내고 있다.

본 연구는 추가적으로 기업의 배당성향과 재무분석가의 낙관적 이익예측편의가 기업의 배당특성에 따라 달라지는지 검증하였다. 만약 기업의 배당특성이 재무분석가의 낙관적 이익예측편의에 영향을 미친다면, 전년 대비 배당이 증가한 기업에서는 배당성향이 재무분석가의 이익예측치에 추가적으로 미치는 영향이 미미할 것으로 예상된다. 왜냐하면 전년 대비 배당성향이 증가한 기업들의 경우, 배당성향이 변하지 않은 기업과 감소한 기업에 비하여 높은 배당성향이 미치는 추가적인 영향이 미미할 것이기 때문이다. 배당성향을 증가, 무변동, 그리고 감소한 기업으로 구분한 후, 동일한 모형을 이용하여 분석한 결과, 예상과 일관되게 배당변화가 없거나 감소한 기업일수록 기업의 배당성향이 재무분석가의 낙관적 예측편의에 미치는 영향이 유의적인 양의 값을 나타냈다. 그러나 배당성향이 증가한 기업들에게는 유의적인 결과를 발견하지 못하였다.

본 연구의 결과는 다음과 같은 공헌점을 가지고 있다. 첫째, 재무분석가의 이익예측치에 영향을 미치는 변수들에 대한 선행연구결과에 대하여 본 연구는 배당성향 역시 재무분석가의 이익예측치에 영향을 미치는 중요한 변수임을 제시하고 있다. 재무분석가의 이익예측치가 투자자들의 의사결정에 미치는 영향을 고려할 때, 재무분석가의 이익예측치에 미치는 변수들에 대한 이해는 기업의 가치를 평가하는데 중요한 정보를 제공할 수 있다. 즉 정확한 이익예측치는 투자자들의 투자의사 결정에 유의한 영향을 미칠 것이므로, 본 연구의 결과는 재무분석가의 이익예측치를 판단하는데 있어 유용한 정보를 제공할 수 있으리라 판단된다.

둘째, 많은 배당 관련 선행연구들이 배당이 기업가치에 미치는 영향을 검증하였으나, 일관된 결과를 제시하지 못하였다. 이는 기업의 배당의사결정에 영향을 미치는 변수들이 많고, 배당성향 역시 시장경제의 특성에 따라 변화되고 있기 때문이다. 본 연구는 기업에 대한 이익예측치를 제공하는 재무분석가의 예측편의에 배당이 중요한 변수임을 발견하였으며, 이러한 결과는 배당의 정보 효과를 기업가치 평가에 대한 중요한 정보 제공자인 재무분석가의 이익예측치 관점에서 분석하였다는데 의의가 있다. 즉, 본 연구는 배당이 기업가치에 미치는 영향을 분석하기 위해 직접적으로 배당과 기업가치 간의 관계를 분석하던 선행연구들의 접근법을 지양하고 기업가치 평가를 위하여 다양한 정보를 제공하는 재무분석가의 이익예측치를 이용하여 배당정보가 재무분석가의 이익예측치에 미치는 영향을 분석하였다. 본 연구의 결과에 의하면 배당성향이 높은 기업일수록 이를 분석하는 재무분석가의 이익예측치는 낙관적편의를 나타냄을 알 수 있으며, 이는 배당정보 효과를 기업가치 측면에서만 검증하였던 기존의 연구들과의 차별성을 가지고 있다.

셋째, 대부분의 배당 관련 선행연구들은 우리나라의 배당성향이 낮았던 2000년도 이전의 자료를 이용하여 검증하였다. 1990년대의 국내 제조 업체의 연평균 배당성향은 19%인데 반해 동 기간 동안 미국 기업은 86%, 일본 기업은 64%의 배당성향을 보이고 있다. 본 연구는 우리나라의 배당성향이 낮았던 1990년대의 자료를 배제하고, 배당성향이 안정적으로 나타나는 2000년도의 자료를 바탕으로 분석을 하였다. 이러한 표본 기간은 금융위기 기간 동안의 극단적인 회계 자료를 배제함과 동시에 저배당 관행으로 인해 배당의 영향이 과소평가되는 문제점을 해소할 수 있으리라 판단된다.

본 연구의 결과는 금융위기 이후 외국인투자자의 급격한 증가와 금융 환경 변화로 인한 배당수익의 중요성이 점차 증가하고 있는 시점에서, 기업의 배당정책과 재무분석가의 이익예측치 간의 관계에 대한 시사점을 제공할 수 있으리라 기대된다. 또한 우리나라에서 배당정보가 재무분석가의 이익예측치에 미치는 영향을 제시함으로써 배당정보가 기업의 미래 이익에 대한 정보제공 역할뿐만 아니라 이를 이용하는 재무분석가의 이익예측치에도 중요한 영향을 미치고 있음을 제시할 수 있으리라 기대된다. 나아가 본 연구의 결과는 외국인투자자의 역할에 대하여 선행연구들이 혼재된 결과를 제시하고 있는 상황에서 재무분석가의 이익예측치에도 외국인투자자들이 영향을 미치며, 이러한 영향은 기업의 배당정책에 따라 다르게 해석될 수 있음을 제시하였다는 점에서 의의가 있다.

II. 선행연구 및 연구가설

1. 재무분석가의 이익예측치편의와 배당성향

대부분의 국내 선행연구들은 재무분석가 이익예측치의 정확성에 관심을 가지고 진행되어 왔으며(권수영·김정국 1997; 김권중 1998; 박종일 2006; 정석우 등 2006), 이와 함께 재무분석가의 이익예측치에 체계적인 예측편의가 있음을 제시하고 있다. 특히 재무분석가의 낙관적 예측편의는 많은 국내·외 연구들의 결과에서 제시되고 있다(Abarbanell 1991; Ali et al. 1992; Bradshaw et al. 2001; Baik 2006; Drake and Myers 2007; 이경주·장지인 1992; 손성규 1996; 한봉희 1996). 선행연구에 의하면, 재무분석가의 낙관적 예측편의는 여러 가지 요인에 의하여 나타나고 있음을 알 수 있다(Das et al. 1998; Amir and Ganzach 1998; Ali et al. 1992; Bradshaw et al. 2001; Baik 2006; Drake and Myers 2007). Das et al.(1998)은 재무분석가가 경영자의 사적정보에 대한 접근성을 높이기 위하여 보다 더 낙관적인 이익예측치를 공시하고 있음을 제시하였다. 또한 주간사업무와 같은 거래관계를 유지하기 위하여 낙관적인 이익예측치를 이용하기도 한다. 한편 Easterwood and Nutt(1999)는 재무분석가의 낙관적 예측편의를 행동론적 관점(behavioral perspective)에서 설명하고 있다. 즉, 재무분석가가 정보를 이용하여 미래의 이익을 예측하는 과정에서 긍정적인 비기대 사건에 대하여는 과대 반응하고, 부정적인 비기대 사건에 대하여는 과소 반응하는 경향이 있기 때문에 낙관적인 예측편의가 나타난다고 주장하였다. 이외에도 재무분석가가 성과가 좋은 기업들을 자발적으로 선택하여 예측하는 자기선택오류(self-selection bias), 기업의 발생액 수준에 의한 예측편의 등에 의하여 재무분석가의 낙관적 예측편의가 나타나고 있음을 발견하였다. Amir and Ganzach(1998)는 재무분석가들이 양의 이익예측치는 과대평가하는 반면 음의 이익예측치는 과소평가함으로써 이익예측치가 낙관적 성향을 가짐을 제시하였다.

한편, Miller and Modigliani(1961)에 의한 기업가치와 배당정책의 무관련성 주장 이후, 실제 자본시장에서 발생할 수 있는 거래 비용, 대리인 비용, 세금, 정보비대칭 등을 고려한 실증 연구들이 진행되어 왔다. 대표적으로 배당정책과 관련된 연구들의 이론적 배경은 신호이론(Signaling Theory)과 대리인이론(Agency Theory)으로 구분할 수 있다. 그러나 배당정책이 기업가치에 영향을 미치는가에 대한 논의는 여전히 진행 중에 있다. 선행연구에 의하면, 배당의사결정에 영향을 미치는 변수들은 매우 다양하며, 경영자의 자의적 판단과 과거 지급 관행에 의하여 결정되어지기도 한다. 일반적으로 배당성향과 기업규모, 이익수준, 연구개발비, 내부지분율, 투자 기회 등이 유의적인 영향을 미치고 있으며, 배당의사결정이 기업의 미래성장 가능성에 의해서만 결정되는 것이 아님을 보여주고 있다.

재무분석가의 이익예측치와 배당정보와의 관계를 살펴보면, 재무분석가가 이익을 예측할 때 배당정보를 사용하고 있음을 알 수 있다(Ofer and Siegel 1987; Denis et al, 1994). Denis et al.(1994)은 기업의 배당변화 이후 재무분석가의 이익예측치 수정(revision)이 유의적으로 나타남을 발견하였으며, Carrol(1995) 역시, 당기이익을 통제한 후에도 기업의 배당변화와 재무분석가의 이익예측치 수정이 유의적인 관계가 있음을 제시하였다. 또한 재무분석가가 제공하는 기업 분석 보고서와 매수, 매도 의견에 자주 나타내는 항목은 배당정보이다. 즉 재무분석가가 배당정보를 활발하게 사용하고 있음에도 불구하고 실제 배당정보가 재무분석가의 이익예측치에 미치는 영향에 대한 분석은 미미하다. 본 연구는 재무분석가의 이익예측편의에 영향을 미치는 요인으로 기업의 배당성향이 어떠한 역할을 하는지 검증하고자 한다는 점에서 기존 연구와 차이가 있다.

2. 재무분석가의 이익예측치 특성과 외국인투자자

선행연구들은 재무분석가의 이익예측치 정확성에 기업 및 재무분석가의 특성들이 체계적으로 영향을 미치고 있음을 보여주고 있다(O'brien 1988; Daniel and Titman 2003). Eames and Glover(2003)는 당기순이익의 수준에 따라 재무분석가의 이익예측 오차가 달라진다는 결과를 제시하였다. 즉, 당기순이익을 보고한 기업이면 이익이 증가함에 따라 이익예측 오차가 증가하고 예측치가 과소 예측(pessimistic)편의를 가지고 있으며, 당기순손실을 보고한 기업이면 손실이 증가함에 따라 이익예측 오차도 증가하고 예측치가 과대 예측(optimistic)편의를 가지고 있음을 보여주었다. Hwang et al.(1996) 역시 손실기업일수록 재무분석가의 이익예측 오차가 크게 나타나고 있음을 보여주었다. 국내 연구의 경우에도 재무분석가의 이익예측치가 특정 변수들에 의하여 체계적으로 영향을 받고 있음을 보여주고 있다. 이윤원과 정우성(1993)은 우량 기업일수록, 대기업일수록, 그리고 예측 선호 대상 기업일수록 재무분석가의 예측 오차가 감소하고 있음을 발견하였다. 권수영과 김정국(1997)은 분석 업무 집중도가 높을수록, 예측 기간이 짧을수록 이익예측정확성과 양의 관련성이 있음을 제시하고 있다.

이와 함께 외국인투자자의 비중이 재무분석가의 이익예측치 특성에 영향을 미친다는 결과도 있다. 안윤영 등(2005)은 외국인지분율이 높을수록, 재량적 발생액이 낮은 기업일수록 재무분석가가 정확한 예측을 하고 있음을 보여주고 있다. 이에 대하여 저자들은 외국인투자자가 투명하고 신뢰성 있는 양질의 회계 정보를 요구하거나 높은 수준의 공시정책을 유도하여, 시장에서 유통되는 정보의 질과 정보량 증가를 가져와 재무분석가의 이익예측정확성에 영향을 미친 것으로 해석하고 있다.

우리나라는 외국인투자자들의 영향력이 매우 높은 편이며, 경영자의 주요 의사결정에 중요한 영향을 미치고 있다는 결과들이 제시되고 있다(박현수 2004; 박창균 2005; 설원식·김수정 2006 등). 특히 기업의 배당정책은 일반 투자자뿐만 아니라 기관투자자와 외국인투자자에게 중요한 정보로 여겨진다. 그러나 선행연구들은 외국인투자자의 비율과 기업의 배당성향 간에 혼재된 결과를 제시하고 있다. 일부 연구들은 외국인 지분율이 높을수록 기업의 배당성향과 유의적인 음의 관계를 가지고 있다는 결과를 주장하였다(박경서·이은정 2006; 정성창·김영환 2007). 이는 외국인투자자들이 단순히 고배당을 유도하기 보다는 기업의 효율적인 자원 배분이 이루어질 수 있도록 모니터링 역할을 수행하고 있음을 보여준다. 반면에 다른 연구들은 외국인 지분율과 기업의 배당성향 간에 양의 관계를 제시하고 있다(박현수 2004; 설원식·강신애 2006; 설원식·김수정 2006; 이만우·노준화 2006).

3. 연구가설

재무분석가의 이익예측치에 대한 선행연구들은 재무분석가가 이익예측치를 발표할 때 모든 정보들을 충분히 고려하지 않는다는 결과를 보여주고 있다. 즉 재무분석가의 이익예측치가 재무분석가의 소속, 근무 연수, 분석하는 산업에 따라 달라질 수 있으며, 나아가 분석하는 기업의 이익 및 경영 특성에 따라 달라질 수 있음을 제시하고 있다(Eames and Glover 2003; Das 1998; Hwang et al. 1996). 예를 들면, Elton et al(1984)은 재무분석가들이 성과가 좋은 기업들의 성장률을 과대평가하는 반면, 성과가 나쁜 기업들의 성장률은 과소평가한다고 주장하였다. Amir and Ganzach (1998) 역시 재무분석가들이 양의 이익예측치는 과대평가하는 반면에 음의 이익예측치는 과소평가함으로써 이익예측치가 낙관적인 성향을 나타낸다고 주장하였다. 이렇듯 재무분석가의 이익예측치는 긍정적인 정보는 과대평가하고 부정적인 정보는 과소평가하는 성향이 있음을 알 수 있다. 이러한 특성은 재무분석가의 이익예측치가 특정 상황에서는 체계적인 편의를 나타내고 있음을 보여준다.

더불어 재무분석가는 기업의 이익을 예측할 때 배당정보를 중요한 정보로 이용하고 있음을 알 수 있다. Ofer and Siegel(1987)은 재무분석가들의 주당순이익 예측치가 기업의 배당변화에 영향을 받고 있음을 발견하였다. 배당변화가 있는 기업들을 대상으로 배당변화와 다음해의 순이익 예측치와의 관계를 분석한 결과, 기업의 배당변화가 공시된 후 재무분석가는 순이익 예측치를 수정하였으며, 특히 공시된 배당변화의 크기에 따라 재무분석가의 순이익 예측치 변경 수준도 달라짐을 발견하였다. Denis et al.(1994) 역시 재무분석가들이 공시된 배당변화를 참고하여 미래 이익 예측치를 수정한다는 결과를 제시하고 있다.

이러한 선행연구들의 결과를 종합하면, 재무분석가의 이익예측치는 배당정보에 영향을 받고 있으며, 일반적으로 배당정보는 기업의 미래성장에 대한 긍정적인 정보로 여겨지므로, 재무분석가가 긍정적인 정보에 과대 반응할 수 있음을 예측 할 수 있다. 따라서 재무분석가의 이익예측치 편의에 배당정보가 미치는 영향은 검증 가능한 이슈가 될 것이다.

만약 재무분석가가 이익을 예측할 때, 기업에 대한 충분한 정보를 고려하지 않고 배당성향에 따라 체계적인 경향을 보인다면, 기업의 배당성향은 재무분석가의 이익예측치 특성에 체계적인 영향을 미칠 것이다. 즉, 재무분석가가 기업의 과거 배당지급행태 혹은 배당여부 정보를 나이브(naive)하게 활용하여 이익예측치를 제시한다면, 재무분석가의 이익예측치는 낙관적인 성향을 보일 것이다. 왜냐하면 일반적으로 기업의 배당지급 결정은 기업의 미래성장 가능성에 대한 긍정적인 신호로 여겨지므로 전년도 배당성향이 높은 기업은 미래성장 가능성이 높은 기업으로 평가되어질 것이기 때문이다.

반면에 낮은 배당성향이 기업의 높은 투자 성향으로 인한 것이라면, 현재는 비록 낮은 배당성향을 가지고 있지만, 미래에 더 많은 이익을 창출하여 기업가치가 높아질 수 있을 것이다. 나아가 주주들에게 더 많은 배당을 지급할 가능성도 배제할 수 없다. 따라서 재무분석가가 기업에 대한 보다 많은 정보를 활용하여 기업을 평가하고 이익예측치를 발표한다면, 기업의 배당성향과 재무분석가의 이익예측치 간에는 체계적인 편의(bias)가 발견되지 않을 것이다.

본 연구는 배당정보가 기업에 대한 긍정적인 정보라는 선행연구결과들을 바탕으로, 배당성향이 높은 기업일수록 재무분석가의 이익예측치가 낙관적인(optimistic) 편의를 나타낼 것으로 예측하였으며, 이를 검증하기 위하여 가설1을 다음과 같이 설정하였다.

> **○ 가설 1** 재무분석가의 이익예측치는 기업의 배당성향이 높을수록 낙관적이다.

　기업의 배당정책은 일반투자자에게도 중요한 정보이지만, 기관투자자와 외국인투자자에게는 더욱 중요한 정보가 될 것이다. 왜냐하면 일반적으로 기관투자자나 외국인투자자들은 일반투자자보다 자금운용 규모가 크고, 상대적으로 높은 지분율을 보유하고 있어 기업의 미래가치에 대한 관심이 높을 것이기 때문이다. 또한 선행연구에 의하면 기관투자자나 외국인 지분율이 높은 기업일수록 배당성향이 높은 것으로 나타나고 있으므로, 투자자들의 성향에 따라 기업의 배당정책이 많은 영향을 받고 있음을 알 수 있다(Eckbo and Verma 1994; Allen et al. 2000; Short et al. 2002). 반면에 국내 선행연구들은 외국인지분율과 기업의 배당과의 관계에 대하여 혼재된 결과들을 제시하고 있다. 일부 연구들은 기업의 외국인투자자 비중과 배당성향 간에는 유의적인 관계가 없다는 결과를 제시한 반면에, 외국인투자자들이 기업의 배당정책에 영향력을 미치고 있다는 선행연구들도 있다(박현수 2004; 설원식·강신애 2006; 설원식·김수정 2006; 이만우·노준화 2006). 최근의 연구들은 외국인지분율이 기업의 배당성향과 유의적인 음의 관계를 가지고 있다는 결과를 제시하고 있다. 박경서와 이은정(2006)은 유가증권 상장기업을 대상으로 패널 분석을 실시한 결과, 외국인지분율이 높을수록 배당성향은 증가하지만, 외국인지분율과 총자산영업이익률의 상호작용 변수는 통계적으로 유의한 음의 값을 나타내고 있어, 수익성이 좋은 기업의 경우 외국인지분율의 증가는 오히려 배당을 줄이는 효과를 보여주었다. 이는 외국인투자자가 기업의 배당정책에 있어 자원 배분의 효율성을 증가시키는 역할을 하고 있음을 보여준다. 정성창과 김영환(2007)은 동태적 패널 분석을 통해 외국인투자자와 기업의 배당성향이 유의적인 음의 값을 보이고 있다고 제시하였다. 이러한 선행연구들은 외국인투자자들이 외부 감시자 역할을 효과적으로 수행하여, 경영자의 도덕적 해이로 인한 대리인비용의 발생을 감소시키고, 투명경영의 정착을 유도하는 등 궁극적으로 기업가치에 긍정적인 영향을 미치고 있음을 제시하고 있으며(박헌준 등 2004; 신현한 등 2004, Baek et al. 2004), 나아가 외국인투자자가 기업의 배당정책에 중대한 영향을 미치고 있음을 보여주고 있다.

특히 우리나라의 경우, 외국인투자자의 비중이 1999년 이후 급격히 증가하면서 기업의 배당정책에 대한 외국인투자자의 영향에 대하여 우려의 목소리가 제기되고 있다. 1991년 말부터 국내 주식에 대한 외국인 투자를 제한적으로 허용하기 시작하면서, 1998년 5월에는 일부 업종과 기업을 제외하고는 외국인투자자에 대한 주식투자 한도가 완전히 폐지되었다. 상장기업 중 외국인이 보유한 주식의 비율을 살펴보면, 1990년의 경우 외국인의 주식투자 비율은 1.7%에 불과하였으나 외환위기 이후 급증하여 16.29%로 나타나고 있다.[91] 이와 같은 외국인 주식보유 비율의 급격한 증가는 자본시장이나 기업의 주요의사 결정에 영향을 미쳤을 것으로 보인다.

본 연구는 외국인투자자의 영향에 대하여 재무분석가의 관점에서 분석하였다. 만약 외국인투자자들이 기업경영에 대한 감시 활동으로 인한 이득이 높아 일반투자자들보다 적극적으로 감시 활동(monitoring)에 참여한다면, 이들은 기업에 대한 더 많은 정보를 요구할 것으로 예측하였다. 즉, 외국인투자자의 지분이 높은 기업일수록 시장의 정보 요구(information need)는 높아질 것이며, 재무분석가들은 이들의 높은 정보 요구에 부응하여 활발하게 분석하고 예측할 것이다.[92] 이는 재무분석가의 이익예측치가

---

[91] 한국증권선물거래소에 의하면, 2000년 외국인 주식보유비율은 13.8%이며, 점차 증가하여 2005년도에 22.98%까지 증가하였으며, 2009년 현재 16.29%를 나타내고 있다.

[92] Fehle(2004)에 의하면, 기관투자자의 소유지분율과 정보비대칭의 대용치인 호가스프레드 간의 관계가 음으로 나타나, 기관투자자의 소유지분율은 정보비대칭을 줄이는 효과가 있음을 보여주었다. Li and Kim(2004)은 일본 주식시장을 대상으로 외국인지분율과 정보비대칭 간의 관계를 살펴보았으며, 분석결과 외국인지분율이 높을수록 정보비대

배당성향 정보에 고착화되는 것을 약화시킴으로써, 재무분석가의 이익예측치에 특정 편의를 나타내지 않을 것으로 예상된다.[93] 반면에 외국인투자자들이 단기적인 높은 배당을 선호하거나 배당 압력을 행사한다면, 재무분석가들의 이익예측치는 비관적인 편의를 나타낼 것이다. 즉, 외국인투자자지분율이 높으면서 배당성향이 높은 기업들에 대하여 부정적으로 평가할 수 있기 때문이다. 따라서 외국인지분율이 높을수록 기업의 배당성향으로 인한 재무분석가의 이익예측편의가 어떻게 나타날 것인가는 실증적 의문사항이다. 본 연구는 이러한 논의를 바탕으로 가설2를 다음과 같이 귀무가설로 설정하였다.

> **가설 2** 외국인투자자지분율이 높을수록 기업의 배당성향으로 인한 재무분석가의 이익예측편의는 달라질 것이다.

III. 연구모형

1. 연구모형

본 연구는 기업의 배당정보가 재무분석가의 낙관적 예측편의에 미치는 영향을 검증하기 위해 다음의 회귀모형식(1)을 사용하고자 한다. 종속변수는 낙관적(optimistic) 이익예측편의이며, 검증하고자 하는 독립변수는 기업의 배당성향[94]이다. 통제변수는 재무분석가의 이익예측치에 영향을

칭의 정도도 감소하는 것을 발견하였다. 또한 국내 연구들도 외국인투자자의 지분율이 높을수록 정보비대칭이 작은 기업들을 선호하며 외국인투자자가 투자 기업에 감시 역할을 하면서 정보비대칭을 완화하는데 공헌하는 것으로 나타났다(안윤영 외 2005).

[93] 또는 재무분석가가 높은 외국인투자자지분율을 가진 기업들에 대하여 낙관적으로 평가하여, 낙관적 이익예측편의가 더욱 강화될 가능성도 있을 수 있다.

[94] 기업의 배당에 대한 선행연구들은 배당성향, 배당 수익률, 배당률 등과 같은 변수들을 사용하고 있다. 배당성향은 배당금/당기순이익으로 측정되며, 본 연구는 재무분석가

미치는 변수들로 선행연구에서 제시된 기업규모, 매출액증가율, 부채비율, 성과조정재량적 발생액, 손실기업여부, 이익수준, 이익변화, 이익예측기간, 재무분석가의 수, 재무분석가의 이익예측의 분산 등이 포함되었다. 이외에도 연도별, 산업별 효과가 재무분석가의 이익예측치에 미치는 영향을 통제하기 위하여 연도 및 산업더미를 추가하였다.

$$OPT_t = a_0 + b_1 LDIV(LCDIV)_{t-1} + b_2 SIZE_t + b_3 GROWTH_t +$$
$$b_4 LEV_t + b_5 PADAC_t + b_6 LOSS_{t-1} + b_7 EARN_t + b_8 CEARN_t \quad (1)$$
$$+ b_9 INTERV_t + b_{10} COV_t + b_{11} DISP_t + b_{12} FOR_t +$$
$$b_{13} LARGE_t + b_{14} Year\ and\ Industry\ Dummy + e$$

여기에서,

OPT   t기의 (주당이익예측치−실제주당순이익)/기초주가;

LDIV(LCDIV)   t−1기의 배당성향, 총배당액/당기순이익(*LDIV*) 또는 현금배당액/당기순이익(*LCDIV*);[95]

FOR   t기의 외국인지분율;

의 이익예측치에 배당정보가 미치는 영향을 분석하기 위하여 배당성향 변수를 이용하였다. 왜냐하면 배당 수익률과 배당률은 기업에 직접 투자하고 있는 투자자들에게 보다 더 유용한 판단 지표가 될 것이나, 재무분석가는 기업가치를 판단하기 위하여 배당수익률보다는 배당성향에 보다 더 많은 관심을 가질 것으로 판단된다. 박창균(2005)의 연구에서도 외국인투자자가 배당의사결정에 미치는 영향을 분석하기 위하여 배당성향 변수를 이용하였으며, Ohlson의 회계 정보를 이용한 기업가치 평가모형에서도 순손실을 보고한 기업에 대하여 재무분석가의 이익예측치를 이용하여 배당성향을 측정하고 있다. 따라서 본 연구는 재무분석가의 이익예측치에 영향을 미치는 변수로 배당성향을 이용하였다.

[95] 기업의 배당의사결정은 일반적으로 주주총회에서 결정된다. 본 연구의 표본은 12월말 결산법인을 대상으로 하기 때문에 주주총회는 그 다음해 2~3월경에 개최될 것이다. 따라서 본 연구에서 사용한 재무분석가의 이익예측치가 실제 주당순이익 발표일 이전의 결산일로부터 가장 가까운 시점의 이익예측치이므로, 전년도(t−1) 배당성향을 이용하였다.

SIZE	t기의 총자산의 자연로그;
GROWTH	t기의 매출액 성장률;
LEV	t기의 부채비율(총부채/총자산);
PADAC	t기의 성과조정 재량적 발생액;[96]
LOSS	t-1기에 손실을 보고한 기업이면 1, 아니면 0;
EARN	t기의 이익수준(순이익/총자산);
CEARN	t기의 이익변화;
INTERV	t기의 재무분석가의 예측치 마지막 발표일과 12월 31일 간의 간격의 자연로그;
COV	t기의 i기업을 예측하는 재무분석가수;
DISP	t기의 재무분석가 이익예측치의 분산
LARGE	t기에 대주주지분율;
Year and Industry Dummy	연도 및 산업별 더미변수;
e	잔차항.

모형의 종속변수는 재무분석가의 낙관적 이익예측편의이며, 재무분석

---

[96] 성과조정 재량적 발생액(PADAC)은 Kasznik(1999)의 방법론을 이용하여 계산하였다. 먼저 재량적 발생액을 추정하기 위하여, 다음의 식을 이용하여 연도별, 산업별로 분석하였다.
$TA_t/A_{t-1} = \beta_1(1/A_{t-1}) + \beta_2([\Delta REV_t - \Delta REC_t]/A_{t-1}) + \beta_3(PPE_t/A_{t-1}) + \varepsilon_t$
 TA   = t기 NI(당기순이익)-CFO(영업활동으로 인한 현금흐름)
 A   = t기 기초총자산
 ΔREV = t기 매출액의 변화분
 ΔREC = t기 매출채권의 변화분
 PPE = t기 유형자산(토지와 건설 중인 자산은 제외)
 ε = 잔차항.
이후 총자산이익율(ROA)수준에 따라 50개의 그룹으로 나누고, 각 기업의 재량적 발생액에서 기업이 속한 그룹의 총자산이익율(ROA)의 중위수값을 뺀 값으로 측정하였다.

가의 주당 이익예측치에서 실제 주당순이익을 차감하고, 주가로 나눈 값을 이용하였다. 따라서 재무분석가의 이익예측치가 실제 이익보다 높으면, 즉 낙관적이라면 OPT는 양의 값을 가질 것이며, 기업의 전년도 배당성향이 높을수록 재무분석가의 낙관적 이익예측편의가 높아진다면, $LDIV(LCDIV)$의 계수값은 양의 값을 가질 것이다.

또한 이러한 관계가 외국인투자자지분율에 따라 달라지는지 검증하기 위하여 다음과 같은 회귀모형식(2)를 설정하였다.

$$OPT_t = a_0 + b_1 LDIV(LCVID)_{t-1} + b_2 LDIV(LCDIV)_{t-1} * FOR_t + b_3 FOR_t + b_4 SIZE_t + b_5 GROWTH_t + b_6 LEV_t + b_7 PADAC_t + b_8 LOSS_{t-1} + b_9 EARN_t + b_{10} CEARN_t + b_{11} INTERV_t + b_{12} COV_t + b_{13} DISP_t + b_{14} LARGE_t + b_{15} Year\ and\ Industry\ Dummy + e \quad (2)$$

여기에서,

OPT	t기의 (주당이익예측치−실제주당순이익)/기초주가;
LDIV(LCDIV)	t−1기의 배당성향, 총배당액/당기순이익($LDIV$) 또는 현금배당액/당기순이익($LCDIV$);
FOR	t기의 외국인지분율;
SIZE	t기의 총자산의 자연로그;
GROWTH	t기의 매출액 성장률;
LEV	t기의 부채비율(총부채/총자산);
PADAC	t기의 성과조정 재량적 발생액;
LOSS	t−1기에 손실을 보고한 기업이며 1, 아니면 0;

EARN	t기의 이익수준(순이익/총자산);
CEARN	t기의 이익변화;
INTERV	t기의 재무분석가의 예측치 마지막 발표일과 12월 31일간의 간격의 자연로그;
COV	t기의 i기업을 예측하는 재무분석가수;
DISP	t기의 재무분석가 이익예측치의 분산
LARGE	t기에 대주주지분율;
Year and Industry Dummy	연도 및 산업별 더미변수;
e	잔차항.

2. 변수의 정의
가. 재무분석가의 낙관적 이익예측편의

　이익예측 오차란 재무분석가의 이익예측정확성을 측정하는 변수로서 실제 주당순이익 발표일 이전의 결산일로부터 가장 가까운 시점에 최종적으로 예측된 주당 이익예측치와 실제 주당순이익의 차이를 기업 간 비교를 원활히 하기 위해 주식 가격으로 나눈값의 절대치이다. 또한 이익예측편의는 재무분석가의 이익예측치와 기업의 실제 주당순이익 발표치 간의 차이로, 재무분석가의 이익예측치가 체계적으로 실제 주당순이익보다 높다면(즉, 양의 값을 가진다면), 이익예측치는 낙관적 예측편의를 가지고 있다고 판단된다. 본 연구는 선행연구들의 방법론에 따라 재무분석가의 낙관적 이익예측편의를 다음과 같이 측정하였다.

낙관적 이익예측편의(OPT) = (FEPS−EPS)/P
　여기서, FEPS = 당해연도 재무분석가의 주당 이익예측치

EPS = 당해연도 기업의 실제 주당순이익
P = 해당 기업의 직전 연도 말 수정주가

이익예측편의가 양의 값을 가질 경우 낙관적편의가 발생한 것으로, 재무분석가가 낙관적으로 이익 성과를 예측한 것이다. 반대로 음의 값을 가질 경우에는 비관적편의가 발생한 것으로 재무분석가가 비관적으로 이익을 예측한 것으로 볼 수 있다.

나. 배당성향

일반적으로 배당과 관련된 선행연구에서는 기업의 배당행태를 살펴보기 위해 배당성향을 다음과 같이 정의하였다. 즉 기업이 한 해 동안 벌어들인 당기순이익에서 얼마만큼 배당으로 지급하는가를 나타내는 비율로, 총배당액을 당기순이익으로 나누어 계산하였다. 본 연구도 동일한 방법으로 배당성향을 측정하였으며, 이외에도 현금배당액을 이용하여 배당성향을 추가 분석하였다.

배당성향($LDIV$) = (연간 총배당액/당기순이익)
배당성향($LCDIV$) = (연간 현금배당액/당기순이익)

다. 통제변수

재무분석가의 이익예측치에 영향을 미치는 변수로 선행연구에서 제시된 기업규모($SIZE$), 성장성($GROWTH$), 부채비율(LEV), 재량적 발생액($PADAC$), 손실더미($LOSS$), 예측기간($INTERV$), 재무분석가의 수(COV) 등을 모형에 포함하였다. 일반적으로 기업규모가 클수록 재무분석가가 활용할 수 있는 정보의 양이 증가하며, 이익예측치도 더욱 정확해진다는 결과가 있다(Das et al. 1998; 이윤원·정우성 1993). 또한 규모가 큰 기업일수록 시장에서 많은 관심을 가지고 있기 때문에 재무분석가가 부정확한 예측치를 제시함으로써 부담해야 할 비용이 상대적으로 높을 것이다(정석우 2003; Han et al. 2005). 따라서 기업 규모가 클수록 재무분석가의 이익예측치는 덜 낙관적(비관적)일 것으로 예상된다. Baik(2006)는 재무분석가의 낙관적 예측편의가 자기선택편의에 의하여 나타나고 있으며, 재무적 곤란이 클수록, 성장이 낮을수록, 주가가 지속적으로 하락할수록 이러한 낙관적 예측편의가 커질 가능성이 높음을 보여주었다. 이에 따라 기업의 이익수준과 이익변화, 성장성과 부채비율을 통제변수로 포함하였다. 이외에도 이익예측치 발표 시점이 결산일에 가까울수록 기업에 대한 최신 정보가 예측치에 반영될 수 있으므로, 예측 기간이 짧을수록 이익예측정확성은 증가하는 것으로 알려져 있다(정석우 2003; 안윤영 등 2005). 예측 시점과 실제 이익의 발표 시점의 시차가 길수록 재무분석가의 이익예측편의는 낮아질 것으로 예상된다.

또한 해당 기업에 대한 재무분석가의 숫자가 많을수록 이익예측치의 정확성이 높아진다는 선행연구의 결과에 따라 재무분석가의 수를 포함하였으며(O'Brien and Bhushan 1990), 손실기업일수록 재무분석가의 이익예측치의 편의가 크게 나타난다는 Hwang et al.(1996)의 결과를 반영하여 손실더미를 추가하였다. 이외에도 재무분석가의 이익예측치편의에 영향을 미치는 변수로 연도와 산업더미를 포함하였다.

3. 표본

본 연구는 외환위기 이후인 2000~2007년 유가증권 시장에 상장되어 있는 기업들 중 다음의 요건을 만족하는 기업을 대상으로 분석하였다.

(1) 비금융업에 속하는 기업
(2) 12월 결산법인이며, 자본잠식 상태가 아닌 기업
(3) Fn-Guide 데이터베이스로부터 재무분석가의 이익예측치 자료가 수

집 가능한 기업
(4) 한국신용평가정보(주)의 KIS-VALUE에서 필요한 재무자료가 입수 가능한 기업

　조건(1)과 (2)는 금융업의 재무제표의 양식, 계정 과목의 성격 등이 일반 제조업과 상이할 수 있으며, 회계 정보의 비교가능성을 위해 동일한 결산월과 자본잠식 상태가 아닌 기업으로 제한하였다. 또한 재무분석가의 이익예측치 변수를 위해 조건(3)을 포함하였으며, 기업의 배당정책, 외국인지분율 및 재무성과에 대한 자료를 위해 조건(4)를 포함하였다. 선행연구에서 언급한 금융위기기간의 재무제표 정보의 왜곡 가능성을 최소화하기 위하여, 표본의 시작 년도는 2000년으로 하였다. 표본은 2000년부터 2007까지의 자료로 선정하였으나, 직전 년도의 배당성향 변수를 이용하기 위하여 실제 분석 기간은 2001년부터 2007년이 되었다. 각 변수의 극단치 0.1%를 제거한 후에 최종적으로 표본에 포함된 1,724 기업-년도이다.

IV. 실증분석결과

1. 기술통계량 및 차이 분석

　〈표 1〉은 주요변수들의 기술통계량을 보여주고 있다. 재무분석가의 이익예측치와 실제치와의 차이를 나타내는 OPT의 평균값이 0.031로 양의 값을 나타내고 있다. 이는 평균적으로 재무분석가의 이익예측치가 실제치보다 높음을 보여주고 있으며, 전반적으로 재무분석가의 이익예측치가 낙관적인 성향을 가지고 있음을 알 수 있다. 중간값은 0.004로 이익예측치와 실제치 간의 차이가 거의 나타나지 않았다. 기업의 전년도 배당성향을 나타내는 $LDIV$의 평균값과 중간값은 0.288과 0.214로, 당기순이익의

<표 1> 기술통계량

변수	평균값	최소값	중위수	최대값	표준편차
OPT	0.031	−2.283	0.004	2.177	0.207
LDIV	0.288	−2.719	0.214	13.009	0.581
LCDIV	0.287	−2.380	0.211	13.009	0.577
SIZE	26.640	23.522	26.384	31.809	1.634
GROWTH	0.083	−3.201	0.070	1.961	0.269
LEV	0.396	0.017	0.400	0.881	0.180
PADAC	−0.003	−0.274	0.001	0.200	0.036
LOSS	0.021	0.000	0.000	1.000	0.145
EARN	0.069	−0.372	0.064	0.398	0.073
CERAN	−0.004	−0.466	0.002	0.301	0.061
INTERV	15.542	0.000	4.000	164.000	30.105
COV	7.214	0.000	5.000	25.000	5.938
DISP	314.283	0.000	122.930	12650.950	690.368
FOR	18.167	0.010	13.680	92.970	16.971
LARGE	31.785	0.000	31.270	91.400	16.821

주1) 변수의 정의: OPT=t년도 낙관적 이익예측편의(=(주당 이익예측치−실제 주당순이익)/기초주가), LDIV(LCDIV)=t−1년도 배당성향(=총배당액/당기순이익 또는 현금배당액/당기순이익), SIZE= t년도 총자산의 자연로그, GROWTH=t년도 매출액 성장률, LEV=t년도 부채비율(=총부채/총자산), PADAC=t년도 성과조정 재량적 발생액, LOSS=t−1년도에 손실을 보고한 기업이면 1, 아니면 0, EARN=t년도 이익(=순이익/총자산), CEARN=t년도 이익 변화, INTERV=t년도 재무분석가의 예측치 마지막 발표일과 12월 31일간의 간격의 자연로그, COV=t년도 I기업을 예측하는 재무분석가수, DISP=t년도 재무분석가 이익예측치의 분산, FOR=t년도 외국인지분율, LARGE=t년도 대주주지분율.
주2) 분석 기간은 2000년부터 2007년이며, 1,724개의 표본이 사용됨.

약 25%를 배당으로 지급하는 것을 알 수 있다. 이러한 배당성향은 미국의 배당성향과 비교하면 그리 낮은 수치는 아니다.[97] 또한 현금배당성향

---

[97] 본문에는 기술하지 않았지만, 1990년대의 우리나라의 배당성향은 20% 미만으로

을 살펴보면, *LCDIV*의 평균값과 중간값이 각각 0.287, 0.211로 대부분의 기업들이 배당을 현금으로 지급하고 있음을 알 수 있다.

통제변수들의 기술통계량을 살펴보면, *SIZE*의 평균과 중위수는 각각 26.64와 26.38로 큰 차이를 보이지 않고 있어, 자연로그로 인해 극단치의 영향이 순화된 것으로 보인다. *GROWTH*의 평균값은 0.083으로 기업의 매출이 평균적으로 8% 증가하고 있음을 알 수 있다. *LEV*의 평균값은 0.396로 기업의 총자산 대비 39%의 부채를 보유하고 있음을 보여준다. 이외에도 평균적으로 약 7명의 재무분석가가 기업을 예측하고 있으며, 외국인지분율은 18%, 대주주지분율은 31%로 나타났다.

〈표 2〉는 주요변수 간의 피어슨 상관관계를 보여준다. 관심변수인 재무분석가의 낙관적 이익예측편의(*OPT*)와 배당성향(*LDIV*)의 상관관계는 0.04로 나타났으며, 유의적인 양의 관계를 보이고 있다. 즉 기업의 전년도 배당성향이 높을수록 재무분석가의 이익예측치가 낙관적인 성향을 보이고 있음을 알 수 있다. 또한 재무분석가의 낙관적 이익예측편의와 외국인지분율과의 관계를 살펴보면, 상관관계가 −0.03로 나타났으나, 유의하지는 않았다. 이외에도 다른 통제변수들 사이의 상관관계 중에는 *SIZE*와 *COV*, *COV*와 *FOR* 사이의 상관관계가 각각 0.62, 0.48로 가장 높았다. 이는 대규모 기업에 대해 이익예측치를 발표하는 재무분석가의 숫자가 증가한다는 의미로, 외국인지분율이 높은 기업일수록 이러한 기업을 분석하는 재무분석가의 숫자도 증가함을 보여준다. 즉, 외국인지분율이 높을수록 이들은 더 많은 정보를 요구하며, 이에 부응하여 재무분석가의 숫자도 증가함을 알 수 있다. 이외에 0.4 이상의 상관관계를 보이는 경우

나타나고 있다. 이는 미국의 배당성향과 비교하면 매우 낮은 수치이다. Fama and French(2001)는 미국 기업들의 배당성향이 1978년 67%에서 1999년에는 21%까지 감소하였음을 보여주었다. 그러나 금융위기 이후, 즉 2000년대에 들어 우리나라의 배당성향이 차츰 증가하였으며, 평균적으로는 미국의 배당성향과 비슷한 수치를 나타내고 있다.

⟨표 2⟩ 주요변수 간 상관관계

변수	OPT	LDIV	SIZE	GROWTH	LEV	PADAC	LOSS	EARN	CEARN	INTERV	COV	DISP	FOR
LDIV	0.04 0.07												
SIZE	−0.06 0.02	0.04 0.11											
GROWTH	−0.13 <.0001	−0.03 0.19	−0.02 0.48										
LEV	0.06 0.02	0.06 0.02	0.42 <.0001	0.07 0.00									
PADAC	−0.02 0.33	−0.06 0.01	0.13 <.0001	0.30 <.0001	0.06 0.02								
LOSS	0.12 <.0001	−0.21 <.0001	0.06 0.01	−0.01 0.64	0.09 0.00	0.01 0.63							
EARN	−0.26 <.0001	0.10 <.0001	−0.08 0.00	0.36 <.0001	−0.31 <.0001	0.06 0.01	−0.16 <.0001						
CEARN	−0.26 <.0001	0.03 0.24	0.15 <.0001	0.45 <.0001	0.04 0.12	0.15 <.0001	0.07 0.00	0.69 <.0001					
INTERV	0.09 0.00	−0.03 0.28	−0.22 <.0001	−0.01 0.78	−0.03 0.25	0.00 0.89	0.00 0.86	−0.04 0.07	−0.02 0.32				
COV	−0.07 0.00	0.01 0.61	0.62 <.0001	0.05 0.03	0.14 <.0001	−0.01 0.59	−0.06 0.02	0.17 <.0001	0.13 <.0001	−0.39 <.0001			
DISP	0.00 1.00	−0.05 0.05	0.29 <.0001	−0.06 0.02	0.03 0.28	0.02 0.39	0.09 0.00	0.02 0.33	0.04 0.08	−0.12 <.0001	0.15 <.0001		
FOR	−0.03 0.26	0.03 0.27	0.45 <.0001	0.03 0.17	−0.03 0.23	0.05 0.04	−0.07 0.00	0.26 <.0001	0.15 <.0001	−0.17 <.0001	0.48 <.0001	0.20 <.0001	
LARGE	−0.02 0.38	−0.04 0.07	−0.12 <.0001	0.03 0.24	−0.01 0.82	0.03 0.19	0.00 0.85	0.01 0.56	0.06 0.02	0.08 0.00	−0.21 <.0001	0.04 0.10	−0.12 <.0001

주1) 표에 보고된 상관계수는 피어슨 상관계수이며, 하단의 수치는 p값임(양측 검증).
주2) 변수의 정의는 ⟨표 1⟩의 하단과 같음.

⟨표 3⟩ 주요변수들의 상관계수

	High LDIV	Low LDIV	Diff	t-test	Wilcoxon
OPT(Mean)	0.034	0.024	0.01	0.82	
OPT(Median)	0.004	0.004			0.451

주1) 평균에 대해서는 t 검증을, 중위수에 대해서는 Wilcoxon 부호순위합 검증을 분석하여 보고함.
주2) 변수의 정의는 ⟨표 1⟩의 하단과 같음.

는 FOR와 SIZE(0.45) 뿐이었다. 독립변수들 사이에 0.4 이상의 상관관계가 존재하면, 회귀분석 시 다중공선성이 발생할 수 있다. 따라서 본 연구는 회귀분석 시 다중공선성 문제의 존재 여부를 확인하기 위하여 분산팽창계수(Variance Inflation Factor, VIF)를 조사하였다. 검증결과 모든 회귀분석에서 VIF 값이 3보다 낮은 값을 나타내어 다중공선성이 분석결과에 유의적인 영향을 미치지 않는다는 것을 확인 할 수 있었다.

본 연구는 기업의 배당성향과 낙관적 이익예측치편의 간의 관계를 살펴보기 위하여, 기업의 배당성향수준에 따라 세 개의 그룹으로 나누고, 양극단의 두 그룹 간의 재무분석가의 낙관적 이익예측편의를 비교하였다. ⟨표 3⟩을 살펴보면, 배당성향이 높은 그룹의 낙관적 이익예측편의 평균값은 0.034이며, 배당성향이 낮은 그룹의 평균값은 0.024로 나타났다. 그러나 두 그룹 간의 낙관적 이익예측편의의 차이는 통계적으로 유의하지 않았다. 또한 중간값을 비교한 Wilcoxon test의 값도 통계적으로 유의하지 않았다.

2. 회귀분석결과

본 연구는 가설1을 검증하기 위하여 모형(1)을 이용하여 다변량 회귀분석을 실시하였다. MODEL 1과 MODEL 2는 총배당액을 이용한 LDIV 결과를 보여주고 있으며, MODEL 3과 MODEL 4는 현금배당액을 이용한 *LCDIV*에 대한 결과를 보여준다. 산업더미 변수의 포함 여부에 따라 MODEL 2와 MODEL 4를 포함하였다.

〈표 4〉의 결과를 살펴보면, *LDIV*의 계수값이 0.027(t값: 3.30)로 유의적인 양의 값을 보이고 있다. MODEL 2의 경우, *LDIV*의 계수값은 0.027(t값: 3.28)로 산업더미를 포함하더라도 결과가 여전히 유의적임을 알 수 있다. 즉 전년도 배당성향이 높은 기업일수록 재무분석가의 이익예측치가 낙관적인 성향을 보이고 있음을 보여준다. 이러한 결과는 현금배당액을 이용한 *LCDIV* 변수에서도 일관되게 나타났다. 통제변수들을 살펴보면, 기업규모가 작고, 이익 변화가 낮을수록 재무분석가의 이익예측치가 낙관적인 성향을 나타내고 있으며, 또한 부채비율이 높고, 전년도 손실을 보고한 기업일수록 재무분석가의 이익예측치가 낙관적이였다. 그

〈표 4〉 가설1에 대한 회귀분석결과

변수	Model 1	Model 2	Model 3	Model 4
Constant	0.333*** (2.83)	0.367*** (2.72)	0.335*** (2.84)	0.369*** (2.73)
LDIV	0.027*** (3.30)	0.027*** (3.28)	0.026*** (3.23)	0.026*** (3.21)
SIZE	−0.013*** (−2.96)	−0.012** (−2.51)	−0.014*** (−2.97)	−0.012** (−2.52)
GROWTH	0.006 (0.30)	0.009 (0.45)	0.006 (0.30)	0.009 (0.45)
LEV	0.086*** (2.71)	0.102*** (3.15)	0.086*** (2.71)	0.103*** (3.15)
PADAC	0.220 (1.54)	0.206 (1.44)	0.219 (1.53)	0.205 (1.43)
LOSS	0.207*** (6.12)	0.203*** (5.94)	0.205*** (6.07)	0.201*** (5.88)
EARN	−0.169 (−1.45)	−0.168 (−1.43)	−0.172 (−1.48)	−0.172 (−1.46)

변수	Model 1	Model 2	Model 3	Model 4
CEARN	−0.713*** (−5.55)	−0.721*** (−5.57)	−0.710*** (−5.52)	−0.717*** (−5.53)
INTERV	0.001*** (3.98)	0.001*** (3.76)	0.001*** (3.97)	0.001*** (3.75)
COV	0.000 (0.51)	0.000 (0.12)	0.001 (0.51)	0.000 (0.12)
DISP	0.000*** (2.73)	0.000*** (2.70)	0.000*** (2.73)	0.000*** (2.70)
FOR	0.001*** (2.93)	0.001*** (2.83)	0.001*** (2.92)	0.001*** (2.83)
LARGE	−0.000 (−1.10)	−0.000 (−1.39)	−0.000 (−1.14)	−0.000 (−1.43)
Year Dummy	포함	포함	포함	포함
Industry Dummy		포함		포함
Adj.R^2	0.111	0.114	0.110	0.113

주1) 변수의 정의는 〈표 1〉의 하단과 같으며, 괄호안의 수치는 t-값임.
주2) 모형1과 2는 종속변수가 총배당성향이며, 모형3과 4는 종속변수가 현금배당성향이 사용됨.
주3) ***, **, *는 각각 1%, 5%, 10% 수준에서 유의함을 나타냄(양측 검증).

러나 PADAC의 계수값은 양의 값을 보이나, 통계적으로 유의하지 않았다. 즉 성과조정재량적 발생액은 재무분석가의 이익예측치에 미치는 영향이 크지 않음을 알 수 있다. 재무분석가의 이익예측치 시점이 미치는 영향을 살펴보면, 선행연구에서 제시한 것처럼 이익예측치와 기말 시점 간의 간격이 멀어질수록 낙관적인 성향이 강하게 나타났다. 그러나 통계적 유의성에도 불구하고 INTERV의 계수값이 0.001로 나타나, 다른 변수들과 비교하여 재무분석가의 이익예측치특성에 미치는 경제적 영향은 미미한 것으로 보인다. 재무분석가의 수는 양의 값을 나타내었으나, 통계적으로 유의하지 않았다. 재무분석가의 이익예측치 분산이 클수록 이익예측치의 낙관적 예측편의도 크게 나타남을 알 수 있다. 또한 기업의 지배구조 특성인 외국인지분율과 대주주지분율을 살펴보면, 외국인지분율은 통계적으로 유의하게 나타나고 있어, 외국인지분율이 높을수록 재무분석가의 이익예측치가 낙관적인 성향을 보이고 있음을 알 수 있다. 반면에 대주주지분율은 통계적으로 유의하지 않은 음의 값을 나타내고 있어, 재무분석가의 이익예측치 특성에 미치는 영향이 유의하지 않음을 알 수 있다.

〈표 5〉는 기업의 배당성향과 재무분석가의 낙관적 이익예측편의가 기업의 외국인지분율에 따라 다르게 나타나는지 검증한 결과를 보여주고 있다. 먼저, $LDIV$의 계수값을 살펴보면, 〈표 4〉의 결과와 일관되게 유의한 양의 값을 나타내었으며, 계수값의 크기는 더욱 커졌음을 알 수 있다. 외국인지분율을 나타내는 FOR의 계수값은 모든 분석에서 0.001로 나타나고 있으며, 통계적으로 유의하게 나타났다. 이는 외국인지분율이 높은 기업일수록 재무분석가의 이익예측치가 낙관적인 경향을 나타내고 있음을 보여준다. 또한 기업의 배당성향과 외국인지분율 간의 교차항인 $LDIV*FOR$ 변수를 모형에 포함하였을 때, FOR의 계수값도 여전히 유

〈표 5〉 가설 2에 대한 회귀분석결과

변수	MODEL 1	MODEL 2	MODEL 3	MODEL 4
Constant	0.330*** (2.81)	0.407*** (3.17)	0.332*** (2.83)	0.410*** (3.18)
LDIV	0.051*** (3.95)	0.051*** (3.96)	0.049*** (3.86)	0.050*** (3.88)
LDIV*FOR	−0.001** (−2.40)	−0.001** (−2.43)	−0.001** (−2.35)	−0.001** (−2.39)
FOR	0.001*** (3.58)	0.001*** (3.47)	0.001*** (3.56)	0.001*** (3.45)
SIZE	−0.014*** (−3.04)	−0.012** (−2.53)	−0.014*** (−3.04)	−0.012** (−2.53)

변수	MODEL 1	MODEL 2	MODEL 3	MODEL 4
GROWTH	0.003 (0.18)	0.006 (0.31)	0.003 (0.18)	0.006 (0.31)
LEV	0.090*** (2.84)	0.106*** (3.27)	0.091*** (2.85)	0.107*** (3.28)
PADAC	0.256* (1.79)	0.251* (1.74)	0.256* (1.78)	0.251* (1.74)
LOSS	0.219*** (6.40)	0.215*** (6.23)	0.215*** (6.32)	0.211*** (6.15)
EARN	−0.151 (−1.30)	−0.145 (−1.23)	−0.154 (−1.32)	−0.148 (−1.26)
CEARN	−0.729*** (−5.68)	−0.740*** (−5.72)	−0.726*** (−5.64)	−0.737*** (−5.68)
INTERV	0.001*** (4.02)	0.000*** (3.77)	0.001*** (4.01)	0.001*** (3.76)
COV	0.001 (0.57)	0.000 (0.20)	0.001 (0.57)	0.000 (0.20)
DISP	0.000*** (2.72)	0.000*** (2.70)	0.000*** (2.72)	0.000*** (2.70)
LARGE	−0.000 (−0.96)	−0.000 (−1.18)	−0.000 (−1.01)	−0.000 (−1.23)
Year Dummy	포함	포함	포함	포함
Industry Dummy		포함		포함
Adj.R^2	0.113	0.116	0.113	0.116

주1) 변수의 정의는 〈표 1〉의 하단과 같으며, 괄호안의 수치는 t−값임.
주2) 모형1과 2는 종속변수가 총배당성향이며, 모형3과 4는 종속변수가 현금배당성향이 사용됨.
주3) ***, **, *는 각각 1%, 5%, 10% 수준에서 유의함을 나타냄(양측 검증).

의적인 양의 값을 나타내고 있다. 즉, 외국인지분율이 기업의 배당성향에 미치는 추가적인 효과를 통제하고 난 후, 외국인지분율이 재무분석가의 낙관적 이익예측편의에 유의적인 영향을 미치고 있음을 보여주고 있다.

흥미로운 것은 $LDIV*FOR$의 계수값은 −0.001로 나타났으며, 유의적인 음의 값을 보이고 있다. 이는 외국인지분율이 높은 기업의 경우, 배당성향과 이익예측치의 낙관적 예측편의 간의 관계가 유의적으로 감소함을 나타낸다. 즉, 일반적으로 재무분석가는 기업의 과거 배당성향에 근거하여 낙관적인 예측치를 발표하는 경향이 있지만, 외국인지분율이 높으면서 배당성향이 높은 기업에 대하여는 오히려 비관적인 예측을 하는 것으로 나타났다. 이에 대한 가능한 해석은 재무분석가들은 높은 배당성향에 대하여는 낙관적으로 평가하지만, 이러한 높은 배당성향이 외국인투자자들에 의하여 나타난 것이라면 오히려 부정적으로 평가하고 있음을 알 수 있다. 즉 외국인투자자들이 단기적으로 높은 배당을 선호하고, 고배당을 요구함으로써 기업이 높은 배당성향을 나타낸 것으로 보고 있는 것이다. 따라서 재무분석가들은 외국인지분율이 높으면서 배당성향이 높은 기업들에 대하여는 기업의 효율적인 자원배분을 왜곡하고, 나아가 기업의 미래성장가능성에 대하여 부정적인 영향을 미칠 것으로 평가하여 기업의 미래 이익예측을 비관적으로 하는 것으로 판단된다. 다른 통제변수들의 결과는 〈표 4〉의 결과와 유사하기 때문에 설명을 생략하고자 한다.

  본 연구는 추가적으로 기업의 배당성향과 재무분석가의 낙관적 이익예측편의가 기업의 배당 특성에 따라 달라지는지 검증하였다. 배당성향이 재무분석가의 낙관적 예측편의에 영향을 미친다면, 전년도에 이미 배당이 증가한 기업과, 변화되지 않은 기업, 그리고 감소한 기업들에 대한 이익예측치를 분석함에 있어, 재무분석가의 이익예측치는 영향을 받을 것이다.[98] 즉, 지속적으로 배당을 증가시킨 기업과 비교하여 배당이 감소

---

[98] 일반적으로 시장 참여자들은 기업의 절대적인 이익수준이 아니라 기대점(expectation point)에 부합하였는지, 혹은 미달하였는지에 따라 반응하고 있다. 기업의 실제이익이 기대이익을 초과하였을 때 이를 이익서프라이즈(earnings surprise)라고 하며, 경영자들은 시장의 기대수준을 맞추기 위하여 이익조정(earnings management)을 한다는 선행연구 결과가 제시되고 있다(Brown and Caylor 2005; Kasznik and McNichols 2002; Skinner and Sloan 2002; Matsumoto 2002; 안윤영 등 2005; 전규안 등 2007; 정석우

했거나 변화가 없는 기업들의 배당성향이 높아진다면, 배당성향이 재무분석가의 이익예측치에 미치는 영향은 더욱 높아질 것으로 예상된다. 이를 검증하기 위하여, 표본을 전년도 배당성향의 증가, 감소, 무변화에 따라 세 개의 그룹으로 나누고 동일한 분석을 수행하였다. 분석결과, 예상과 일관되게 전년도에 배당변화가 없거나 배당이 감소한 기업일수록 배당성향이 재무분석가의 낙관적 이익예측편의에 미치는 영향이 유의적임을 알 수 있었다. 〈표 6〉을 보면, 배당 증가 그룹의 경우, LDIV의 계수값이 0.002 (t 값 : 0.10)로 나타난 반면에, 무변화와 배당 감소 그룹의 LDIV의 계수값은 각각 0.117 (t값 : 2.44), 0.039 (t값 : 2.75)로 나타났다. 이러한 결과는 배당이 지속적으로 증가했던 기업에 있어서 높은 배당성향은 재무분석가의 낙관적인 성향을 강화시키기 보다는 추가적인 영향이 미미함을 보여 준다. 또한 배당변화가 없었거나 배당이 감소한 기업에 있어서는

〈표 6〉 추가 분석결과

변수	기대부호	Increase	No change	Decrease
Constant	?	0.325** (2.28)	−0.027 (−0.06)	0.415 (1.68)
LDIV	+	0.002 (0.10)	0.117** (2.44)	0.039*** (2.75)
SIZE	−	−0.013** (−2.33)	−0.003 (−0.18)	−0.016 (−1.63)
GROWTH		0.005 (0.22)	−0.056 (−0.56)	−0.025 (−0.59)

2003; 정석우·임태균 2005). 이러한 논리를 배당정보에 적용하면, 전년도에 배당을 증가시켰던 기업들에 대하여 재무분석가는 배당수준에 대한 일정 수준의 기대점이 있으며, 다음 연도에 대상 기업을 분석할 때, 이들 기업이 배당을 할지라도 추가적인 반응은 미미할 것이다. 그러나 전년도에 배당을 하지 않았거나, 배당을 감소시킨 기업들이 다음 연도에 배당을 증가시킨다면 재무분석가는 이러한 배당정보에 더 많은 가중치를 부여하고 분석할 것이다.

변수	기대부호	Increase	No change	Decrease
LEV	+	−0.008 (−0.22)	0.119 (0.98)	0.093 (1.50)
PADAC	+	0.214 (1.16)	0.149 (0.34)	0.347 (1.25)
LOSS	+	0.175** (2.17)	0.055 (0.39)	0.257*** (4.45)
EARN	+	−0.115 (−0.78)	−0.180 (−0.30)	−0.140 (−0.65)
CEARN		−0.395** (−2.32)	−1.52** (−2.49)	−0.564** (−2.49)
INTERV		0.001*** (3.62)	0.00*** (3.25)	0.000 (1.48)
COV		0.000 (0.23)	0.000 (0.01)	0.001 (0.59)
DISP	−	0.000 (0.62)	−0.000 (−1.25)	0.000 (1.47)
FOR	?	0.001*** (3.20)	0.001 (0.76)	0.001 (0.94)
LARGE	?	0.000 (1.68)	0.001 (0.71)	−0.001* (−1.84)
Year Dummy		포함	포함	포함
Adj. R^2		0.058	0.201	0.092
표본수		692	217	585

주1) 변수의 정의는 〈표 1〉의 하단과 같으며, 괄호안의 수치는 t−값임.
주2) 증가 그룹은 전년 대비 배당성향이 증가한 그룹이며, 감소그룹은 전년 대비 배당성향이 감소한 그룹, 무변화는 배당성향에 변화가 없는 그룹을 나타냄.
주3) ***, **, *는 각각 1%, 5%, 10% 수준에서 유의함을 나타냄(양측 검증).

배당성향이 높을수록 재무분석가의 낙관적 이익예측편의가 더욱 강화됨을 알 수 있다.

V. 결론

본 연구는 재무분석가의 낙관적 이익예측편의에 영향을 미치는 변수로 기업의 배당정보를 살펴보았다. 연구결과, 전년도 배당성향이 높은 기업일수록 이를 분석하는 재무분석가의 이익예측치는 낙관적인 예측 성향을 나타냈으며, 배당성향이 높으면서 외국인지분율이 높은 기업에 있어서는 오히려 비관적으로 평가되고 있음을 발견하였다. 또한 배당 증가, 무변화, 감소로 구분하여 기업의 배당성향과 재무분석가의 낙관적 이익예측편의를 분석한 결과, 배당변화가 없거나, 배당을 감소시킨 기업일수록, 이를 분석하는 재무분석가의 이익예측치가 낙관적인 성향을 나타내고 있음을 알 수 있었다. 본 연구의 결과는 기업의 중요한 의사결정 중에 하나인 배당정책이 기업의 미래이익에 대한 정보를 제공할 뿐만 아니라 재무분석가의 이익예측치에도 영향을 미치고 있음을 보여주는 근거를 제공할 것이다. 기존의 배당 관련 연구들은 기업의 배당과 기업가치 간의 직접적인 관계를 분석하였으나, 합의된 결과를 제시하지 못하였다. 본 연구는 재무분석가의 관점에서 배당정보의 유용성과 외국인투자자들의 영향을 살펴보고, 배당정보가 재무분석가의 낙관적 이익예측편의에 영향을 미치는 중요한 변수임을 발견하였다는 점에서 의의가 있다.

본 연구의 공헌점은 다음과 같다. 첫째, 재무분석가의 이익예측치에 영향을 미치는 변수에 대한 연구는 자본시장 참여자들에게도 유용한 정보를 제공할 것이다. 재무분석가는 다양한 정보를 바탕으로 이익예측치를 결정하고, 이를 투자 추천 의견에 대한 기초적인 근거 자료로 제공하고 있으며, 재무분석가의 분석보고서는 투자자들의 의사결정에 큰 영향을 미치고 있다. 따라서 재무분석가의 이익예측치에 체계적인 영향을 미치는 변수로 배당성향을 제시하는 본 연구의 결과는 재무분석가의 분석 보고서를 주요의사 결정에 사용하는 투자자들에게 기업의 배당정보를 반영하여 올바른 투자 의사결정을 하는데 도움을 줄 것으로 기대된다.

두 번째로 기업가치를 분석하는 연구에서는 재무분석가의 이익예측 자료를 이익에 대한 시장기대치 대리변수(proxy variable)로 활용하고 있다. 따라서 본 연구의 결과는 기업가치를 산정하거나 기업의 미래이익을 예측하는데 있어, 재무분석가의 이익예측치에 영향을 미치는 중요한 변수로 배당정보를 고려해야 함을 보여주고 있다. 기업의 배당성향을 고려한 재무분석가의 이익예측치 활용은 좀 더 정확한 시장기대치를 산정하는데 도움을 줄 수 있으며, 나아가 신뢰성 있는 기업가치 평가가 이루어질 수 있을 것이다.

마지막으로 본 연구는 재무분석가의 관점에서 외국인투자자의 영향을 분석하였다는 점에서 의의가 있다. 본 연구의 결과에 의하면 배당정보는 재무분석가에게 긍정적인 정보로 여겨지며, 낙관적 이익예측편의를 가져오지만, 외국인지분율이 높으면서 배당성향이 높은 기업에 대하여는 부정적으로 해석하고 있음을 알 수 있다. 이는 외국인투자자가 기업의 주요 의사결정에 미치는 영향이 높고, 그들의 역할에 대한 논의가 여전히 진행 중인 상황에서 외국인투자자의 영향은 특정 대상자에게, 그리고 특정 상황에서는 다르게 평가되어질 수 있음을 보여주고 있다. 더불어 본 연구의 결과는 재무분석가의 이익예측치에 영향을 미치는 변수로 배당정보의 유용성에 대한 근거를 제시함으로써 국내 배당 관련 연구에 중요한 시사점을 제공할 수 있으리라 판단된다.

〈부록〉 배당실증 연구 목록

	논문 제목	연구결과
배당정책에 영향을 미치는 요인들	세무위험이 배당의사결정에 미치는 영향	세무위험이 높으면 배당률이 낮음
	재무제약 하에서 최대주주가 배당정책에 미치는 영향—중소기업을 대상으로	최대주주지분율이 높으면 배당수익률이 높음 재무제약 하에서는 최대주주와 배당수익률의 관계가 낮음
	기업의 지리적 위치가 배당의사결정에 미치는 영향	대도시에 입지한 기업일수록 배당수익률이 높음
	기업의 ESG 활동과 배당의사결정에 대한 연구	ESG 등급이 높을수록 배당이 높음
손실기업의 배당	손실기업의 배당의사결정에 대한 연구	손실을 보고한 기업의 대주주지분율이 높을수록, 외국인투자자지분율이 높을수록 배당을 지급하는 경향이 높게 나타남
	배당지급 손실기업의 이익의 질에 대한 연구	발생액의 질이 우수할수록 배당을 통하여 미래 이익에 대한 시그널을 보냄
배당예측에 대한 논의	재무분석가의 배당예측정확성에 대한 연구	재무분석가의 배당예측정확성은 시계열추정치에 의한 배당예측정확성보다 우수하게 나타남 -배당성향이 낮을수록, 이익예측정확성이 높을수록 재무분석가의 배당예측정확성이 높음
	기업의 배당성향과 재무분석가의 낙관적 이익예측편의	전년도 배당성향이 높을수록 재무분석가의 낙관적 이익예측편의가 유의적으로 나타남.

저자소개

남혜정

서울대학교 경영학 박사
공인회계사·세무사
감정평가사 출제 위원
금융위원회 회계제도심의위원회 위원
기획재정부 국가회계제도심의위원회 위원
공기업·준 정부기관 경영평가단 평가 위원
한국회계학회 학술이사
現 동국대학교 경영대학 회계학과 교수
주요 연구로 〈기업의 ESG 활동과 배당의사결정에 대한 연구〉, 〈The dividend payout policy and R&D for loss firms : evidence from South Korea〉, 〈세무위험이 배당의사결정에 미치는 영향〉 등 배당 관련 연구를 활발하게 진행하고 있다.

동국대학교 저서출판 지원사업 선정도서

이 저서는 2021년도 동국대학교 연구비 지원을 받아 수행된 연구결과물임. (S-2021-G0001-00134)
This work was supported by the Dongguk University Research Fund of 2021. (S-2021-G0001-00134)

배당에 대한 연구-실증분석을 중심으로

2023년 6월 19일 초판 1쇄 인쇄
2023년 7월 3일 초판 1쇄 발행

지은이 남혜정
발행인 박기련
발행처 동국대학교출판부

출판등록 제1973-000004호(1973. 6. 28)
주소 04626 서울시 중구 퇴계로36길2 신관1층 105호
전화 02-2264-4714
팩스 02-2268-7851
홈페이지 http://dgpress.dongguk.edu
이메일 abook@jeongjincorp.com
인쇄 네오프린텍(주)

ISBN 978-89-7801-048-1 (93220)

값 19,000원

이 책의 무단 전재나 복제 행위는 저작권법 제98조에 따라 처벌받게 됩니다.